毕业就当系列丛书
·设计院系列·

理论实际相联·快速适应职场的葵花宝典

理论+经验 → 基础+实务

以专家的高度·给您面对面的指导和帮助

毕业就进设计院
混凝土结构设计

主编 邹春明

哈尔滨工业大学出版社

内 容 提 要

本书是依据现行《混凝土结构设计规范》(GB 50010—2002)、《高层建筑混凝土结构技术规程》(JGJ 3—2002)等进行编写,内容主要包括混凝土结构设计概论、混凝土梁板结构设计、混凝土单层厂房结构设计、混凝土框架结构设计与多层建筑结构设计等。

本书适用于初涉混凝土结构设计岗位的人员,以及初涉建筑设计领域的大学毕业生。

图书在版编目(CIP)数据

毕业就进设计院:混凝土结构设计/邹春明主编. —哈尔滨:哈尔滨工业大学出版社,2011.5

(毕业就进系列丛书·设计院系列)

ISBN 978-7-5603-3252-9

Ⅰ.①毕… Ⅱ.①邹… Ⅲ.①混凝土结构-结构设计 Ⅳ.①TU370.4

中国版本图书馆 CIP 数据核字(2011)第 064699 号

责任编辑	郝庆多
封面设计	刘长友
出版发行	哈尔滨工业大学出版社
社　　址	哈尔滨市南岗区复华四道街10号　邮编150006
传　　真	0451-86414749
网　　址	http://hitpress.hit.edu.cn
印　　刷	东北林业大学印刷厂
开　　本	787mm×1092mm　1/16　印张14.75　字数350千字
版　　次	2011年5月第1版　2011年5月第1次印刷
书　　号	ISBN 978-7-5603-3252-9
定　　价	28.00元

(如因印装质量问题影响阅读,我社负责调换)

编委会

主 编　邹春明

参 编　赵　慧　赵　蕾　赵春娟　夏　欣
　　　　于　涛　齐丽丽　齐丽娜　王　慧
　　　　罗　娜　黄金凤　毛　爽　陶红梅
　　　　马可佳　朱　宝　白雅君

前　言

随着我国国民经济的快速发展，混凝土结构在建筑结构中的应用比例逐步提高。在国家建筑技术政策的大力支持下，混凝土结构建筑出现了规模更大、技术更新的应用局面。为了适应混凝土结构广泛应用的新局面，建筑领域迫切需要大量的拥有专业知识和业务能力的结构设计人员。

虽然，我国高等教育机构每年都向社会输送大量的毕业生，但大学毕业生就业后都不能够很好地胜任工作。究其原因，大学生对实际工程缺乏相关经验，对实际工作没有深入的了解。因此，为了提高初涉混凝土结构设计岗位人员的专业知识和业务能力，我们依据现行《混凝土结构设计规范》(GB 50010—2002)、《高层建筑混凝土结构技术规程》(JGJ 3—2002)等编写了本书，旨在帮助广大初涉建筑设计领域的人员掌握混凝土结构设计的相关知识，提高混凝土工程设计人员的技术水平。

由于编者的学识和水平有限，书中内容难免有疏漏或未尽之处，敬请专家和广大读者批评指正，使之不断充实、完善。

编　者

2011.03

目 录

第1章 混凝土结构设计概述 ... 1
1.1 混凝土结构设计的基本知识 ... 1
1.2 混凝土结构设计的基本原则 ... 9

第2章 混凝土梁板结构设计 ... 19
2.1 概述 ... 19
2.2 单向板肋梁楼盖设计 ... 21
2.3 双向板肋梁楼盖设计 ... 38
2.4 无梁楼盖设计 ... 42
2.5 装配式楼盖设计 ... 46
2.6 楼梯设计 ... 50
2.7 悬挑构件设计 ... 61

第3章 单层厂房结构设计 ... 66
3.1 概述 ... 66
3.2 单层厂房排架结构布置 ... 71
3.3 单层厂房排架结构构件选型 ... 80
3.4 排架结构内力计算与内力组合 ... 90
3.5 单层厂房钢筋混凝土排架柱设计 ... 104
3.6 钢筋混凝土柱下独立基础设计 ... 111

第4章 混凝土框架结构设计 ... 119
4.1 概述 ... 119
4.2 高层建筑结构体系与布置 ... 122
4.3 混凝土框架结构的荷载与内力计算 ... 125
4.4 混凝土框架的内力组合与构件设计 ... 135
4.5 混凝土框架结构的构造要求 ... 138
4.6 框架结构柱下独立基础设计 ... 141

第5章 高层建筑结构设计 ... 151
5.1 概述 ... 151
5.2 高层建筑结构体系结构布置 ... 155
5.3 高层建筑结构风荷载 ... 163
5.4 高层建筑结构设计要求与计算原则 ... 169
5.5 混凝土剪力墙结构设计 ... 175
5.6 混凝土框架-剪力墙结构设计 ... 194
5.7 筒体结构设计 ... 204

附 录 ... 215
参考文献 ... 228

第1章 混凝土结构设计概述

1.1 混凝土结构设计的基本知识

【基 础】

◆混凝土结构设计相关术语

1. 混凝土结构

以混凝土为主要材料建造的工程结构,主要包括素混凝土结构、钢筋混凝土结构、预应力混凝土结构等。

2. 素混凝土结构

由无筋或不配置受力钢筋的混凝土制成的结构。

3. 钢筋混凝土结构

由配置受力的普通钢筋、钢筋网或钢筋骨架的混凝土制成的结构。

4. 预应力混凝土结构

由配置受力的预应力钢筋通过张拉或其他方法建立预加应力的混凝土制成的结构。

5. 先张法预应力混凝土结构

在台座上张拉预应力钢筋后浇筑混凝土,并通过黏结力传递而建立预加应力的混凝土结构。

6. 后张法预应力混凝土结构

在混凝土达到规定强度后,通过张拉预应力钢筋并在结构上锚固而建立预加应力的混凝土结构。

7. 现浇混凝土结构

在现场支模并整体浇筑而成的混凝土结构。

8. 装配式混凝土结构

由预制混凝土构件或部件通过焊接、螺栓连接等方式装配而成的混凝土结构。

9. 装配整体式混凝土结构

由预制混凝土构件或部件通过钢筋、连接件或施加预应力加以连接并现场浇筑混凝土而形成整体的结构。

10. 框架结构

由梁和柱以刚接或铰接相连接而构成承重体系的结构。

11. 剪力墙结构

由剪力墙组成的承受竖向和水平作用的结构。

12. **框架–剪力墙结构**

由剪力墙和框架共同承受竖向和水平作用的结构。

13. **深受弯构件**

跨高比小于5的受弯构件。

14. **深梁**

跨高比不大于2的单跨梁和跨高比不大于2.5的多跨连续梁。

15. **普通钢筋**

用于混凝土结构构件中的各种非预应力钢筋的总称。

16. **预应力钢筋**

用于混凝土结构构件中施加预应力的钢筋、钢丝和钢绞线的总称。

17. **可靠度**

结构在规定的时间内,在规定的条件下,完成预定功能的概率。

18. **安全等级**

根据破坏后果的严重程度划分的结构或结构构件的等级。

19. **设计使用年限**

设计规定的结构或结构构件不需进行大修即可按预定目的使用的时期。

20. **荷载效应**

由荷载引起的结构或结构构件的反应,例如内力、变形和裂缝等。

21. **荷载效应组合**

按极限状态设计时,为保证结构的可靠性而对同时出现的各种荷载效应设计值规定的组合。

22. **基本组合**

承载能力极限状态计算时,永久荷载和可变荷载的组合。

23. **标准组合**

正常使用极限状态验算时,对可变荷载采用标准值、组合值为荷载代表值的组合。

24. **准永久组合**

正常使用极限状态验算时,对可变荷载采用准永久值为荷载代表值的组合。

◆混凝土结构设计相关符号

1. 材料性能

E_c——混凝土弹性模量。

e_c^f——混凝土疲劳变形模量。

E_s——钢筋弹性模量。

C20——表示立方体强度标准值为20 N/mm² 的混凝土强度等级。

f'_{cu}——边长为150 mm 的施工阶段混凝土立方抗压强度。

$f_{cu,k}$——边长为150 mm 的混凝土立方抗压强度标准值。

f_{ck}、f_c——混凝土轴心抗压强度标准值、设计值。

f_{tk}、f_t——混凝土轴心抗拉强度标准值、设计值。

f'_{ck}、f'_{tk}——施工阶段的混凝土轴心抗压、轴心抗拉强度标准值。
f_{yk}、f_{ptk}——普通钢筋、预应力钢筋强度标准值。
f_y、f'_y——普通钢筋的抗拉、抗压强度设计值。
f_{py}、f'_{py}——预应力钢筋的抗拉、抗压强度设计值。

2. 作用、作用效应及承载力

N——轴向力设计值。
N_k、N_q——按荷载效应的标准组合、准永久组合计算的轴向力值。
N_p——后张法构件预应力钢筋及非预应力钢筋的合力。
N_{p0}——混凝土法向预应力等于零时预应力钢筋及非预应力钢筋的合力。
N_{u_0}——构件的截面轴心受压或轴心受拉承载力设计值。
N_{ux}、N_{uy}——轴向力作用于x轴、y轴的偏心受压或偏心受拉承载力设计值。
M——弯矩设计值。
M_k、M_q——按荷载效应的标准组合、准永久组合计算的弯矩值。
M_u——构件的正截面受弯承载力设计值。
M_{cr}——受弯构件的正截面开裂弯矩值。
T——扭矩设计值。
V——剪力设计值。
V_{cs}——构件斜截面上混凝土和箍筋的受剪承载力设计值。
F_l——局部荷载设计值或集中反力设计值。
σ_{ck}、σ_{cq}——荷载效应的标准组合、准永久组合下抗裂验算边缘的混凝土法向应力。
σ_{pc}——由预加力产生的混凝土法向应力。
σ_{tp}、σ_{cp}——混凝土中的主拉应力、主压应力。
$\sigma^f_{c,max}$、$\sigma^f_{c,min}$——疲劳验算时受拉区或受压区边缘纤维混凝土的最大应力、最小应力。
σ_s、σ_p——正截面承载力计算中纵向普通钢筋、预应力钢筋的应力。
σ_{sk}——按荷载效应的标准组合计算的纵向受拉钢筋应力或等效应力。
σ_{con}——预应力钢筋张拉控制应力。
σ_{p0}——预应力钢筋合力点处混凝土法向应力等于零时的预应力钢筋应力。
σ_{pe}——预应力钢筋的有效预应力。
σ_l、σ'_l——受拉区、受压区预应力钢筋在相应阶段的预应力损失值。
τ——混凝土的剪应力。
ω_{max}——按荷载效应的标准组合并考虑长期作用影响计算的最大裂缝宽度。

3. 几何参数

a、a'——纵向受拉钢筋合力点、纵向受压钢筋合力点至截面近边的距离。
a_s、a'_s——纵向非预应力受拉钢筋合力点、纵向非预应力受压钢筋合力点至截面近边的距离。
a_p、a'_p——受拉区纵向预应力钢筋合力点、受压区纵向预应力钢筋合力点至截面近边的距离。

b——矩形截面宽度,T形、I形截面的腹板宽度。

b_f、b'_f——T形或I形截面受拉区、受压区的翼缘宽度。

d——钢筋直径或圆形截面的直径。

c——混凝土保护层厚度。

e、e'——轴向力作用点至纵向受拉钢筋合力点、纵向受压钢筋合力点的距离。

e_0——轴向力对截面重心的偏心距。

e_a——附加偏心距。

e_i——初始偏心距。

h——截面高度。

h_0——截面有效高度。

h_f、h'_f——T形或I形截面受拉区、受压区的翼缘高度。

i——截面的回转半径。

r_c——曲率半径。

l_a——纵向受拉钢筋的锚固长度。

l_0——梁板的计算跨度或柱的计算长度。

s——沿构件轴线方向上横向钢筋的间距、螺旋筋的间距或箍筋的间距。

x——混凝土受压区高度。

y_0、y_n——换算截面重心、净截面重心至所计算纤维的距离。

z——纵向受拉钢筋合力至混凝土受压区合力点之间的距离。

A——构件截面面积。

A_0——构件换算截面面积。

A_n——构件净截面面积。

A_s、A'_s——受拉区、受压区纵向非预应力钢筋的截面面积。

A_p、A'_p——受拉区、受压区纵向预应力钢筋的截面面积。

A_{sv1}、A_{st1}——在受剪、受扭计算中单肢箍筋的截面面积。

A_{stl}——受扭计算中取用的全部受扭纵向非预应力钢筋的截面面积。

A_{sv}、A_{sh}——同一截面内各肢竖向、水平箍筋或分布钢筋的全部截面面积。

A_{sb}、A_{pb}——同一弯起平面内非预应力、预应力弯起钢筋的截面面积。

A_l——混凝土局部受压面积。

A_{cor}——钢筋网、螺旋筋或箍筋内表面范围内的混凝土核心面积。

B——受弯构件的截面刚度。

W——截面受拉边缘的弹性抵抗矩。

W_0——换算截面受拉边缘的弹性抵抗矩。

W_n——净截面受拉边缘的弹性抵抗矩。

W_t——截面受扭塑性抵抗矩。

I——截面惯性矩。

I_0——换算截面惯性矩。

I_n——净截面惯性矩。

4. 计算系数及其他

α_1 ——受压区混凝土矩形应力图的应力值与混凝土轴心抗压强度设计值的比值。

α_E ——钢筋弹性模量与混凝土弹性模量的比值。

β_c ——混凝土强度影响系数。

β_1 ——矩形应力图受压区高度与中和轴高度(中和轴到受压区边缘的距离)的比值。

β_l ——局部受压时的混凝土强度提高系数。

γ ——混凝土构件的截面抵抗矩塑性影响系数。

η ——偏心受压构件考虑二阶弯矩影响的轴向力偏心距增大系数。

λ ——计算截面的剪跨比。

μ ——摩擦系数。

ρ ——纵向受力钢筋的配筋率。

ρ_{sv}、ρ_{sh} ——竖向箍筋、水平箍筋或竖向分布钢筋、水平分布钢筋的配筋率。

ρ_v ——间接钢筋或箍筋的体积配筋率。

φ ——轴心受压构件的稳定系数。

θ ——考虑荷载长期作用对挠度增大的影响系数。

ψ ——裂缝间纵向受拉钢筋应变不均匀系数。

◆ 工程设计文件中的计量单位

1. 计量单位及表达方式

《建筑结构设计术语和符号标准》(GB/T 50083—1997)规定,在技术文件的图表、公式以及数字后面必须用法定的计量单位符号,并以正体字母书写。例如,100 公斤、10 公尺、1 天等表达方式都是不正确的,应改写为 100 kg、10 m、1 d。工程技术人员在设计图纸、设计文件、试验报告及其他有关技术文件中都必须严格遵守上述规定,并养成习惯:阿拉伯数字后面如果有单位,必须以法定的正体单位符号书写。正确、规范化的表达是工程技术人员应有的素质。

工程建设的计量单位应符合《中华人民共和国法定计量单位使用方法》中的规定。因我国已加入国际标准化组织(ISO),所以采用以国际单位制为基础的中华人民共和国法定计量单位。

计量单位和词头采用拉丁字母或希腊字母作为符号。源于人名的计量单位符号,第一个字母大写,其余均小写。

与工程建设有关的单位可分为四类。

(1)基本单位。国际单位制规定的基本单位,它是不可再分割的最基础的单位。与工程建设有关的共 3 个,见表 1.1。

表1.1 国际单位制的基本单位

量的名称	单位名称	单位符号
长度	米	m
时间	秒	s
质量	千克(公斤)	kg

(2)导出单位。由基本单位经计算得出的具有专门名称的导出单位。与工程建设有关的共2个,见表1.2。

表1.2 国际单位制中具有专门名称的导出单位

量的名称	单位名称	单位符号	其他表达形式
力、重力	牛[顿]	N	$kg \cdot m/s^2$
应力、强度、弹性模量	帕[斯卡]	Pa	N/m^2

注:单位名称可采用简称(舍去方括号内部分)。

(3)非国际单位制单位。经常用到的非国际单位制单位,由于使用频繁,国家选定并给出了单位符号名称以便应用。与工程建设有关的共5个,见表1.3。

表1.3 国家选定的非国际单位制单位

量的名称	单位名称	单位符号	换算关系
时间	分	min	1 min = 60 s
	[小]时	h	1 h = 60 min = 3 600 s
	天(日)	d	1 d = 24 h = 1 440 min = 86 400 s
体积	升	L,(l)	$1 L = 1 dm^3 = 10^{-3} m^3$

注:升的符号中小写字母"l"为备用符号。

(4)组合单位。组合形式的单位,是由前几种单位经运算组合而形成的单位。这些单位之间经乘、除运算有一定的量纲关系,最终都可以用国际单位制的基本单位表达出来。与工程建设有关的共8个,见表1.4。

表1.4 常用的组合形式的单位

量的名称	单位名称	单位符号
面积	平方米	m^2
体积、容积	立方米	m^3
速度	米每秒	m/s
加速度	米每二次方秒	m/s^2
密度	千克每立方米	kg/m^3
面分布力	牛顿每平方米	N/m^2

续表1.4

量的名称	单位名称	单位符号
线分布力	牛顿每米	N/m
力矩	牛顿米	N·m

2. 量的进位和词头

在实际工程中,量的变化幅度很大,通常采用科学记数法,即以 10 的幂次表达较大量(10^n)或较小量(10^{-n}),这种表达方式很难给人以一个直观的量的概念。

国际单位制采用十进制的单位体系,并规定了十进倍数单位与分数单位的词头。这些十进制的词头和法定计量单位写在一起,构成了新的计量表达方式,在使用上往往更为方便。

常用的十进制词头见表1.5。有了这些词头就可以很方便地表达较大或较小的量值了,例如 1 000 m、10^{-3} s 可以方便地表达为 1 km、1 ms 等。

表1.5 常用的十进制词头

词头名称	词头符号	所表示因数
吉(十亿)	G	10^9
兆(百万)	M	10^6
千	k	10^3
百	h	10^2
十	da	10^1
分	d	10^{-1}
厘	c	10^{-2}
毫	m	10^{-3}
微	μ	10^{-6}
纳	n	10^{-9}

【实 务】

◆常用计量单位的换算

我国进行了多次度量衡制度的改革,最初由市制改公制,又部分地受到英制的影响。近年加入 ISO 国际标准化组织而改用国际单位制,造成了很多工程技术人员使用上的不适应。要改掉传统的概念和长期积习,当然需要付出一定的努力,否则将不能适应新的要求。

下面列出常用计量单位新、旧单位制的换算关系见表1.6。

表1.6 公制计量单位与国际单位制计量单位的换算

量的名称	公制计量单位		国际单位制计量单位		单位换算关系	
	名称	符号	名称	符号	公制单位—国际单位制单位	国际单位制单位—公制单位
力、重力	千克力	kgf	牛顿	N	1 kgf≈10 N	1 N≈0.1 kgf
	吨力	tf	千牛顿	kN	1 tf≈10 kN	1 kN≈0.1 tf
线分布力	千克力每米	kgf/m	牛顿每米	N/m	1 kgf/m≈10 N/m	1 N/m≈0.1 kgf/m
	吨力每米	tf/m	千牛顿每米	kN/m	1 tf/m≈10 kN/m	1 kN/m≈0.1 tf/m
面分布力（压强）	千克力每平方米	kgf/m^2	帕斯卡	Pa	1 kgf/m^2≈10 Pa	1 Pa≈0.1 kgf/m^2
	吨力每平方米	tf/m^2	千帕斯卡	kPa	1 tf/m^2≈10 kPa	1 kPa≈0.1 tf/m^2
体分布力、重力密度	千克力每立方米	kgf/m^3	牛顿每立方米	N/m^3	1 kgf/m^3≈10 N/m^3	1 N/m^3≈0.1 kgf/m^3
	吨力每立方米	tf/m^3	千牛顿每立方米	kN/m^3	1 tf/m^3≈10 kN/m^3	1 kN/m^3≈0.1 tf/m^3
力矩、弯矩、扭矩	千克力米	kgf·m	牛顿米	N·m	1 kgf·m≈10 N·m	1 N·m≈0.1 kgf·m
	吨力米	tf·m	千牛顿米	kN·m	1 tf·m^3≈10 kN·m	1 kN·m≈0.1 tf·m
应力、吸度、弹性模量	千克力每平方毫米	kgf/mm^2	兆帕斯卡	MPa	1 kgf/mm^2≈10 MPa	1 MPa≈0.1 kgf/mm^2
	千克力每平方厘米	kgf/cm^2	兆帕斯卡	MPa	1 kgf/cm^2≈0.1 MPa	1 MPa≈10 kgf/m^2

注：在结构安全精度允许的条件下可近似采用标准重力加速度值为 10 m/s^2，故本表所列为近似值，如 1 kgf≈10 N。

◆混凝土强度等级的换算

长期以来混凝土强度等级的确定方法不统一，试件有立方体和圆柱体两种形状，尺寸有英制和公制两类，并且边长也不统一，所以比较混乱。近年，国际上试件逐渐统一，以 150 mm × 150 mm × 150 mm 立方体作基本试件，也有一些国家采用 150 mm × 300 mm 圆柱体作试块，6″×12″的圆柱体可近似与其相同，它们之间的折算关系见表1.7。

表1.7 混凝土试块强度值的换算

试块形状	试件尺寸	折算系数	反向折算系数
立方体	150 mm	1.00	1.00
	100 mm	0.95	1.05
	200 mm	1.05	0.95
棱柱体	150 mm × 300 mm	1.32	0.76
	6″×12″	1.32	0.76
圆柱体	150 mm × 300 mm	1.20	0.83
	6″×12″	1.20	0.83

1.2 混凝土结构设计的基本原则

【基 础】

◆ **混凝土结构设计一般规定**

1. 设计方法

混凝土结构采用概率极限状态设计方法,以可靠指标 β 度量它的可靠度,采用分项系数的设计表达式进行设计。只要按照设计规范规定的方法计算,混凝土结构自然就具有相应的可靠度。

结构的极限状态是指整个结构或它的一部分能够满足设计规定功能的特定状态;当超过这个特定状态时,结构即不能满足这些功能要求,设计规范中极限状态分为两种。

(1)承载能力极限状态。相应于结构或构件达到最大承载力、疲劳破坏或发生不适于继续承载的变形的情形。

(2)正常使用极限状态。相应于结构或构件的变形、裂缝或耐久性能达到某项规定的限值,使其无法正常使用的情形。

2. 结构设计的内容

(1)承载力计算。所有结构构件都应进行承载力(包括失稳)计算,处于地震区的结构构件还应进行抗震承载力验算。

(2)稳定验算。有些结构在必要时还应进行倾覆、滑移及飘浮的验算。这里应该特别强调结构的整体稳定性,局部破坏不应导致大范围的倒塌。结构的延性,荷载传力途径的多重性及结构体系的超静定性都能加强结构的稳定性。对偶然事件产生特大荷载引起结构局部破坏时,可进行相应的设计以保证结构不发生连续倒塌。

(3)疲劳验算。直接承受吊车荷载的构件应进行疲劳验算。

(4)变形验算。对使用上需要控制变形值的结构构件,应对其进行变形验算。通常,受弯构件的挠度,应控制在允许的限值范围以内。

(5)裂缝控制验算。对使用上要求不出现裂缝的构件,应进行混凝土拉应力的验算,即抗裂验算;使用上允许开裂的构件,应进行裂缝宽度验算;对叠合式受弯构件,还应进行钢筋拉应力验算。

3. 荷载的取值

(1)承载力计算及稳定验算应采用荷载的设计值,也就是考虑荷载分项系数的影响。

(2)疲劳、变形、裂缝控制验算应采用相应的荷载代表值。

(3)直接承受吊车荷载的结构构件,在计算承载力和验算疲劳、抗裂时,应考虑吊车荷载的动力系数。

(4)进行结构构件的抗震设计时,地震作用及其他荷载值都应按《建筑抗震设计规范》(GB 50011—2010)的规定确定。

(5) 预制构件应按制作、运输、安装时相应的荷载值作施工阶段验算。吊装时应考虑自重的动力系数 1.5 或根据情况而定。

(6) 现浇混凝土结构,必要时也应进行施工阶段的验算。

4. 混凝土结构的适用范围

当混凝土结构中纵向受力钢筋的配筋百分率小于规定的最小配筋百分率时,过少的配筋量使结构性能有质的变化,应按素混凝土结构考虑。

5. 结构的设计使用年限

混凝土结构在正常维护的条件下,保持使用功能而无需大修加固的时间是它的设计使用年限。根据现行国家标准《建筑结构可靠度设计统一标准》(GB 50068—2001)的规定,一般混凝土结构的设计使用年限是 50 年。如果建设单位提出更高的要求,也可以根据建设单位的要求确定。

6. 混凝土结构的合理使用

近年我国市场经济不断发展,建筑物作为商品变更归属关系的情况增多,因改变结构用途而引发的工程事故明显增加。为保证结构在正常使用条件下应有的安全度,未经技术鉴定或设计许可,不得改变混凝土结构的用途和使用环境,避免引起安全性和耐久性方面的问题。

◆结构设计的可靠度

1. 作用效应和结构抗力

任何结构或结构构件中都存在对立的两个方面,即作用效应 S 和结构抗力 R。它们是结构设计中必须解决的一对矛盾。

(1) 作用效应 S。作用效应 S 是指作用引起的结构或构件的内力、变形及裂缝等。

(2) 结构抗力 R。结构抗力 R 是指结构或构件承受作用效应的能力,如结构或构件的承载力、刚度及抗裂度等。结构抗力 R 主要与结构构件的材料性能、几何参数及计算模式的精确性有关。

2. 结构的可靠性和可靠度

结构的可靠性是指结构或构件在规定的时间内、规定的条件下完成预定功能的可能性。当结构的作用效应小于结构抗力时,结构处于可靠工作状态;相反,结构处于失效状态。

由于 S 和 R 都是随机的,因此结构不满足或满足其功能要求的事件也是随机的。一般把出现前一事件(不满足其功能要求)的概率称为结构的失效概率,用 P_f 表示;把出现后一事件(满足其功能要求)的概率称为可靠概率,用 P_s 表示。

结构的可靠概率也称结构可靠度。更确切地说,结构在规定的时间内、规定的条件下,完成预定功能的概率称为结构可靠度。因此,结构可靠度是结构可靠性的概率度量。

因为可靠概率和失效概率是互补的,即 $P_f + P_s = 1$,所以,结构可靠性也可用结构的失效概率来度量。目前,根据国际惯例与习惯,用结构的失效概率来度量结构的可靠性。

3. 设计基准期和设计使用年限

(1) 设计基准期。必须指出,结构的可靠度和使用期有关。这是因为设计中所考虑的基本变量,如荷载(尤其是可变荷载)和材料性能等,多数是随时间而变化的,因此,在计算结构可靠度时,必须确定结构的使用期,即设计基准期。设计基准期目的是确定可变作用与时间有关的材料性能等取值而选用的时间参数(我国取用的设计基准期是50年)。当结构的使用年限达到或超过设计基准期后,并不意味着结构立即报废,而只意味着结构的可靠度将逐渐降低。

(2)设计使用年限。设计使用年限是设计规定的一个期限,在这一时期内,结构或构件只需进行正常的维护(包括必要的检测、维护和维修),而不需进行大修就能按预期目的使用,完成预期的功能,也就是结构在正常设计、正常施工、正常使用和维护下所应达到的使用年限。结构的设计使用年限应按表1.8采用。如果建设单位提出更高要求,也可按建设单位的要求确定。

表1.8 设计使用年限分类

类别	设计使用年限/年	示例
1	1~6	临时性建筑
2	25	易于替换的结构构件
3	50	普通房屋和构筑物
4	≥100	纪念性建筑和特别重要的建筑结构

◆结构设计可靠度的调整

1. 可靠度调整的原则

近年,结构设计安全度的讨论认为,适当调整和提高安全度是可能和必要的。但是,对不同的结构和不同的受力情况,调整的幅度应根据具体条件而定。

由于《建筑结构可靠度设计统一标准》(GB 50068—2001)和《建筑结构荷载规范》(GB 50009—2001)涉及面广,影响很大而只能微调,作小幅度提高。但对某些情况则应适当提高,以反映国情变化的影响。

《混凝土结构设计规范》(GB 50010—2002)在绝大多数情况下可靠度应作适当提高,但也有个别情况安全储备相对较大,应予适当减少。另外,配套的构造措施急需加强,以保证实现可靠度调整的变化。其他各种结构的设计规范也根据情况作了程度不同的调整。

2. 混凝土结构设计规范的调整

除极个别情况(如受冲切承载力)外,适当提高了可靠度水平,情况大体可以分为三类。

(1)设计原则中规定了适当提高可靠度的条款,如设计使用年限的规定,材料分项系数调整等。

(2)结构抗力的计算公式修改,适当降低其承载力设计时的计算数值,以提高安全储备。

(3)加严配筋构造措施,以增强混凝土结构在外界荷载及其他作用下发挥抗力的能力,保证结构可靠度的提高。

◆结构设计的可靠指标和目标可靠指标

1. 可靠指标

如果已知 S 和 R 的理论分布函数,则可求得结构失效概率 P_f。由于 P_f 的计算比较复杂以及目前对于 S 和 R 的统计规律研究深度还不够,求得失效概率是有困难的。因此,《建筑结构可靠度设计统一标准》(GB 50068—2001)采用了可靠指标 β 来代替结构失效概率 P_f。结构的可靠指标 β 是指 Z 的平均值 μ 与标准差 σ 的比值,即

$$\beta = \frac{\mu_Z}{\sigma_Z} \tag{1.1}$$

可靠指标 β 与失效概率 P_f 在数值上的对应关系见表1.9。

表1.9 可靠指标 β 与失效概率 P_f 的对应关系

β	2.7	3.2	3.7	4.2
P_f	3.4×10^{-3}	6.8×10^{-4}	1.0×10^{-4}	1.3×10^{-5}

可以证明,假定 S 和 R 是互相独立的随机变量,并且都服从于正态分布,则极限状态函数 $Z = R - S$ 也服从正态分布,于是可得

$$\mu_Z = \mu_R - \mu_S$$
$$\sigma_Z = \sqrt{\sigma_R^2 + \sigma_S^2}$$

则
$$\beta = (\mu_R - \mu_S) / \sqrt{\sigma_R^2 + \sigma_S^2} \tag{1.2}$$

式中 μ_Z, σ_S ——结构构件作用效应的平均值和标准差;

μ_R, σ_R ——结构构件抗力的平均值和标准差。

由式(1.2)可看出,可靠指标 β 不仅与作用效应和结构抗力的平均值有关,而且与两者的标准差有关,如图1.1所示。μ_R 与 μ_S 相差越大,β 也越大,结构越可靠,这与传统的安全系数的要领是一致的;在 μ_R 和 μ_S 固定的情况下,σ_R 和 σ_S 越小,即离散性越小,β 就越大,结构越可靠,这在传统的安全系数法中是无法反映的。

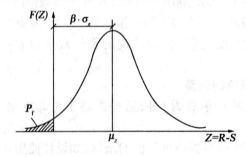

图1.1 β 与 P_f 的关系

2. 目标可靠指标和安全等级

在解决可靠性的定量尺度后,还应选择结构的最优失效概率或作为设计依据的可靠指标,即目标可靠指标,以达到安全与经济上的最佳平衡。

根据对各种荷载效应组合情况以及各种结构构件大量的计算分析后,《建筑结构可靠度设计统一标准》(GB 50068—2001)规定,对于一般工业或民用建筑,当结构构件属延性破坏时,目标可靠指标 β 取为 3.2。

另外,《建筑结构可靠度设计统一标准》(GB 50068—2001)根据建筑物的重要性,即根据结构破坏可能产生的后果(危及人的生命、造成经济损失、产生社会影响等)的严重性,把建筑物划分为三个安全等级;同时,《建筑结构可靠度设计统一标准》(GB 50068—2001)规定,结构构件承载能力极限状态的可靠指标不应小于表 1.10 的规定。不同安全等级之间的 β 值相差 0.5,这大体上相当于结构失效概率相差一个数量级。

建筑物中各类结构构件的安全等级应与整个结构的安全等级相同,对其中部分结构构件的安全等级,可视其重要程度适当调整,但不得低于三级。

表 1.10　建筑结构的安全等级及结构构件承载能力极限状态的目标可靠指标

建筑结构的安全等级	破坏后果	建筑物类型	结构构件承载能力极限状态的目标可靠指标	
			延性破坏	脆性破坏
一级	很严重	重要的建筑	3.7	4.2
二级	严重	一般的建筑	3.2	3.7
三级	不严重	次要的建筑	2.7	3.2

注:1. 延性破坏是指结构构件在破坏前有明显的变形或其他预兆;脆性破坏是指结构构件在破坏前无明显变形或其他预兆。
2. 当承受偶然作用时,结构构件的可靠指标应符合专门规范的规定。
3. 当有特殊要求时,结构构件的可靠指标不受本表限制。

◆结构设计的极限状态方程

结构的极限状态可用极限状态方程来表示。当只有作用效应 S 和结构抗力 R 两个基本变量时,可令

$$Z = R - S \tag{1.3}$$

显然,当 $Z>0$ 时,结构可靠;当 $Z<0$ 时,结构失效;当 $Z=0$ 时,结构处于极限状态。Z 是 S 和 R 的函数。

一般记作 $Z = g(S,R)$,称为极限状态函数,也称功能函数。相应的,$Z = g(S,R) = R - S = 0$,称为极限状态方程,因此结构的失效概率为

$$P_f = P[Z = R - S < 0] = \int_{-\infty}^{0} f(Z)\,dZ \tag{1.4}$$

S 和 R 的分布曲线如图 1.2 所示,作用效应分布的上尾部分和结构抗力分布的下尾部分相重合,说明在较弱的构件上可能出现大于其结构抗力的作用效应,导致结构失效。

◆承载能力极限状态计算规定

1. 承载能力极限状态设计表达式

任何结构构件都应进行承载力设计,以确保安全。承载能力极限状态设计表达式为

$$\gamma_0 S \leq R \tag{1.5}$$

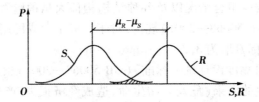

图 1.2 R,S 的概率密度分布曲线

$$R = R(f_c, f_s, a_k, \cdots) \tag{1.6}$$

式中 γ_0——结构构件的重要性系数,对安全等级为一级或设计使用年限为 100 年及以上的结构构件,γ_0 不应小于 1.1;对安全等级为二级或设计使用年限为 50 年的结构构件,γ_0 不应小于 1.0;对安全等级为三级或设计使用年限为 5 年及以下的结构构件,γ_0 不应小于 0.9;在抗震设计中,不考虑结构构件的重要性系数;

S——承载能力极限状态的荷载效应(内力)组合的设计值,按《建筑结构荷载规范》(GB 50009—2001)和现行国家标准《建筑抗震设计规范》(GB 50011—2010)的规定进行计算;

R——结构构件的承载力设计值,在抗震设计时,应除以承载力抗震调整系数 γ_{RE};

$R(f_c, f_s, a_k, \cdots)$——结构构件的承载力函数;

f_c, f_s——分别为混凝土、钢筋强度设计值;

a_k——几何参数标准值,当几何参数的变异性对结构性能有明显的不利影响时,可另增减一个附加值。

2. 内力组合设计值

对于承载能力极限状态,结构构件应按荷载效应的基本组合(永久荷载 + 可变荷载)进行计算。对于基本组合,其内力组合设计值可按式(1.7)和式(1.8)中最不利值确定:

(1)由可变荷载效应控制的组合:

$$\gamma_0 S = \gamma_0 \left(\gamma_G S_{Gk} + \gamma_{Q1} S_{Q1k} \sum_{i=2}^{n} \gamma_{Qi} \psi_{ci} S_{Qik} \right) \tag{1.7}$$

(2)由永久荷载效应控制的组合:

$$\gamma_0 S = \gamma_0 \left(\gamma_G S_{Gk} + \sum_{i=1}^{n} \gamma_{Qi} \psi_{ci} S_{Qik} \right) \tag{1.8}$$

按上述要求,在设计排架和框架结构时,往往是相当繁琐的。因而,对于一般排架和框架结构,可采用简化公式:

$$\gamma_0 S = \gamma_0 \left(\gamma_G S_{Gk} + \psi \sum_{i=1}^{n} \gamma_{Qi} S_{Qik} \right) \tag{1.9}$$

式中 γ_G——永久荷载分项系数,当永久荷载效应对结构构件的承载能力不利时,对式(1.7)应取 1.2,对由永久荷载效应控制的组合应取 1.35;当永久荷载效应对结构构件承载能力有利时,不应大于 1.0;

γ_{Q1}, γ_{Qi}——第 1 个和第 i 个可变荷载分项系数,当可变荷载效应对结构构件承

载能力不利时,在一般情况下取 1.4,当可变荷载效应对结构构件的承载能力有利时取 0;

S_{Gk}——永久荷载标准值的效应;

S_{Q1k}——在基本组合中起控制作用的一个可变荷载标准值的效应;

S_{Qik}——第 i 个可变荷载标准值的效应;

ψ_{ci}——第 i 个可变荷载的组合值系数,其值不应大于 1.0;

n——可变荷载的个数;

ψ——简化设计表达式中采用的荷载组合值系数,一般情况下可取 $\psi=0.9$,当只有一个可变荷载时,取 $\psi=1.0$。

采用式(1.7)和式(1.8)时,应根据结构可能同时承受的可变荷载进行荷载效应组合,并取其中最不利的组合进行设计。各种荷载的具体组合规则,应符合《建筑结构荷载规范》(GB 50009—2001)的规定。

对于偶然组合,其内力组合设计值应按有关的规范或规程确定。例如,当考虑地震作用时,应按《建筑抗震设计规范》(GB 50011—2010)确定。

此外,根据结构的使用条件,在必要时还应验算结构的倾覆、滑移等。这时,γ_G 应取 0.9。

对预应力混凝土结构,还应考虑预应力效应。

◆ 正常使用极限状态验算规定

按正常使用极限状态设计时,应验算结构构件的变形、抗裂度以及裂缝宽度。因为结构构件达到或超过正常使用极限状态时的危害程度不如承载力不足引起结构破坏时大,所以对其可靠度的要求可适当降低。所以,按正常使用极限状态设计时,对于荷载组合值,不需要乘以荷载分项系数,也不再考虑结构的重要性系数。同时,因为荷载短期作用和长期作用对于结构构件正常使用性能的影响不同,所以对于正常使用极限状态,应按不同的设计目的,分别按荷载效应的标准组合和准永久组合,或标准组合并考虑长期作用影响,采用式(1.10)。

$$S \leq C \tag{1.10}$$

式中 C——结构构件达到正常使用要求所规定的限值(例如变形、裂缝及应力等限值);

S——正常使用极限状态的荷载效应(变形、裂缝和应力等)组合值。

1. 荷载效应组合

在计算正常使用极限状态的荷载效应组合值 S 时,应首先确定荷载效应的标准组合与准永久组合。荷载效应的标准组合和准永久组合应按下列规定计算:

(1)标准组合:

$$S = S_{Gk} + S_{Q1k} + \sum_{i=2}^{n} \psi_{ci} S_{Qik} \tag{1.11}$$

(2)准永久组合:

$$S = S_{Gk} + \sum_{i=1}^{n} \psi_{qi} S_{Qik} \tag{1.12}$$

式中 ψ_{ci},ψ_{qi}——第 i 个可变荷载的组合值系数和准永久值系数。

必须指出,在荷载效应的准永久组合中,仅包括在整个使用期内出现时间很长的荷载效应值,即荷载效应的准永久值 $\psi_{qi} S_{ik}$;而在荷载效应的标准组合中,包括在整个使用期内出现时间很长的荷载效应值和出现时间不长的荷载效应值。所以,荷载效应的标准组合值出现的时间是不长的。

2. 验算内容

正常使用极限状态的验算内容包括变形验算和裂缝控制验算(抗裂验算和裂缝宽度验算)。

(1)变形验算。根据使用要求需控制变形的构件,应进行变形验算。对于受弯构件,按荷载效应的标准组合,并考虑荷载长期作用影响的最大挠度 f_{max} 不应超过挠度限值 f_{lim},见表1.11,即

$$f_{max} \leq f_{lim} \tag{1.13}$$

表1.11 受弯构件的挠度限值

构件类型	挠度限值
吊车梁:手动吊车 电动吊车	$l_0/500$ $l_0/600$
屋盖、楼盖及楼梯构件: 当 $l_0 < 7$ m 时 当 $7 \leq l_0 \leq 9$ m 时 当 $l_0 > 9$ m 时	$l_0/200(l_0/250)$ $l_0/250(l_0/300)$ $l_0/300(l_0/400)$

注:1. 表中 l_0 为构件的计算跨度。
2. 表中括号内的数值适用于使用上对挠度有较高要求的构件。
3. 如果构件制作时预先起拱,且使用上也允许,则在验算挠度时,可将计算所得的挠度值减去起拱值,对预应力混凝土构件,尚可减去预加力所产生的反拱值。
4. 计算悬臂构件的挠度限值时,其计算跨度 l_0 按实际悬臂长度的2倍取用。

(2)钢筋混凝土结构裂缝控制验算。按要求选用相应的裂缝控制等级,各级要求分别为以下内容。

1)一级:严格要求不出现裂缝。受拉边缘混凝土不应产生拉应力,混凝土构件边缘拉应力 σ_{tck} 应满足

$$\sigma_{tck} \leq 0 \tag{1.14}$$

2)二级:通常要求不出现裂缝。受拉边缘混凝土拉应力不应大于混凝土的应力,需满足式(1.15)要求,即

$$\sigma_{tck} \leq f_{t,k} \tag{1.15}$$

式中 $f_{t,k}$——混凝土轴心抗拉强度标准值。

按荷载效应准永久组合计算时,构件受拉边缘混凝土的拉应力应满足

$$\sigma_{tck} \leq 0 \tag{1.16}$$

当有可靠经验时可适当放宽要求。

3)三级:允许出现裂缝的构件。按荷载效应标准组合,并考虑长期作用影响计算时,

构件的最大裂缝宽 ω_{max} 不应超过裂缝限值见表 1.12，即
$$\omega_{max} \leq \omega_{lim} \tag{1.17}$$

表 1.12 结构构件的裂缝控制等级和最大裂缝宽度限值 ω_{lim}

环境类别	钢筋混凝土结构		预应力混凝土结构	
	裂缝控制等级	ω_{lim}/mm	裂缝控制等级	ω_{lim}/mm
一	三	0.3(0.4)	三	0.2
二	三	0.2	二	—
三	三	0.2	—	—

注：1. 表中规定适用于采用热轧钢筋的钢筋混凝土构件和采用预应力钢丝、钢绞线及热处理钢筋的预应力混凝土构件；当采用其他类别的钢丝或钢筋时，其裂缝控制要求可参照专门标准确定。
2. 对处于年平均相对湿度小于60%的地区的受弯构件，其最大裂缝宽度限值可采用括号内的数值。
3. 在一类环境下，对于钢筋混凝土屋架、托架及需作疲劳验算的吊车梁，其最大裂缝宽度限值应取 0.2 mm；对于钢筋混凝土屋面梁和托梁，其最大裂缝宽度限值应取 0.3 mm。
4. 在一类环境下，对于预应力混凝土屋面梁、托梁、屋架、托架、屋面板和楼板，应按二级裂缝控制等级进行验算；在一类和二类环境下，对于需作疲劳验算的预应力混凝土吊车梁，应按一级裂缝控制等级进行验算。
5. 表中规定的预应力混凝土构件的裂缝控制等级和最大裂缝宽度限值仅适用于正截面的验算。
6. 对于烟囱、筒仓和处于液体压力下的结构构件，其裂缝控制要求应符合专门标准的有关规定。
7. 对于处于四、五类环境下的结构构件，其裂缝控制要求应符合专门标准的有关规定。
8. 表中的最大裂缝宽度限值适用于验算荷载作用引起的最大裂缝宽度。

【实　务】

◆极限状态设计实例

某学校教学楼楼面钢筋混凝土板，安全等级为 2 级，计算长度 $l_0 = 3.9$ m，净跨 $l_n = 3.76$ m，板宽度 1.5 m。楼面做法：30 mm 厚水泥砂浆抹面(重密度 20 kN/m³)，结构层 80 mm(重密度 25 kN/m³)，板底 12 mm 白灰砂浆粉底(重密度 17 kN/m³)，活载标准值 2 kN/m²，准永久值系数 0.5。计算按承载能力极限状态和正常使用极限状态设计时的最大弯矩与最大剪力代表值。

【解】

(1)荷载标准值。
1)永久荷载：
①30 mm 水泥砂浆面层/(kN·m⁻¹)：$0.03 \times 20 \times 1.5 = 0.900$
②80 mm 结构层/(kN·m⁻¹)：$0.08 \times 25 \times 1.5 = 3.000$
③12 mm 白灰砂浆粉底/(kN·m⁻¹)：$0.012 \times 17 \times 1.5 = 0.306$
④g_k/(kN·m⁻¹) $= 0.900 + 3.000 + 0.306 = 4.206$
2)活载：q_k/(kN·m⁻¹) $= 2 \times 1.5 = 3.000$

(2)荷载标准值作用下最大弯矩与剪力。

1)最大弯矩在跨中：

①永久荷载：$S_{Gk}/(kN \cdot m^{-1}) = M_{Gk} = g_k l^2/8 = 4.206 \times 3.9^2/8 = 8.000$

②可变荷载：$S_{Qk}/(kN \cdot m^{-1}) = M_{Qk} = q_k l^2/8 = 3.000 \times 3.9^2/8 = 5.700$

2)最大剪力在支座边缘：

①永久荷载：$S_{Gk}/kN = V_{Gk} = g_k l_n/2 = 4.206 \times 3.76/2 = 7.910$

②可变荷载：$S_{Qk}/kN = V_{Qk} = q_k l_n/2 = 3.000 \times 3.76/2 = 5.640$

(3)极限承载能力内力设计值。因为

$$g_k/(g_k + q_k) = 4.206/(4.206 + 3.000) = 0.584 < 0.750$$

所以可变荷载控制设计。

1)弯矩：$M/(kN \cdot m) = 1.5 \times 8.000 + 1.4 \times 5.700 = 19.980$

2)剪力：$V/kN = 1.5 \times 7.910 + 1.4 \times 5.640 = 19.761$

(4)正常使用极限状态。

1)按荷载标准组合时：

①弯矩：$M_k/(kN \cdot m) = 8.000 + 5.700 = 13.700$

②剪力：$V_k/kN = 7.910 + 5.640 = 13.550$

2)按荷载准永久值组合时：

①弯矩：$M_q/(kN \cdot m) = 8.000 + 0.5 \times 5.700 = 10.850$

②剪力：$V_q/kN = 7.910 + 0.5 \times 5.640 = 10.730$

第 2 章 混凝土梁板结构设计

2.1 概　述

【基　础】

◆ **梁板结构**

　　由梁和板组成的结构体系即为梁板结构,它的支撑结构体系可为柱或墙体,是土木工程中常见的结构形式,例如楼(屋)盖、阳台、雨篷、楼梯、地下室底板和挡土墙等,如图2.1所示。除在建筑结构中得到广泛应用外,梁板结构还用于桥梁的桥面结构,特种结构中水池的顶盖、底板、池壁等。楼盖和屋盖是最典型的梁板结构。

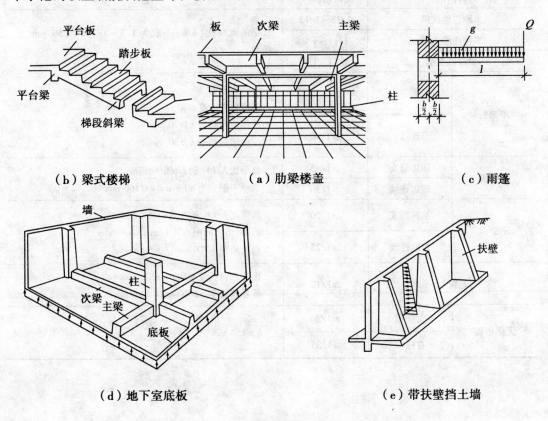

图 2.1　梁板结构

◆混凝土楼盖结构选型

(1)按照施工方法,可将混凝土楼盖分为:现浇混凝土楼盖、装配式混凝土楼盖、装配整体式混凝土楼盖几种。

(2)按照结构形式,可将现浇混凝土楼盖分为:单向板肋梁楼盖、双向板肋梁楼盖、无梁楼盖、密肋楼盖、井式楼盖、扁梁楼盖几种。

◆单向板与双向板

1. 单向板
荷载作用下,只在一个方向或主要在一个方向弯曲的板。

2. 双向板
荷载作用下,在两个方向弯曲,且不能忽略任一方向弯曲的板。

◆梁、板截面尺寸

梁、板截面尺寸的常用尺寸见表2.1。

表2.1 梁、板截面尺寸的常用尺寸

构件种类		高跨比(h/l)	备注
多跨连续次梁		$1/18 \sim 1/12$	梁的宽高比(b/h)一般为$1/3 \sim 1/2$,b以50 mm为模数
多跨连续主梁		$1/14 \sim 1/8$	
单跨简支梁		$1/14 \sim 1/8$	
单向板	简支	$\geqslant 1/35$	最小板厚: 屋面板 $h \geqslant 60$ mm 民用建筑楼板 $h \geqslant 70$ mm 工业建筑楼板 $h \geqslant 80$ mm
	连续	$\geqslant 1/40$	
双向板	四边简支	$\geqslant 1/45$	高跨比h/l中的l取短向跨度 板厚一般宜为80 mm$\leqslant h \leqslant$160 mm
	四边连续	$\geqslant 1/50$	
密肋板	单跨简支	$\geqslant 1/20$	高跨比h/l中的h为肋高 板厚:当肋间距$\leqslant 700$ mm,$h \geqslant 40$ mm 当肋间距> 700 mm,$h \geqslant 50$ mm
	多跨连续	$\geqslant 1/25$	
悬臂板		$\geqslant 1/12$	板的悬臂长度$\leqslant 500$ mm,$h \geqslant 60$ mm 板悬臂长度> 500 mm,$h \geqslant 80$ mm
无梁楼板	无柱帽	$\geqslant 1/30$	$h \geqslant 150$ mm
	有柱帽	$\geqslant 1/35$	

【实 务】

◆单向板与双向板计算的应用

《混凝土结构设计规范》(GB 50010—2002)规定:
(1)对两边支承的板,应按单向板计算。
(2)对于四边支承的板 $l/b≤2$ 时,应按双向计算;当 $2<l/b<3$ 时,应按双向板计算;按沿短边方向受力的单向板计算时,应沿长边方向布置足够数量的构造钢筋;当 $l/b≥3$ 时,可按沿短边方向受力的单向板计算。(注:l—长边长度;b—短边长度。)

2.2 单向板肋梁楼盖设计

【基 础】

◆单向板肋梁楼盖的设计步骤

现浇单向板肋梁楼盖是一种普遍采用的结构形式,通常由主梁、次梁及板组成。板可支承在次梁、主梁或砖墙上。

计算单向板时,可取一单位宽度 $b=1$ m 的板带作为典型的单元进行内力和配筋计算。

在单向板肋形楼盖中,荷载的传递路线是荷载(活)→板→次梁→主梁→柱或墙,也就是说,板的支座是次梁,次梁的支座是主梁,主梁的支座是柱或墙。在实际工程中,因楼盖整体现浇,所以楼盖中的板和梁往往形成多跨连续结构,在内力计算和构造要求上与单跨简支的梁和板的计算均有较大的区别,这是现浇楼盖在设计和施工中必须注意的一个重要问题。

单向板肋梁楼盖的设计步骤一般分以下几步进行:
(1)结构平面布置。
(2)确定计算简图并进行荷载计算。
(3)对板、次梁、主梁进行内力计算。
(4)对板、次梁、主梁进行配筋计算。
(5)根据计算结果和构造要求,绘制楼盖施工图。

◆单向板肋梁楼盖结构平面布置的内容

(1)确定柱网尺寸,即确定主梁、次梁的计算跨度。
(2)确定次梁的间距,即确定板的跨度。

(3)确定梁、板的截面尺寸。

◆ 单向板肋梁楼盖结构平面布置的原则

在进行结构平面布置时,应遵守以下布置原则:

(1)梁格的布置要考虑生产工艺、使用要求和支承结构的合理性几方面。

(2)柱网与梁格尺寸除应满足生产工艺和使用要求外,还应使结构具有尽可能好的经济效果。

(3)梁格应尽可能布置的规整、统一,板的厚度和梁的截面尺寸尽量统一,以简化计算,方便施工。

(4)避免集中荷载直接作用于板上。

◆ 梁、板的跨度及截面尺寸确定

根据平面布置原则,实际工程中,常用的梁、板跨度及截面尺寸如下。

(1)主梁。跨度 $l = 5 \sim 8$ m,截面高度 $h = l/14 \sim l/8$,宽度 $b = (1/3 \sim 1/2)h$。

(2)次梁。跨度 $l = 4 \sim 7$ m,截面高度 $h = l/18 \sim l/12$,宽度 $b = (1/3 \sim 1/2)h$,同时为方便施工,次梁的高度宜比主梁的高度小 50 mm 以上。

(3)板。跨度 $l = 1.7 \sim 2.7$ m,一般不宜超过 3 m。

【实 务】

◆ 单向板肋梁楼盖结构平面布置方案

1. 梁的布置

(1)主梁横向布置,次梁纵向布置。这种布置方案可以增加结构的横向刚度,结构受力合理。同时,便于在纵墙上开窗,高度可较大,有利于室内采光,所以在实际工程中经常采用,如图2.2(a)所示。

(2)主梁纵向布置,次梁横向布置。当横向柱距比纵向柱距大许多时,为减小主梁的高度,常采用这种布置方案。这种布置方案下的房屋横向刚度较差,并且次梁要搁置在纵墙窗洞过梁上,使窗洞的高度受到限制,从结构受力上讲也不太合理,如图2.2(b)所示。

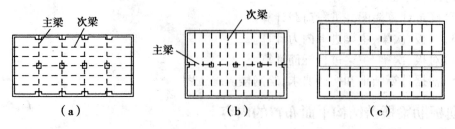

图2.2 梁的布置

(3)只布置次梁,不设主梁。当房屋有中间走廊时,如教学楼、宿舍楼等,常可利用内纵墙直接承重,次梁直接搁置在纵墙上。这种布置方案只适用于有中间走道的楼盖,如图 2.2(c)所示。

2. 楼盖的结构平面布置

(1)受力合理。荷载传递要简捷,梁宜拉通;主梁跨间最好不要只布置 1 根次梁,来减小主梁跨间弯矩的不均匀;尽量避免把梁特别是主梁搁置在门和窗过梁上;在楼、屋面上有机器设备、悬挂装置、冷却塔等荷载比较大的地方,应设次梁;楼板上开有较大尺寸(大于 800 mm)的洞口时,应在洞口周边设置加劲的小梁。

(2)满足建筑要求。不封闭的阳台、厨房、卫生间的楼板面标高应低于其他部位 30 ~ 50 mm;当不做吊顶时,一个房间平面内不应只放 1 根梁。

(3)方便施工。梁的截面种类不应过多,梁的布置尽可能规则,梁截面尺寸应考虑设置模板的方便,尤其是采用钢模板时。

◆ 单向板楼盖计算简图的确定

1. 荷载计算

当楼面板承受均布荷载时,通常取宽度 1 m 的板带进行计算,在确定由板传递给次梁的荷载和次梁传递给主梁的荷载时,一般都忽略结构的连续性而按简单支承进行计算。因此,对次梁取相邻板跨中线所分割出来的面积作为它的受荷面积,次梁所承受荷载为次梁自重及其受荷面积上由板传递过来的荷载;对于主梁,则承受主梁自重以及由次梁传递过来的集中荷载,但因主梁自重与次梁传来的荷载相比较一般较小,所以,为了简化计算,一般将主梁的均布自重荷载简化为若干集中荷载,与次梁传递过来的荷载合并。板的计算简图如图 2.3(a)所示,板、次梁荷载的计算简图如图 2.3(b)所示,主梁的计算简图如图 2.3(c)所示,次梁的计算简图如图 2.3(d)所示。

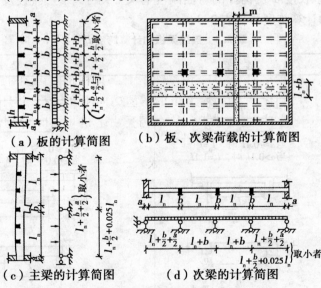

图 2.3 单向板楼盖板的计算简图

次梁和主梁的截面尺寸根据荷载的大小,可参考下列数据初估。

(1)次梁截面高度:

$h = l_0/18 \sim l_0/12$,$b = h/3 \sim h/2$。

(2)主梁截面高度:

$h = l_0/14 \sim l_0/8$,$b = h/3 \sim h/2$。

式中　l_0——次梁或主梁的计算跨度;

　　　h——次梁或主梁的高度;

　　　b——次梁或主梁的宽度。

同时,为了保证板、梁具有足够的刚度,在初步假定板、梁的截面尺寸时,还应符合表2.2的规定。

表2.2　一般不做挠度验算的板、梁截面最小高度

构件类型		简单支承	两端连续	悬臂
平板	单向板	$l_0/35$	$l_0/40$	$l_0/12$
	双向板	$l_0/45$	$l_0/50$	—
肋形板(包括空心板)		$l_0/20$	$l_0/25$	$l_0/10$
整体肋形梁	次梁	$l_0/20$	$l_0/25$	$l_0/8$
	主梁	$l_0/12$	$l_0/15$	$l_0/6$
独立梁		$l_0/12$	$l_0/15$	$l_0/6$

注:1. l_0为板、梁的计算跨度(双向板为短向计算跨度)。

　　2. 如梁的跨度大于9 m时,表中梁的各项数值应乘以系数1.2。

2. 跨度和跨数计算

梁、板的计算跨度l_0是指在计算内力时采用的跨长,也就是简图中支座反力之间的距离,它的值与支承长度a及构件的弯曲刚度有关。对于单跨梁、板及多跨连续梁板在不同支承条件下的计算跨度详见表2.3。

表2.3　连续梁板的计算跨度l_0

构件	连续板	连续梁
按弹性分析	当$a \leq 0.1l_c$时,$l_0 = l_c$ 当$a > 0.1l_c$时,$l_0 = 1.1l_n$ $l_0 = l_c$ $l_0 = l_n + \dfrac{h}{2} + \dfrac{b}{2}$ $l_0 = l_n + \dfrac{a}{2} + \dfrac{b}{2}$ 　取小	当$a \leq 0.05l_c$时,$l_0 = l_c$ 当$a > 0.05l_c$时,$l_0 = 1.05l_n$ $l_0 = l_c$ $l_0 = l_c \leq 1.025l_n + \dfrac{b}{2}$

续表2.3

构件	连续板	连续梁
按塑性分析	当$a \leq 0.1l_c$时，$l_0=l_c$ 当$a > 0.1l_c$时，$l_0=1.1l_n$	当$a \leq 0.05l_c$时，$l_0=l_c$ 当$a > 0.05l_c$时，$l_0=1.05l_n$
	$l_0=l_c$	$l_0=l_c$
	$l_0=l_c+\dfrac{h}{2}$	$l_0=\dfrac{a}{2}+l_n \leq 1.025l_n$

在上述的规定中，l_n为梁或板的净跨，l_c为梁或板支承中心线间的距离，h为板厚。按弹性理论计算单跨或多跨连续梁板，为计算方便，取构件支承中心线间的距离l_c作为计算跨长，结果总是偏安全的。

对于五跨和五跨以内的连续梁(板)，跨数根据实际跨度考虑。对于五跨以上连续梁(板)如图2.4(a)所示，当跨度相差不超过10%时，且各跨截面尺寸及荷载相同时，可近似按五跨连续梁(板)进行计算。在图2.4(a)中，实际结构1、2、3跨的内力按五跨连续梁(板)计算简图采用，中间两跨(第4跨)内力均按五跨连续梁(板)的第3跨采用，如图2.4(b)所示。

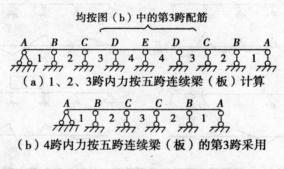

图2.4 连续梁(板)计算简图

◆单向板肋梁楼盖按弹性理论方法计算结构内力

1. 荷载的折算

在确定梁、板计算简图时，默认连续板在次梁处及次梁在主梁处都为铰支撑，忽略了次梁对板、主梁对次梁的转动约束作用，计算表明，采用上述的计算简图所得的板及次梁的内力与实际结构的内力有较大的偏差。一般来说，可以通过增大恒荷载并相应地减小活荷载的方式来修正这种偏差,也就是计算连续次梁及板的内力时,采用折算恒载 g' 和折算活载 q' 进行偏差修正。折算荷载取值如下:

(1)连续板:
$$g' = g + q/2, q' = q/2 \tag{2.1}$$

(2)次梁:
$$g' = g + q/4, q' = 3q/4 \tag{2.2}$$

式中　g', q'——折算恒载和折算活载;

　　　g, q——实际恒载和实际活载。

主梁不进行荷载的折算。

2. 活载不利组合及内力包络图

作用在结构上的恒载,如梁、板自重,楼面面层和永久性设备等是永久作用在结构上的,不随时间变化而变化。而作用在结构上的活载,如人群、家具等是随时间而变化的,有时作用在结构上,有时不存在。根据结构力学可知,并不是所有的恒载和活载全部作用在结构上才使结构在各个控制截面产生最大的内力。所以,当求某一控制截面的最不利内力时,应考虑活载的不利组合。下面以五跨连续梁为例说明。

图2.5 所示为一连续梁在不同跨承受荷载时结构的弯矩图和剪力图,由图可看出,当活载分别布置在1、3、5跨时,会对1、3、5跨各跨中产生正弯矩,而对2、4跨产生负弯矩,因而,当求1、3、5跨的最大正弯矩时,可将活载布置在1、3、5跨,而2、4跨不布置活荷载。求2、4跨最大正弯矩时,可将活载布置在2、4跨,而1、3、5跨不布置活荷载。同样道理,也可以确定其他控制截面的最不利弯矩和最不利剪力所对应的荷载不利组合的位置。

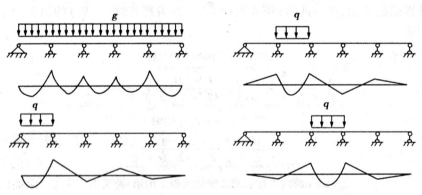

图2.5　连续梁在不同跨承受荷载时的弯矩图和剪力图

由此可得出连续梁最不利荷载组合的原则有以下几点:

(1)恒载始终作用在结构上时,按实际情况处理。

(2)求某跨中最大正弯矩时,应在该跨布置活荷载,然后左右隔跨布置。

(3)求某支座最大负弯矩时,应在该支座左右两跨布置活荷载,然后左右隔跨布置。

(4)求某支座最大剪力时,应在该支座左右两跨布置活荷载,然后左右隔跨布置。

按此原则,将得出五跨连续梁活荷载最不利布置方式的种类,如图2.6所示。

1) 情况 1: $g+q(1,3,5)$ ——产生 $M_{1\max}$, $M_{3\max}$, $M_{5\max}$, $M_{2\min}$, $M_{4\min}$, $V_{AR\max}$, $V_{Fl\max}$。
2) 情况 2: $g+q(2,4)$ ——产生 $M_{2\max}$, $M_{4\max}$, $M_{1\min}$, $M_{3\min}$, $M_{5\min}$。
3) 情况 3: $g+q(1,2,4)$ ——产生 $M_{B\max}$, $M_{BL\max}$, $M_{BR\max}$。
4) 情况 4: $g+q(2,3,5)$ ——产生 $M_{C\max}$, $M_{CL\max}$, $M_{CR\max}$。
5) 情况 5: $g+q(1,3,4)$ ——产生 $M_{D\max}$, $M_{DL\max}$, $M_{DR\max}$。
6) 情况 6: $g+q(2,4,5)$ ——产生 $M_{E\max}$, $M_{EL\max}$, $M_{ER\max}$。

式中 $q(1,3,5)$ ——第 1、3、5 跨作用有活荷载 q 的情况(余者类推);
$M_{1\max}$ ——第 1 跨跨内最大弯矩;
$M_{2\max}$ ——第 2 跨跨内最大负弯矩;
$M_{B\max}$ ——B 支座处最大负弯矩;
$M_{AR\max}$ ——A 支座右侧最大剪力;
$V_{Fl\max}$ ——F 支座左侧最大剪力。

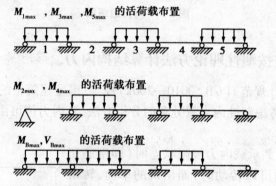

图 2.6 活荷载不利布置

在各种不同荷载作用下,连续梁的内力可根据结构力学方法计算,为计算方便,附表 1 列出了不同跨、不同荷载形式和不同荷载布置的连续梁内力计算系数,计算时可直接查用。

结构的内力包络图包括弯矩包络图与剪力包络图两种,弯矩包络图是指在荷载最不利组合作用下,所能引起的各个截面的最大正弯矩和最大负弯矩(绝对值)的外包线。将在各种不利荷载布置下结构所产生的弯矩图形画在同一基线上,则这一组曲线的最外轮廓线代表任何截面可能出现的最大弯矩,这个最外轮廓线所围成的弯矩图形就是弯矩包络图。同理,可以做出结构的剪力包络图。

在图 2.7 所示的五跨连续梁的弯矩和剪力包络图中,按照活荷载的不同布置情况,每跨都可以画出四个弯矩图形,分别对应于跨内最大正弯矩、跨内最小正弯矩(或负弯矩)和左、右支座截面的最大负弯矩。当端支座是简支时,边跨只能画出三个弯矩图形,它的外包线就形成了弯矩包络图。从图中可以看出,不论活荷载怎样布置,梁的任一截面产生的弯矩(剪力)都不会超过弯矩(剪力)包络图的范围。所以,弯矩包络图是计算和配置纵向受力钢筋的依据,而剪力包络图是计算和配置横向受力钢筋的依据。

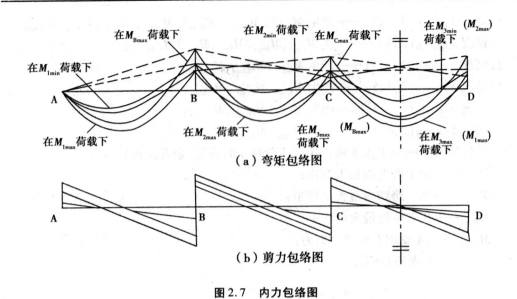

图 2.7 内力包络图

◆ 单向板肋梁楼盖按塑性理论方法计算结构内力

《混凝土结构设计规范》(GB 50010—2002)规定:房屋建筑中的钢筋混凝土连续梁和连续单向板,宜采用考虑塑性内力重分布的分析方法,其内力值可由弯矩调幅法确定。

1. 塑性铰的概念

塑性铰是弯矩达到承载内力极限状态时(即钢筋屈服、混凝土压碎,截面可以转动时)而出现的单向、转角有限且带有弯矩 M_u 的铰。它与传统铰(双向、转角无限、弯矩为零)有本质的区别。N 次超静定结构,至多可以有 $N+1$ 个塑性铰,就变成了机构而不能再承受荷载,如图 2.8 所示。

图 2.8 简支梁的破坏机构

2. 弯矩调幅法计算结构内力

(1)弯矩调幅法的概念及基本原则。弯矩调幅法又称调幅法,是在弹性弯矩的基础上,根据需要适当调整某些截面弯矩值。一般对那些弯矩绝对值较大的截面进行弯矩调整,然后按调整后的内力进行截面设计和配筋构造,是一种适用的设计方法。调幅法具有概念清楚,方法简便,弯矩调整幅度明确,平衡条件得到满足的特点。

在弯矩调幅法中,塑性铰的部位和塑性弯矩值是在按弹性理论分析方法获得的内力基础上确定的。对于连续梁、板首先出现塑性铰的位置应设计在支座截面,塑性弯矩值根据弯矩调幅系数 β 确定。

$$\beta = \frac{M_e - M_a}{M_e} \tag{2.3}$$

$$M_a = (1-\beta)M_e \tag{2.4}$$

式中 β——调幅系数;

M_e——按弹性方法计算的弯矩值；

M_a——调幅后的弯矩值。

综合考虑影响内力重分布的影响因素后，我国现行标准《混凝土结构设计规范》（GB 50010—2002）提出以下设计原则。

1）受力钢筋宜采用 HRB400 级、HRB335 级热轧钢筋，混凝土强度等级宜在 C20 ~ C45 范围；截面的相对受压区高度 ξ 应满足 $0.1 \leqslant \xi \leqslant 0.35$。

2）弯矩调幅后引起结构内力图形和正常使用状态的变化，应进行验算，并有构造措施加以保证。

（2）考虑塑性内力重分布分析方法的具体步骤。

1）采用非弹性方法计算在荷载最不利布置条件下结构支座截面的弯矩最大值 M_e。

2）采用调幅系数 β（一般不应超过 0.2）降低各支座截面弯矩，即弯矩设计值按下式计算：

$$M = (1 - \beta) M_e \tag{2.5}$$

3）结构的跨中弯矩值应取弹性分析所得的最不利弯矩和按下式计算值中的较大值：

$$M = 1.02 M_0 - \left| \frac{M_1 + M_r}{2} \right| \tag{2.6}$$

式中 M_0——按简支梁计算的跨中弯矩设计值；

M_1, M_r——连续梁或连续单向板的左、右支座截面弯矩调幅后的设计值。

4）校核调幅后支座与跨中截面的弯矩值都不应小于 M_0 的 1/3，以控制调幅程度。

5）按最不利荷载布置及调幅后的支座弯矩，由平衡条件求得控制截面的剪力设计值。

（3）均布荷载作用下等跨连续梁、板的内力计算。为了便于计算，对工程中常用的承受均布荷载或间距相同、大小相等的集中荷载的等跨连续梁或等跨连续单向板，用弯矩调幅法导出的内力系数，设计时可直接查表得出控制截面的内力系数并按下列公式计算弯矩设计值 M 及剪力设计值 V。

根据以上计算原则，通过理论推导，均布荷载作用下等跨连续梁、板可按下列公式计算：

1）等跨连续梁。

①承受均布荷载时：

$$M = \alpha_M (g + q) l_0^2 \tag{2.7}$$

$$V = \alpha_V (g + q) l_n \tag{2.8}$$

②承受间距相同、大小相等的集中荷载时：

$$M = \eta \alpha_M (G + Q) l_0 \tag{2.9}$$

$$V = n \alpha_V (G + Q) l_0 \tag{2.10}$$

2）等跨连续板：

$$M = \alpha_M (g + q) l_0^2 \tag{2.11}$$

式中 g——沿梁单位长度上的恒荷载设计值；

q——沿梁单位长度上的活荷载设计值；

G——一个集中恒荷载设计值;
Q——一个集中活荷载设计值;
α_M——连续梁考虑塑性内力重分布的弯矩设计值,按表2.4采用;
α_V——考虑塑性内力重分布梁的剪力计算系数,按表2.6采用;
η——集中荷载修正系数,按表2.5采用;
l_0——计算跨度;
l_n——净跨度;
n——广跨内集中荷载的个数。

表2.4 连续梁和连续单向板考虑塑性内力重分布的弯矩计算系数 α_M

支承情况		截面位置					
		端支座	边跨跨中	离端第二支座	离端第二跨跨中	中间支座	中间跨跨中
		A	I	B	II	C	III
梁、板搁支在墙上		0	1/11	二跨连续: 1/10 三跨以上连续: 1/11	1/16	1/14	1/16
板	与梁整浇连接	1/16	1/14				
梁		1/24					
梁与柱整浇连接		1/16	1/14				

注:1.表中系数适用于荷载比 $q/g > 0.3$ 的等跨连续梁和连续单向板。
2.连续梁或连续单向板的各跨长度不等,但相邻两跨的长跨与短跨之比值小于1.10时,仍可采用表中弯矩系数值。计算支座弯矩时应取相邻两跨中的较长跨度值,计算跨中弯矩时应取本跨长度。

表2.5 连续梁的剪力计算系数 η

荷载情况	截面					
	A	I	B	II	C	III
当在跨中中点处作用一个集中荷载时	1.5	2.2	1.5	2.7	1.6	2.7
当在跨中三分点处作用两个集中荷载时	2.7	3.0	2.7	3.0	2.9	3.0
当在跨中四分点处作用三个集中荷载时	3.8	4.1	3.8	4.5	4.0	4.8

表2.6 连续梁考虑塑性内力重颁的剪力计算系数 α_V

支承情况	截面位置				
	A支座内侧 A_{IN}	离端第二支座		中间支座	
		外侧 B_{ex}	内侧 B_{in}	外侧 C_{ex}	内侧 C_{in}
搁支在墙上	0.45	0.60	0.55	0.55	0.55
与梁或柱整体连接	0.50	0.55			

(4)各跨跨中及支座名称如图2.9所示。

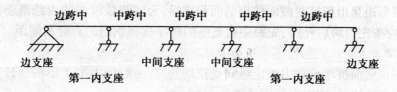

图2.9　各跨跨中及支座名称

(5)用调幅法计算不等跨连续梁、板。用弯矩调幅法计算不等跨连续梁、板相邻两跨的长跨与短跨的比小于1.10的不等跨连续梁、板,在均布荷载或间距相同、大小相等的集中荷载作用下,各跨跨中及支座截面的弯矩设计值与剪力设计值仍可根据上述等跨连续梁、板的规定确定。对于不满足以上条件的不等跨连续梁、板或各跨荷载值相差较大的等跨连续梁、板,现行规程提出了简化方法。

对不等跨连续梁按调幅法计算步骤进行;而不等跨连续板则采用以下步骤计算:

1)计算从较大跨度板开始,在下列范围内选定跨中的弯矩设计值。

①边跨:

$$\frac{(g+q)l_0^2}{14} \leq M \leq \frac{(g+q)l_0^2}{11} \tag{2.12}$$

②中间跨:

$$\frac{(g+q)l_0^2}{20} \leq M \leq \frac{(g+q)l_0^2}{16} \tag{2.13}$$

2)根据所选定的跨中弯矩设计值,由静力平衡条件,来确定较大跨度的两端支座弯矩设计值,再把此支座弯矩设计值作为已知值,重复上述条件和步骤确定邻跨的跨中弯矩与相邻支座的弯矩设计值。

◆单向板肋梁楼盖配筋计算及构造要求

1.配筋计算

(1)板。

1)板通常能满足斜截面抗剪承载力要求,设计时可不进行受剪承载力计算。

2)板受荷载进入极限状态时,支座处在上部开裂,而跨中在下部开裂,支座到跨中各截面受压区合力作用点即形成具有一定拱度的压力线。当板的周边有足够的刚度(如板四周有限制水平位移的边梁)时,在竖向荷载作用下,周边将对它产生水平推力,如图2.10所示。这个推力可规定,对四周和梁整体连接的单向板,它的中间跨的跨中截面及中间支座截面的计算弯矩可减少20%,其他截面则不予降低。

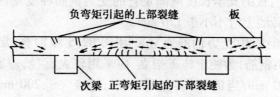

图2.10　钢筋混凝土连续板的推力效应

3)按照弯矩算出各控制截面的钢筋面积之后,为使跨数较多的内跨钢筋同计算值尽可能一致,应按先内跨后外跨、先跨中后支座的程序选择钢筋的直径及间距。

(2)次梁。

1)根据正截面抗弯承载力确定纵向受拉钢筋时,一般跨中按T形截面计算。支座处由于翼缘位于受拉区,按矩形截面计算。

2)根据斜截面抗剪承载力确定横向钢筋,采用箍筋作为承受剪力的钢筋。

3)截面尺寸满足前述高跨比(1/18~1/12)和宽高比(1/3~1/2)的要求时,通常不必做使用阶段的挠度和裂缝宽度验算。

(3)主梁。

1)正截面抗弯承载力计算同次梁一样,通常跨中按T形截面计算,支座按矩形截面计算;当跨中出现角弯矩时,跨中也宜按矩形截面计算。

2)因支座处板、次梁、主梁的钢筋重叠交错,且主梁负筋位于次梁和板的负筋之下,如图2.11所示,所以截面有效高度在支座处有所减小。当钢筋单排布置时,$h_0 = h - (50 \sim 60)$ mm;当双排布置时,$h_0 = h - (70 \sim 80)$ mm。

3)截面尺寸满足前述高跨比1/14~1/8和宽高比1/3~1/2的要求时,通常不必做使用阶段挠度和裂缝宽度验算。

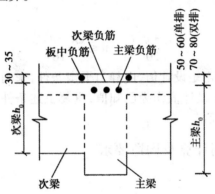

图2.11 主梁支座处的截面有效高度

2. 构造要求

(1)板。

1)板的厚度:板在楼盖中是大面积构件,所以从经济角度考虑,它的厚度应尽量薄,但从施工和刚度方面要求考虑,则不应小于前述最小板厚。

2)板的支承长度:板的支承长度应满足它的受力钢筋在支座内锚固的要求,通常不小于板厚,当搁置在砖墙上时不小于120 mm。

3)板中受力钢筋:板中受力钢筋通常采用HPB235级钢筋,常用直径为$\Phi 6$、$\Phi 8$、$\Phi 10$等。对于支座负钢筋,为便于施工架立,应采用较大直径,一般不小于$\Phi 8$;受力钢筋间距一般不小于70 mm;当板厚$h \leq 150$ mm时,不应大于200 mm;当板厚$h > 150$ mm时,不应大于1.5h,且不应大于250 mm。伸入支座的钢筋,一般采用分离式的配筋,宜全部伸入支座,支座负弯矩钢筋向跨内的延伸长度应覆盖负弯矩图,并达到钢筋的锚固要求。钢筋的间距变化应有规律,直径种类不应过多以利于施工。

根据钢筋混凝土平法标注规则,已取消了弯起钢筋。所以弯起式配筋不再介绍。

为了保证锚固可靠,板内伸入支座的下部受力钢筋采用半圆弯钩。而对于上部负钢筋,为了保证施工时钢筋的设计位置,应做成直抵模板的直钩。因而,直钩部分的钢筋长度为板厚减净保护层厚。

确定连续板钢筋的切断点,可按图2.12所示的构造要求处理。图2.12中的a值,当$q/g \leq 3$时,$a = l_0/4$;当$q/g > 3$时,$a = l_0/3$。g、q、l_0分别为恒荷载、活荷载集度设计值、板的计算跨度。当板相邻跨跨度相差超过20%或各跨荷载相差较大时,应绘弯矩包络图来确定钢筋的切断点。

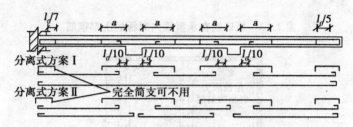

图2.12 钢筋混凝土连续板受力钢筋的配筋方式

4)板中构造钢筋。

①分布钢筋是与受力钢筋垂直布置的钢筋,布置在受力钢筋的上面,它的作用除固定受力钢筋位置、抵抗温度收缩应力以及分布荷载的作用外,还要承受一定数量的弯矩。如现浇楼盖的单向板实际上为周边支承板,两个方向均发生弯曲。由此,《混凝土结构设计规范》(GB 50010—2002)规定,当按单向板设计时,除沿受力方向布置有受力钢筋外,还应在垂直受力方向分布钢筋。单位长度上分布钢筋的截面面积不宜小于受力钢筋截面面积的15%,且不应小于该方向板截面面积的0.15%。其间距不应大于200 mm,直径不应小于6 mm。

②对与支承结构整体浇筑或嵌固于承重砌体墙内的现浇混凝土板,应沿支承周边配置上部构造钢筋,其间距不宜大于200 mm,直径不宜小于8 mm,并应符合以下规定:现浇楼盖和混凝土梁整体浇筑的单向板或双向板,应在板边上部设置垂直于板边的构造钢筋,其截面面积不应小于板跨中相应方向纵向钢筋截面面积的1/3,该钢筋自梁边或墙边伸入板内的长度,在单向板中不应小于受力方向板计算跨度的1/5,在双向板中不宜小于板短跨方向计算跨度的1/4,在板角处该钢筋应沿两个垂直方向布置或按放射状布置。

嵌固于砌体墙内的现浇混凝土板,它的上部与板边垂直的构造钢筋伸入板内的长度,从墙边算起不应小于板短边跨度的1/7;在两边嵌固于墙内的板角部分,应配置双向上部构造钢筋,该钢筋伸入板内的长度从墙边算起不应小于板短边跨度的1/4;沿板的受力方向配置的上部构造钢筋,其截面面积不应小于该方向跨中受力钢筋截面面积的1/3。

板嵌固在承重墙内时板上的上部钢筋的设置如图2.13所示,是为了防止图2.14所示的板面裂缝的出现和开展。

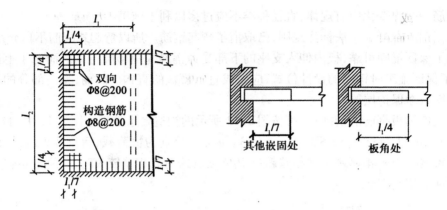

图2.13 板嵌固在承重墙内时板的上部钢筋

图2.14 板嵌固在承重墙内时的顶面裂缝分布

③垂直于梁的板面构造钢筋,对现浇楼盖的单向板,实际上是周边支撑板,主梁也将对板起支撑作用。靠近主梁的板面荷载将直接传递给主梁,从而产生一定的负弯矩,并使板和主梁连接处产生板面裂缝,有时甚至开展较宽。所以,《混凝土结构设计规范》(GB 50010—2002)规定,当现浇板的受力钢筋与梁平行时,应沿梁长度方向配置间距不大于200 mm且与梁垂直的上部构造钢筋,其直径不应小于8 mm,且单位长度内的总截面面积不应小于板中单位长度内受力钢筋截面面积的1/3。此构造钢筋伸入板内的长度从梁边算起每边不应小于$l_0/4$,l_0为板的计算跨度,如图2.15所示。

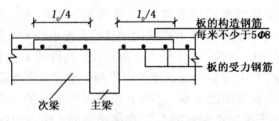

图2.15 板中与梁肋垂直的构造钢筋

④板内孔洞周边的附加钢筋,当孔洞的边长b(矩形孔)或直径d(圆形孔)不大于300 mm时,因削弱面积较小,可不设附加钢筋,板内受力钢筋可绕过孔洞,不必切断,如图2.16(a)所示。

当边长 b 或直径 d 大于 300 mm 且小于 1 000 mm 时,应在洞边每侧配置加强洞口的附加钢筋,它的面积不小于洞口被切断的受力钢筋截面面积的 1/2,且不小于 2Φ10。如仅按构造配筋,每侧可附加 2Φ10～2Φ12 的钢筋,如图 2.16(b)所示。当 b 或 d 大于 1 000 mm,且无特殊要求时,宜在洞边加设小梁,如图 2.16(c)所示。对于圆形孔洞,板中还要配置如图 2.16(c)所示的上部和下部钢筋以及如图 2.16(d)、(e)所示的洞口附加环筋及放射向钢筋。

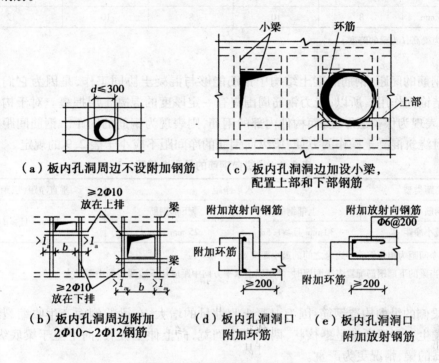

图 2.16 板上开洞的配筋方法

(2)次梁。

1)截面尺寸:次梁的跨度 $l = 4 \sim 6$ m,梁高 $h = (1/18 \sim 1/12)l$,梁宽 $b = (1/3 \sim 1/2)h$,应满足表 2.7 的规定,纵向钢筋的配筋率一般为 0.6%～1.5%。

表 2.7 梁、板的计算跨度

支承情况	计算跨度	
	梁	板
两端与梁(柱)整体连接	净跨 l_n	净跨 l_n
两端支承在砖墙上	$1.05 l_n (\leq l_n + b)$	$l_n + h (\leq l_n + n)$
一端与梁(柱)整体连接,另一端支承在砖墙上	$1.025 l_n (\leq l_n + b/2)$	$l_n + h/2 (\leq l_n + a/2)$

注:表中 b 为梁的支承宽度,a 为板的搁置长度,h 为板厚。

2)次梁的支承长度:次梁在砌体墙上的支承长度 $a \geq 240$ mm。

3)钢筋的直径:梁的纵向受力钢筋与架立钢筋的直径不宜小于表 2.8 的规定。对钢筋直径的要求出于混凝土结构截面受力的需要,混凝土结构中,受力钢筋的尺寸应与截面高度及跨度有一定的比例,因为过于纤细的钢筋难以起到应有的承载受力和构造的作用。

表2.8 梁内纵向钢筋的最小直径

钢筋类型	受力钢筋		架立钢筋		
条件	$h<300$ mm	$h\geqslant 300$ mm	$l<4$ m	4 m$\leqslant l\leqslant 6$ m	$l>6$ m
直径 d/mm	8	10	8	10	12

注:h 为梁高,l 为梁的跨度。

4)钢筋的间距:钢筋混凝土结构中钢筋能够与混凝土协同工作,是因为它们之间存在着黏结锚固作用。所以,受力钢筋周围应有一定厚度的混凝土层握裹。对于构件边缘的钢筋,表现为保护层厚度;而构件内部的钢筋,则表现为钢筋的间距。钢筋间距还应考虑施工时浇筑混凝土操作的方便,梁纵向钢筋的净间距不应小于表2.9的规定。

表2.9 梁纵向钢筋的最小净间距

简距类型	水平净距		垂直净距(层距)
钢筋类型	上部钢筋	下部钢筋	25 mm 且 $\geqslant d$
最小净距	30 mm 且 $\geqslant 1.5d$	25 mm 且 $\geqslant d$	

注:1. 净间距为相邻钢筋外边缘之间的最小距离。
　　2. 当梁的下部钢筋配置多于两层时,两层以上水平方向中距应比下边两层的中距增大一倍。

5)梁侧的纵向构造钢筋:因为混凝土收缩量的增大,在梁的侧面产生收缩裂缝的现象时有发生。裂缝通常呈枣核状,两头尖中间宽,向上伸至板底、向下至于梁底纵筋处,截面较高的梁,情况更为严重。

6)当连续次梁的跨度相等或相差不超过20%,并且活载与恒载之比 $q/g\leqslant 3$ 时,梁内纵向钢筋的弯起及截断可按图2.17进行。

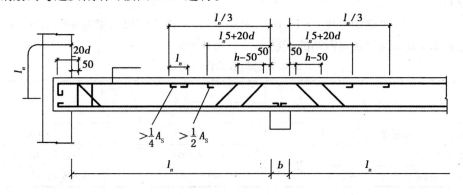

图2.17 等跨连续次梁的钢筋布置

《混凝土结构设计规范》(GB 50010—2002)规定:当梁的腹板高度 $h_w>450$ mm 时,在梁的两个侧面沿高度配置纵向构造钢筋(腰筋),每侧纵向构造钢筋(不包括梁上、下部受力钢筋及架立钢筋)的截面面积不应小于腹板截面面积 bh_w 的 0.1%，且其间距不应大于 200 mm。此处，腹板高度 h_w 取值分为三种情况：对矩形截面，取有效高度；对 T 形截面，取有效高度减去翼缘高度；对 I 形截面，取腹板净高。

7)对钢筋混凝土薄腹梁或需作疲劳验算的钢筋混凝土梁，应在下部 1/2 梁高的腹板内沿两侧配置直径 8~14 mm、间距 100~150 mm 的纵向构造钢筋，并应按下密上疏的方式布置。在上部 1/2 梁高的腹板内，纵向构造钢筋上述第 5)条的规定配置。

中间支座负钢筋的弯起，第一排的上弯点距支座边缘为 50 mm；第二排、第三排上弯点距支座边缘分别为 h 和 $2h$，如图 2.17 所示。

支座处上部受力钢筋总面积为 A_s，则第一批截断的钢筋面积不得超过 $A_s/2$，其延伸长度从支座边缘起不小于 $l_n/5 + 20d$(d 为截断钢筋的直径)；第二批截断的钢筋面积不得超过 $A_s/4$，其延伸长度不小于 $l_n/3$。余下的纵筋面积不小于 $A_s/4$，且不少于两根，可用来承担部分负弯矩并兼作架立钢筋，它的伸入边支座的锚固长度不得小于 l_a。

位于次梁下部的纵向钢筋除弯起的外，应全部伸入支座，不得在跨间截断。

连续次梁由于截面上、下均配置受力钢筋，故一般均沿梁全长配置封闭式箍筋，第一根箍筋可距支座边 50 mm 处开始布置，同时在简支端的支座范围内，一般宜布置一根箍筋。

(3) 主梁。

1)主梁伸入墙内的长度通常应不小于 370 mm。

2)主梁纵向受力钢筋的切断，应使其抵抗弯矩图覆盖弯矩包络图，并应满足有关钢筋截断的构造要求。

3)在次梁和主梁相交处，次梁在支座负弯矩作用下，在顶面将出现裂缝。这样，次梁主要通过它的支座截面剪压区将集中力传递给主梁梁腹。经试验表明，当梁腹有集中力作用时，将产生与梁轴线垂直的局部应力，作用点以上的梁腹内为拉应力，作用点以下为压应力。由该局部应力和梁下部的法向拉应力引起的主拉应力将在梁腹引起斜裂缝，如图 2.18(a)所示。为防止这种斜裂缝引起的局部破坏，应在主梁承受次梁传递过来的集中力处设置附加的横向钢筋(即吊筋或箍筋)。《混凝土结构设计规范》(GB 50010—2002)建议附加横向钢筋应优先采用附加箍筋，如图 2.18(b)，附加箍筋应布置在长度为 $s = 2h_1 + 3b$ 的范围内，如图 2.18(c)所示。第一道附加箍筋离次梁边 50 mm，如集中力 F 全部由附加箍筋承受，则所需附加箍筋的总截面面积为

$$A_{sv} \geq F/f_{yv} \tag{2.14}$$

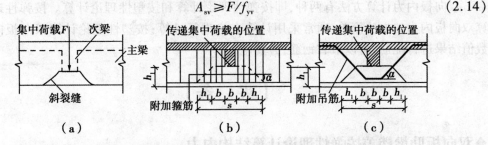

图 2.18 梁截面高度范围内有集中荷载作用时附加横向钢筋的布置

当选定附加箍筋的直径和肢数后，由上式求得的 A_{sv} 即不难算出 s 范围内附加箍筋的

根数。

如集中力 F 全部由吊筋承受,其总截面面积为

$$A_{sv} \geq F/(f_{yv}\sin a) \tag{2.15}$$

如集中力 F 同时由附加吊筋和箍筋承受时,应满足式(2.16)要求:

$$F \leq 2f_y A_{sb}\sin a + m \times n A_{sv1} f_{yv} \tag{2.16}$$

式中 F——由次梁传递的集中力设计值;

f_y——附加吊筋抗拉强度设计值;

A_{sv}——附加横向钢筋的总截面面积;

A_{sv1}——附加箍筋单肢的截面面积;

f_{yv}——附加箍筋抗拉强度设计值;

n——同一截面内附加箍筋的肢数;

m——在 s 范围内附加箍筋的个数;

a——附加吊筋弯起部分与构件轴线夹角,一般为45°角,当梁高 $h > 800$ mm 时,采用60°角;

A_{sb}——一根吊筋的截面积。

2.3 双向板肋梁楼盖设计

【基　础】

◆双向板的受力特点

双向板上的荷载将向两个方向传递,在两个方向上发生弯曲并产生内力,内力的分布由双向板四边的支撑条件(简支、嵌固、自由等)、几何条件(板边长的比值)以及作用于板上荷载的性质(集中力、均布荷载)等因素决定。

◆双向板内力计算方法

双向板内力计算方法有两种,即按弹性理论计算和按塑性理论计算。按弹性理论计算双向板内力的方法简单,通常采用计算表格进行计算;按塑性理论计算双向板内力的数值结果进行配筋,可以节省钢筋,方便施工。

【实　务】

◆双向板肋梁楼盖按弹性理论计算结构内力

1. 单跨双向板计算

单跨双向板根据其四边支撑情况的不同,可以形成不同的计算简图,分别为:四边简

支;一边固定、三边简支;两对边固定、两对边简支;两临边固定、两邻边简支;三边固定、一边简支;四边固定;三边固定、一边自由。在计算时可根据不同的支承条件,查附表 2.1～2.6 中的弯矩系数,表中的系数是考虑混凝土横向变形系数为 1/6 时得出的。双向板跨中弯矩和支座弯矩可按(2.17)式进行计算:

$$M = 表中弯矩系数 \times (g+q)l_0^2 \qquad (2.17)$$

式中　M——跨中或支座单位板宽内的弯矩设计值;

　　　g,q——作用于板上的恒荷载和活荷载的设计值;

　　　l_0——取 l_1 和 l_2 中的较小值(短方向上的计算跨度)。

2. 多跨连续板计算

在计算多跨连续双向板的弯矩时,要考虑其他跨板对所计算跨板的影响,同计算多跨连续梁一样,需要考虑活荷载的不利位置,若要精确计算是相当复杂的,采用以下方法简化计算。

(1)求跨中的最大弯矩。如果计算某跨跨中的最大弯矩时,活荷载的布置方式,如图 2.19(a)、(b)所示,即在该区格中布置活荷载,然后再在它的前后左右每隔一区格布置活荷载(棋盘格式布置),可使该区格跨中弯矩为最大。为了求此弯矩,可将活荷载分解。当双向板各区格内作用有 $g+q/2$,如图 2.19(c)所示。因为板的各内支座的转动变形很小,转角可近似地认为是零,内支座可近似地看作固定边;这样中间区格的板都可按四边固定的单跨板来计算其内力(弯矩)。对于其他区格,可按边支座而定,可分为三边固定、一边简支、两边固定、两边简支等几种。

当双向板各区格作用有 $\pm q/2$,如图 2.19(d)所示,板在中间支座的转角方向是一致的,大小接近,可以近似认为内支座为连续板带的反弯点,弯矩为零。因此,各区格板的内力可按单跨四边简支的双向板来计算。

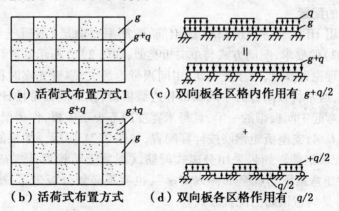

图 2.19　多跨连续双向板的活荷载最不利布置

最后,将以上两种计算结果叠加,便可求出多跨双向板的跨中最大弯矩。

(2)求支座最大弯矩。求支座最大弯矩时,它的活荷载的布置方式与求跨中最大弯矩时的活荷载布置恰好相反,但考虑到隔跨活荷载对计算跨弯矩的影响很小,可近似地假定活荷载布满所有区格时求出的支座弯矩,即为支座弯矩。对于边区格则按周边的实际支承情况来确定它的支座弯矩。

◆双向板肋梁楼盖按塑性理论计算结构内力

钢筋混凝土双向板在均布荷载作用下,四边简支单跨矩形板首先在板底中部出现与长边平行的裂缝。随着荷载的增加,裂缝不断沿45°方向向四周延伸和展开。在最大裂缝线上,受拉钢筋达到屈服强度时,它承受的内力矩即为屈服弯矩或极限弯矩,同时这条裂缝线具有较强的转动能力,通常称为塑性铰线。跨中截面的受拉钢筋一旦屈服,便形成塑性铰线,导致板的破坏。因为钢筋混凝土双向板具有一定的塑性性质,所以可采用塑性理论进行计算,这样可节省钢筋,使配筋方便,便于施工。双向板为高次超静定结构,按塑性理论精确计算它的内力是比较困难的,通常只能按塑性理论计算其上限解和下限解。常用的计算方法有极限平衡法和能量法(也称虚功法和机动法)等几种。

◆双向板肋梁楼盖的配筋计算与构造要求

1. 截面钢筋的配置特点

双向板中钢筋的配置是沿着板的两个方向上布置的,短边方向上的受力钢筋要放在长边方向受力钢筋的外侧。双向板截面的计算高度 h_0 分为 h_{0x} 和 h_{0y},如果板厚为 h,x 方向为短边,y 方向为长边时,则 $h_{0x}=h-a_s$、$h_{0y}=h_{0x}-d$,d 为 x 方向上钢筋的直径。对于正方形板,可取 h_{0x} 和 h_{0y} 的平均值来简化计算。

2. 板厚

双向板的厚度通常不小于 80 mm,也不大于 160 mm,双向板通常不做变形和裂缝验算,所以要求双向板应具有足够的刚度。对于简支板 $h \geq l_0/45$,连续板 $h \geq l_0/50$,l_0 为板短方向上的计算跨度。

3. 板中钢筋的配置

双向板应采用 HPB235 和 HRB335 级钢筋,配筋率要满足《混凝土结构设计规范》(GB 50010—2002)的要求,配筋方式与单向板类似,如图2.20所示。

内力按弹性理论计算时,对于正弯矩,中间板带为最大,靠近支座时很小,所以,如果采用弯起式配筋,通常将板划分为中间板带和边缘板带,在中间板带按计算配筋,而边缘板带内的配筋可弯起中间板带的一半,且每米宽度内不少于3根,作为梁上负钢筋;伸入对面长度不小于 $l_0/4$,支座负矩钢筋按计算配置,如图2.21所示。如果能利用的弯起钢筋不够,要另加配负钢筋。如果采用分离式配筋,《混凝土结构设计规范》(GB 50010—2002)规定"跨中正弯矩钢筋宜全部伸入支座",也就不必划分板带了,按图2.20(b)配置;图中(c)、(d)是构造钢筋的配置方式。

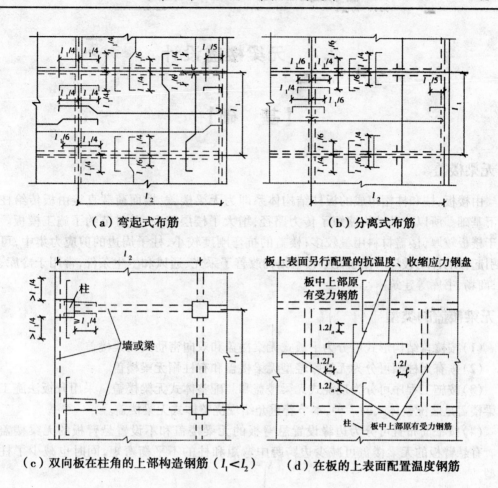

(a) 弯起式布筋　　　　　　　(b) 分离式布筋

(c) 双向板在柱角的上部构造钢筋（$l_1<l_2$）　　(d) 在板的上表面配置温度钢筋

图 2.20　双向板的配筋方式

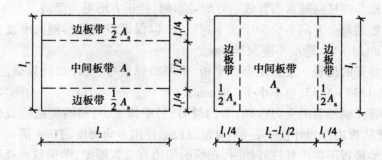

图 2.21　边缘板带与中间板带配筋示意图

2.4 无梁楼盖设计

【基　础】

◆ 无梁楼盖

由楼板、柱和柱帽组成的板柱结构体系即为无梁楼盖,楼面荷载直接由板传给柱及柱下基础。所以这种结构缩短了传力路径,增大了楼层静空,并且节约了施工模板。但由于楼板较厚,楼盖材料用量较多;楼盖的抗弯刚度较小,柱子周边的剪应力集中,可能会引起板的冲切破坏。由于无梁楼盖结构改善了采光、通风和卫生条件,常用于冷库、仓库、商场、书库等建筑。

◆ 无梁楼盖的类型

(1)按楼盖结构形式可分为平板式无梁楼盖和双向密肋式无梁楼盖。
(2)按有无柱帽可分为无柱帽轻型无梁楼盖和有柱帽无梁楼盖。
(3)按施工程序可分为现浇式无梁楼盖和装配整体式无梁楼盖。采用升板法施工的无梁楼盖是装配整体式的一种,本节着重介绍现浇整体式无梁楼盖。
(4)按平面布置可分为边缘设置悬臂板的无梁楼盖和不设置悬臂板的无梁楼盖两种。有悬臂板的无梁楼盖可减少边跨跨中弯矩和柱的不平衡弯矩,同时也减少了柱帽类型。

◆ 无梁楼盖设计一般规定

(1)无梁楼盖的柱网通常布置成正方形或矩形,且正方形更为经济。
(2)无梁楼盖每个方向不应少于3个连续跨,以保证有足够的侧向刚度。当楼面活荷载在5 kN/m² 以上时,跨度不应大于6 m。
(3)无梁楼盖的楼板一般采用等厚平板,板厚根据受弯、受冲切计算确定,并不应小于区格长边的 1/35~1/32,也不小于 150 mm。
(4)为改善无梁楼盖的受力性能,节约材料,易于施工,可将沿周边的板伸出边柱外侧,伸出长度(从板边缘到外柱中心)不应超过板缘伸出方向跨度的 0.4 倍。
(5)当无梁楼板不伸出外柱外侧时,在板的周边宜设置圈梁,圈梁截面高度不应小于板厚的2.5倍。由于圈梁和半个柱上板带共同承受弯矩和剪力外,还承受扭矩,所以应配置附加抗扭纵向钢筋和箍筋。
(6)无梁楼盖的柱帽形式和尺寸,通常由建筑美观要求和板的冲切承载能力控制。柱帽扩大了板在柱上的支撑面积,减少了板的计算跨度,也增加了房屋的刚度。柱帽的宽度,通常为 $(0.2~0.3)l$(l 为板的跨度)。

【实 务】

◆ 无梁楼盖的板带划分计算简图

无梁楼盖是四点支撑的双向板。无梁板虽然是双向受力,但它的受力特点却更接近于单向板,只不过单向板是一个方向由板受弯、另一个方向由梁受弯;而无梁板在两个方向都是由板受弯。与单向板差别主要是在无梁板计算跨度内的任一截面,内力与变形沿宽度方向是处处不同的。

无梁楼盖可按柱网划分成若干区格,将其看作由支撑在柱上的"柱上板带"和弹性支承于柱上板带的"跨中板带"组成的水平结构,如图 2.22 所示。柱中心线两侧各 1/4 跨度范围内的板带即为柱上板带,跨中板带是柱上板带之间的部分,它的宽度是跨度的 1/2。考虑到钢筋混凝土板具有内力重分布的能力,可以假定在同一种板带宽度内,内力的数值是均匀的,钢筋也可以均匀地布置。

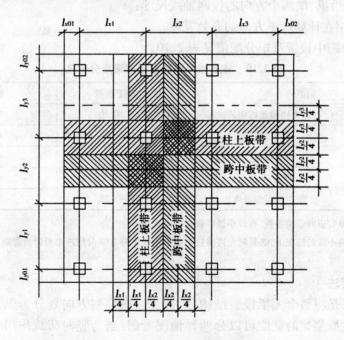

图 2.22 无梁楼盖柱上板带的划分

◆ 无梁楼盖内力计算

1. 经验系数法

经验系数法又称总弯矩法或直接设计法。这种方法先计算两个方向的截面总弯矩,再将截面总弯矩分配给同一方向的柱上板带及跨中板带。

(1)经验系数法应用条件。为了使各截面的弯矩设计值适应各种活荷载的不利布置,应用经验系数法时应使无梁楼盖的布置满足以下条件。
1)每个方向至少有三个连续跨。
2)同方向相邻跨度的差值不超过较长边的1.3倍。
3)可变荷载和永久荷载之比值$q/g \leqslant 3$。
4)任一区格板的长边与短边之比值$l_x/l_y \leqslant 2$。
用这种方法计算时,只考虑全部均布荷载,不考虑活荷载的不利布置。
(2)经验系数法的计算步骤。分别按下式计算每个区格两个方向的总弯矩设计值。
1)x方向:

$$M_{0x} = \frac{1}{8}(g+q)l_y\left(l_x - \frac{2}{3}c\right)^2 \quad (2.18)$$

2)y方向:

$$M_{0y} = \frac{1}{8}(g+q)l_x\left(l_y - \frac{2}{3}c\right)^2 \quad (2.19)$$

式中 g,q——板面永久荷载和可变荷载设计值(kN/m^2);
l_x,l_y——沿纵、横两个方向的柱网轴线尺寸;
c——柱帽在计算弯矩方向的有效宽度。

柱上板带和跨中板带弯矩分配值见表2.10。

表2.10 柱上板带和跨中板带弯矩分配值

截面		柱上板带	跨中板带
内跨	支座截面弯矩值	0.50 M_0	0.17 M_0
	跨中正弯矩	0.18 M_0	0.15 M_0
边跨	第一内支座截面负弯矩	0.50 M_0	0.17 M_0
	跨中正弯矩	0.22 M_0	0.18 M_0
	边支座截面负弯矩	0.48 M_0	0.05 M_0

注:1. 此表为无悬臂板的经验系数,有较小悬臂板时仍可采用。
2. 在总弯矩值不变的情况下,必要时允许将柱上板带负弯矩的10%分给跨中板带负弯矩。

2. 等代框架法

等代框架法是将整个无梁楼盖结构分为沿纵、横柱列方向划分为纵、横两个方向的等代框架。等代框架梁的宽度可以分两种情况考虑:当为竖向荷载作用时,取板跨中心线之间的距离(l_x或l_y);当为水平荷载作用时,则取板跨中心线之间距离(l_x或l_y)的1/2比较适宜。等代框架梁的高度取板的厚度,跨度取($l_x - 2c/3$)或($l_y - 2c/3$),c为柱帽宽度。等代框架的计算高度也可以分两种情况考虑:对于楼层,取层高减去柱帽的高度;对于底层,取基础顶面到该层楼板底面的高度减去柱帽的高度。

当仅有竖向荷载时,等代框架可近似的按分层法计算,所计算楼板都看作上层柱的固定远端,将一个等代的多层框架的计算变为简单的二层或一层(对顶层)框架的计算,计算中还应考虑活荷载的不利组合。

最后得出的等代框架梁弯矩值,按表2.11中的系数分配给柱上板带和跨中板带。

表 2.11　等代框架梁弯矩分配系数表

截面		柱上板带	跨中板带
内跨	边支座截面负弯矩	0.75	0.25
	跨中正弯矩	0.55	0.45
边跨	第一内支座截面负弯矩	0.75	0.25
	跨中正弯矩	0.55	0.45
	边支座截面负弯矩	0.90	0.10

等代框架法的适用范围为任一区格的长跨与短跨的比不大于2；可用于经验系数法受到限制处，如双跨结构、活荷载过大的结构、不等跨结构、不同的竖向荷载和水平荷载等。

◆无梁楼盖的截面与构造

1. 板的厚度及板的截面有效高度

无梁楼盖的板一般是等厚的。对板厚的要求应满足承载力要求外，同时还需要满足刚度的要求。当采用无帽顶板时，板厚不应小于区格长边 1/32；当采用有帽顶板时，板厚不应小于区格长边的 1/35，这时可不验算板的挠度。

当采用无柱帽时，柱上板带可适当加厚，加厚部分的宽度取相应板跨的 0.3 倍左右。

板的截面有效高度取值，类似与双向板相同。同一区格在两个方向同号弯矩作用下因为两个方向的钢筋又叠置在一起，所以应分别采用不同的截面有效高度。当为正方形区格时，为简化计算可取两个方向有效高度与平均值。

2. 板的配筋

按照柱上和跨中板带截面弯矩算得的钢筋，可沿纵、横两个方向均匀布置于各自的板带上。钢筋的直径和间距与一般双向板的要求相同，对于承受负弯矩的钢筋，它的直径不应小于 12 mm，以保证施工时具有一定的刚性。

无梁楼盖中的配筋形式可分为弯起式和分离式两种。钢筋弯起或切断的位置应满足图 2.23 的要求。若将柱网轴线上一定数量的钢筋连通起来，有利于防止因整块板掉落而引起的结构连续性倒塌。

3. 边梁

无梁楼盖的周边应设置边梁，它的截面高度应不小于板厚的 2.5 倍，与板形成倒 L 形截面。边梁除了与边柱上的板带一起承受弯矩外，还要承受与边梁轴线方向垂直的扭矩，所以应配置必要的抗扭构造钢筋。

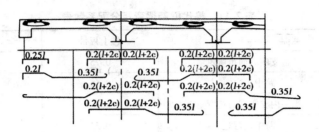

（a）柱上板带配筋

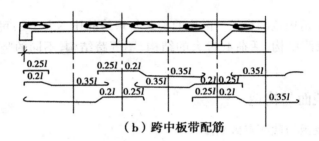

（b）跨中板带配筋

图2.23 无梁楼盖的配筋构造

2.5 装配式楼盖设计

【基 础】

◆装配式楼盖的构件形式

1. 实心板

实心板是最简单的一种楼面铺板,如图2.24(a)所示,它具有构造简单、施工方便的特点,但自重大、抗弯刚度小,所以实心板的跨度一般较小,往往为1.2～2.4 m。如采用预应力板,它的最大跨度也不应超过2.7 m,板厚一般为50～80 mm,板宽一般为500～800 mm,实心板常用作房屋中的走道板或跨度较小的楼盖板。

2. 空心板

空心板又称多孔板,如图2.24(b)所示,它具有刚度大、自重轻、受力性能好等优点,又因其板规整、施工简便、隔音效果较好,所以在预制楼盖中得到普遍使用。

空心板孔洞的形状有圆形、方形、矩形及椭圆形等多种,为了便于抽芯,多采用圆形孔。

圆孔板的规格尺寸各地不一,通常板宽为600 mm,900 mm,1 200 mm,板厚为120 mm,180 mm,240 mm,板的跨度普通混凝土板为2.4～4.8 m,预应力混凝土板为2.4～7.5 m。

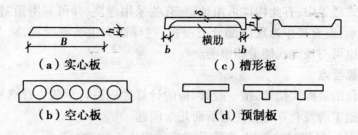

图2.24 常用的预制板形式

3. 槽形板

当板的跨度与荷载较大时,为了减轻板的自重,提高板的抗弯刚度,可采用槽形板。槽形板是由面板、纵肋和横肋组成,横肋除在板的两端必须设置外,在板的中部附近也要设置2道或3道,来提高板的整体刚度。槽形板面:板厚度通常不小于25 mm,用于民用楼面时,板高通常为120 mm或180 mm,用于工业楼面时,板高通常为180 mm,肋宽为50~80 mm,常用跨度为1.5~6.0 m。常用板宽为600 mm,900 mm和1 200 mm,如图2.24(c)所示。

预制板的构件形式,除以上几种常见的以外,还有单肋板、Π形板(如图2.24(d)所示)、双向板、双向密肋板及折叠式V形板等。有的适用于楼面,有的适用于屋面,使用时可按其具体情况选用。为利于设计与施工,全国各省对常用的预制板构件都编制有各种标准图集或通用图集,可供查阅和使用。

4. 预制梁

装配式楼盖中的预制梁,常见的截面形式有矩形、花篮形、L形和十字形等多种,因为L形和十字形截面的梁在支撑楼板时,可以减小楼盖的结构高度,所以这种形式的梁在楼盖中应用比较广,房屋的门窗过梁和工业房屋的连系梁也经常采用L形截面。而矩形截面多用于房屋外廊的悬臂挑梁,走廊板则直接搁置在悬臂梁上。梁的截面尺寸和配筋,应按计算及构造要求确定。

◆装配式楼盖设计计算要点

1. 形式和特点

装配式楼盖由预制梁、板组成,这种装配式楼盖的优点是施工速度快、便于工业化生产和机械化施工,节约劳动力和节省材料等,在多层房屋中得到广泛应用,缺点是整体性、抗震性和防水性均较差,楼面开孔困难,使得其应用范围受到较大限制。装配式楼盖主要包括铺板式、密肋式和无梁式,其中铺板式应用最广。铺板式楼盖的主要构件是预制板和预制梁。常用的预制铺板有实心板、空心板、T形板、槽形板,且以空心板的应用最为广泛。

装配式楼盖构件的计算分为使用阶段的计算和施工阶段的验算。使用阶段的计算,按单跨简支情况进行。而施工阶段的验算,应考虑由于施工、运输、堆放、吊装等过程产生的内力因素。这些过程中,构件受力情况与使用阶段有所不同,当吊点或堆放点设在距构件端部某位置时,则该位置截面会产生负弯矩,这时应该对该截面进行验算。

现代装配式楼盖中,有此构件采用预制,有些采用现浇,并可利用预制部分作为现浇部分的模板支承,或直接作为现浇部分的模板,这样能大量节省模板,减少现场工作量,结构的整体性也可与现浇式楼盖相媲美。

2. 设计计算要点

对使用阶段的装配式楼盖,按一般梁、板的计算原理进行承载力计算和变形、裂缝宽度验算。构件施工阶段验算时应注意下面几个问题。

(1)考虑运输、吊装时的作用,自重荷载应乘以1.5的动力系数。

(2)计算简图应按运输、堆放的实际情况和吊点位置确定。

(3)结构的重要性系数可较使用阶段计算降低一级,但不低于三级。

(4)施工或检修集中荷载,对预制板、预制小梁、檩条、挑檐和雨篷,应按在最不利位置上作用1 kN的施工或检修集中荷载进行验算,但此集中荷载不与使用可变荷载同时考虑。

预制构件的吊环应采用HPB235级(I级)钢筋制作,禁止使用冷加工钢筋,以防脆断。吊环埋入构件的深度应不小于30d(d为吊环钢筋直径),并应焊接或绑扎在钢筋骨架上。吊环钢筋的截面面积可根据式(2.20)确定:

$$A = \frac{G}{2m[\sigma_s]} \tag{2.20}$$

式中 G——构件自重标准值(不考虑动力系数);

m——受力吊环数,当一个构件上设有四个吊环时,计算时至多只考虑三个吊环同时发挥作用($m \leq 3$);

$[\sigma_s]$——吊环钢筋的容许设计拉应力,《混凝土结构设计规范》(GB 50010—2002)规定$[\sigma_s] = 50$ N/mm²(构件自重的动力系数已考虑在内)。

【实 务】

◆空心预制板的计算及构造

空心板具有上、下表面平整,自重轻,刚度大,隔音隔热效果较好的优点,但板面不能任意开洞,所以不适用于厕所等要求开洞较多的楼面。空心板截面的孔型可为圆形、长方形、正方形或长圆形等,如图2.25所示,要根据截面尺寸及抽芯设备而定,孔洞数目则根据板宽而定。扩大和增加孔洞对节约混凝土、减轻自重和隔音有利,但如果孔洞过大,中肋过稀,其板面按需计算,配筋时反而不经济。同时,大孔洞板在抽芯时还易造成还没有很好结硬的混凝土坍落。

空心板截面高度可取跨度的1/25~1/20(普通钢筋混凝土板)或1/35~1/30(预应力混凝土板),它的取值一般应符合砖的模数,常用厚度120 mm、180 mm和240 mm。空心板的宽度主要根据当地制作、运输及吊装设备的具体条件而定,常用500 mm、60 mm、900 mm和1 200 mm。板的长度根据房屋开间或进深大小而定,一般为3~6 m,按0.3 m进级的多种规格。

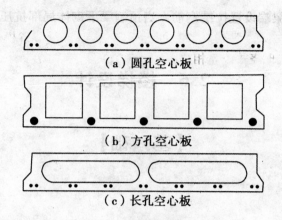

图 2.25 常见空心板的类型

◆装配式楼盖的构造要求

装配式楼盖不仅要求各个预制构件具有足够的强度与刚度,同时应使各个构件之间具有紧密可靠的连接来保证整个结构的整体性与稳定性。

1. 板与板的连接

板与板之间的连接主要通过填实板缝来解决,板的截面形式应对楼板间能够相互传递荷载有利,图 2.26(a)、(b)为常见的两种连接形式,为了能使板缝灌注密实,缝的上口宽度不应小于 30 mm,缝的下端宽度以 10 mm 为宜,填缝材料与板缝宽度有关,当缝宽大于 20 mm 时(指下口尺寸),一般应用细石混凝土(不应低于 C15)灌注;当缝宽小于或等于 20 mm 时,应用水泥砂浆(不低于 M15)灌注;当板缝过宽(≥50 mm)时,如图 2.26(c)所示,则应按板缝上作用有楼面荷载计算。

 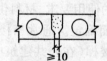 

(a)板与板连接形式1　　(b)板与板连接形式2　　(c)板与板连接形式3
(板缝宽度≥10 mm)　　　(板缝宽度10~20 mm)　　　(板缝宽度≥30 mm)

图 2.26 板与板的连接

2. 板与墙、梁的连接

一般情况下,预制板搁置于墙、梁上,不考虑承受水平荷载,所以不需要特殊的连接措施,仅在搁置前,支承面铺设一层厚为 10~15 mm 的水泥砂浆,然后将构件直接平铺上去便可(砂浆强度等级应不低于 M5)。空心板搁置在墙上时,为避免嵌入墙内的端部被压碎及保证板端部填缝材料能灌注密实,两端需用混凝土将孔洞堵塞密实

3. 梁与墙的连接

一般情况下,梁在砖墙的支承长度,应满足梁内受力钢筋在支座处的锚固要求及支座处砌体局部抗压承载力的要求,不应小于 180 mm,而且支承处应坐浆 10~20 mm,必要

时(如地震区),可在梁端设置拉结钢筋。当预制梁下砌体局部抗压承载力不足时,应按计算设置梁垫。

2.6 楼梯设计

【基 础】

◆ **楼梯的类型**

楼梯是多、高层房屋的竖向通道,由梯段与休息平台构成,它的平面布置、踏步尺寸等根据建筑设计确定。为了满足承重和防火要求,采用钢筋混凝土楼梯最为合适。

楼梯的类型,按施工方法的不同,可将其分为整体式楼梯和装配式楼梯;按梯段结构形式不同,可将其分为梁式楼梯、板式楼梯、折板悬挑式楼梯及螺旋式楼梯,如图2.27所示。

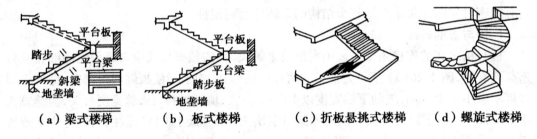

(a)梁式楼梯　　(b)板式楼梯　　(c)折板悬挑式楼梯　　(d)螺旋式楼梯

图2.27 各种形式楼梯的示意图

选择楼梯的结构形式,应视楼梯的使用要求、材料供应、施工条件等因素,本着经济、适用,在可能条件下注意美观的原则而确定。通常当楼梯使用荷载不大,且梯段的水平投影长度小于3 m时,一般采用板式楼梯(在公共建筑中为了美观要求也大量采用);当使用荷载较大,且梯段水平投影大于3 m时,则采用梁式楼梯较为经济;当建筑中不应设置平台梁和平台板的支承时,可以采用折板悬挑式楼梯;当建筑中有特殊要求,不便于设置平台,或需要特殊建筑造型时,可以采用螺旋楼梯。折板悬挑式和螺旋式楼梯属于空间受力体系,内力计算比较复杂,造价高、施工麻烦。

【实 务】

◆ **板式楼梯的计算与构造**

板式楼梯是由梯段板、平台板及平台梁组成,如图2.28所示。梯段板是一块带踏步的斜板,斜板支承在上、下平台梁上,底层下端支承在地垄墙上。板式楼梯具有梯段板下表面平整、支模简单的优点,但梯段板跨度较大时,斜板厚度较大,结构材料用量较多。

所以板式楼梯适用于可变荷载较小、梯段板跨度一般不大于 3 m 的情况。

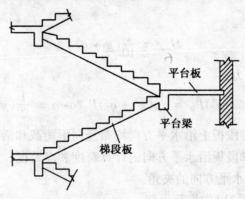

图 2.28　板式楼梯

1. 内力计算

板式楼梯的内力计算包括梯段板、平台板及平台梁的内力计算。

(1) 梯段板。梯段板和平台板都支承在平台梁上，为简化计算，通常将梯段板与平台板分开计算，但在计算与构造上要考虑它们相互间的整体作用。

梯段板计算时，一般取 1 m 宽的板带作为计算单元，并将板带简化为斜向简支板。它的计算简图如图 2.29 所示，图中荷载 $g'+q'$ 分别为沿斜向板长每米的恒荷载（包括踏步和斜板的自重及抹灰荷载）和活荷载的设计值。为计算梯段板的内力，将 $g'+q'$ 分解为垂直于斜板和平行于斜板的两个分量，平行于斜板的均布荷载使其产生轴力，其值不大，可以忽略。垂直于斜板的荷载分量使其产生弯矩和剪力，它的荷载分量 $g''+q''=(g'+q')\cos\alpha=(g+q)\cos^2\alpha$。

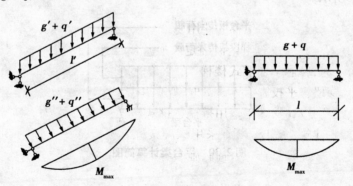

图 2.29　梯段板计算简图

简支斜板截面内力可计算如下。

1) 跨中截面最大弯矩：

$$M_{\max} = \frac{1}{8}(g''+q'')l'^2 = \frac{1}{8}(g'+q')\cos\alpha\left(\frac{l}{\cos\alpha}\right)^2 = \frac{1}{8}\frac{g'+q'}{\cos\alpha}l^2 = \frac{1}{8}(g+q)l^2$$

(2.21)

考虑到梯段板、平台梁及平台板的整体性,并非理想交接,设计中跨中截面最大弯矩一般取

$$M_{max} = \frac{1}{10}(g+q)l^2 \tag{2.22}$$

2)支座截面最大剪力:

$$V_{max} = \frac{1}{2}(g''+q'')l'_0 = \frac{1}{2}(g'+q')l'_0\cos\alpha = \frac{1}{2}(g+q)l_0\cos\alpha \tag{2.23}$$

式中　g,q——作用于梯段板上沿水平方向均布竖向恒荷载和活荷载设计值;

　　　l,l_0——分别为梯段板沿水平方向的计算跨度和净跨度;

　　　α——梯段板与水平方向的夹角。

由式(2.20)和式(2.21)的推算可知:

①斜向梁板在竖向荷载下跨中正截面最大弯矩是其在水平投影下的水平梁板在此荷载下的最大弯矩。

②斜向梁板在竖向荷载下支座截面最大剪力是其在水平投影下的水平梁板在此荷载下的最大剪力乘以 $\cos\alpha$。

(2)平台板。平台板通常为单向板,其一边与平台梁联结,另一边与过梁联结或支承在墙上。当另一边与过梁联结时,取跨中弯矩 $M_{max} = \frac{1}{10}(g+q)l^2$,当另一边支承于墙上时,取跨中弯矩 $M_{max} = \frac{1}{8}(g+q)l^2$。

(3)平台梁。因为平台板和梯段板支承在平台梁上,所以平台梁承受由它们传来的均布荷载和自重,平台梁的两端一般支承在楼梯间承重墙上,可按简支梁进行计算,其计算简图如图2.30所示。

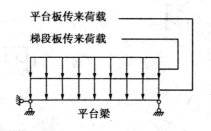

图2.30　平台梁计算简图

2. 构造要求

板式楼梯踏步高度和宽度根据建筑设计确定,一般高 150 mm、宽 250~300 mm。梯段斜板的厚度一般 $h = (1/30~1/25)l_0$。板的跨中配筋按计算确定,考虑到斜板与平台梁和平台板的整体性,斜板的两端应按构造设置承受负弯矩作用的钢筋,设置负筋的范围不得小于 $l_0/4$ 的长度,其数量通常取跨中截面配筋的1/2,在梁或板中的锚固长度不小于30以在垂直受力筋的方向设置分布筋,一般在每个踏步下放置 1 Φ6 或 Φ6@250。

梯段板配筋可采用弯起式或分离式,如图2.31所示。

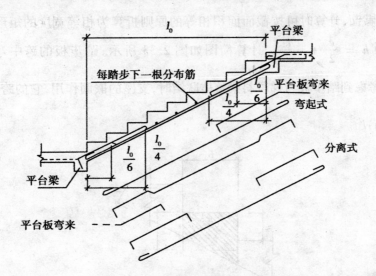

图 2.31 板式楼梯梯段板配筋构造

平台板和平台梁的构造要求可根据普通的现浇整体式梁板结构的构造执行。

◆梁式楼梯的计算与构造

梁式楼梯是由踏步板、梯段斜梁、平台板及平台梁组成,如图 2.32 所示。踏步板支承在梯段斜梁上,梯段斜梁则支承在上、下平台梁上,斜梁可位于踏步板的下面或上面。当梯段板水平方向的跨度大于 3.0～3.3 m 时,采用梁式楼梯较为经济,但其施工时支模比较复杂,外观也显得笨重。

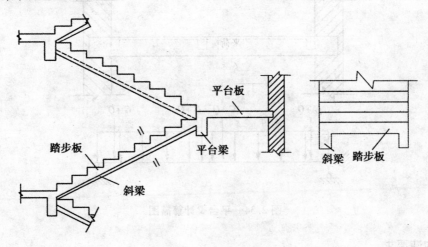

图 2.32 梁式楼梯

1. 内力计算

梁式楼梯的内力计算包括踏步板、梯段斜梁、平台板和平台梁的内力计算。

(1)踏步板。踏步板由斜板和踏步组成,从梯段板中取出一个踏步板作为计算单元,踏步板为梯形截面,计算时可按截面面积相等的原则折算为相等宽度的矩形截面,矩形截面的高度为 $h = \dfrac{c}{2} + \dfrac{t}{\cos \alpha}$,计算简图如图 2.33 所示。踏步板的跨中弯矩为 $M = \dfrac{1}{8}(g+q)l^2$,考虑到踏步板与梯段斜梁整体联结时,支座的嵌固作用,它的跨中弯矩可取 $M = \dfrac{1}{10}(g+q)l^2$。

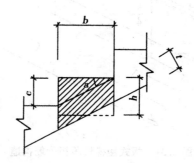

图 2.33 踏步板计算截面

(2)梯段斜梁。梯段斜梁承受由踏步板传来的均布荷载与自重,其计算原理与板式楼梯中的梯段斜板相同。

(3)平台板与平台梁。梁式楼梯的平台板与平台梁的计算与板式楼梯的计算基本相同,不同的是梁式楼梯的平台梁除承受平台板传来的均布荷载与平台梁自重外,还承受梯段斜梁传来的集中荷载,其计算简图如图 2.34 所示。

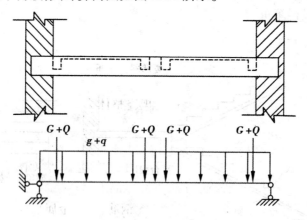

图 2.34 平台梁计算简图

2. 构造要求

梁式楼梯的三角形踏步的尺寸根据建筑设计确定,斜板厚度一般为 30～50 mm,它的配筋应在每个踏步内至少有 2 $\varPhi$ 6 的受力筋。同时,应在垂直受力筋的上方均匀布置分布筋,且分布筋不小于 $\varPhi$ 6@300,如图 2.35 所示。

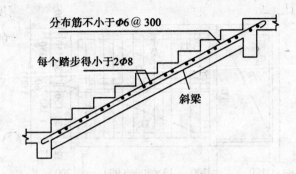

图 2.35 梁式楼梯跳步板配筋构造

梯段斜梁通常设置在踏步板的两侧,与踏步板构成门形或双 T 形,当楼梯宽度较小时,可将斜梁设在中间与踏步板构成 T 形。斜梁的高度通常取 $(1/14 \sim 1/10)l$(l 为沿水平方向梯段斜梁的跨度)。斜梁上端部应按构造设置负钢筋,且钢筋数量不应小于跨中截面纵向受力筋截面面积的 $1/4$。钢筋在支座处的锚固长度应满足受拉钢筋的锚固长度的要求,其配筋如图 2.36 所示。

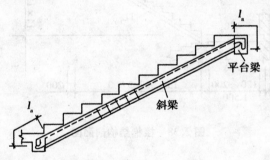

图 2.36 梁式楼梯斜梁配筋构造

平台板与平台梁的构造要求可按普通的现浇整体式梁板结构的构造要求。

◆ **梁式楼梯设计实例**

某学校教学楼现浇梁式楼梯结构平面图如图 2.37 所示,剖面图如图 2.38 所示,踏步面层为 30 mm 厚的水磨石地面,底面为 20 mm 厚的混合砂浆抹底。混凝土为 C25,梁内受力筋采用 HRB300 钢筋,其他钢筋用 HPB235 钢筋,采用金属栏杆。楼梯活荷载标准值为 $2.0\ kN/m^2$,试设计此楼梯。

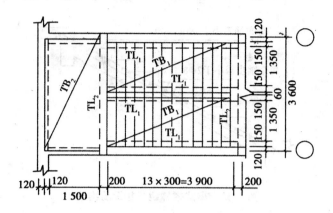

图 2.37 楼梯结构平面图

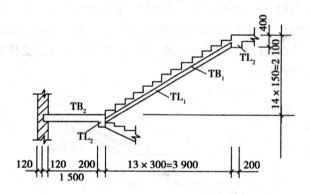

图 2.38 楼梯结构剖面图

【解】

1. 计算踏步板 TB_1

根据结构平面布置,踏步板尺寸为 150 mm × 300 mm,底板厚 δ 为 40 mm,楼梯段的倾角为 α,$\cos\alpha = 0.8944$,取一个踏步为计算单元。

(1)荷载。

1)恒载设计值:

①水磨石面层/$(kN \cdot m^{-1})$:$1.2 \times (0.3 + 0.15) \times 0.65 = 0.351$

②踏步板自重/$(kN \cdot m^{-1})$:$1.2 \times \frac{1}{2} \times (\frac{0.04}{\cos\alpha} + \frac{0.04}{\cos\alpha} + 0.15) \times 0.3 \times 25 = 1.08$

③踏步板底抹灰重/$(kN \cdot m^{-1})$:$1.2 \times \frac{0.3}{\cos\alpha} \times 0.02 \times 17 = 0.14$

$g/(kN \cdot m^{-1}) = 0.351 + 1.08 + 0.14 = 1.57$

2)活荷载设计值:$q/(kN \cdot m^{-1}) = 1.4 \times 2.0 \times 0.3 = 0.84$

3)荷载总设计值:$p/(kN \cdot m^{-1}) = q + g = 1.57 + 0.84 = 2.41$

以上荷载为垂直于水平方向分布的荷载。

4)垂直于斜面的荷载总设计值为:$p'/(\text{kN} \cdot \text{m}^{-1}) = p\cos\alpha = 2.41 \times 0.8944 = 2.16$

(2)计算跨度。斜梁截面尺寸取 150 mm × 350 mm,则踏步板的计算跨度为:$l_0 = l_n + b = 1350 \text{ mm} + 150 \text{ mm} = 1500 \text{ mm} = 1.5 \text{ m}$,或 $l_0 = 1.05 l_n = 1.05 \times 1350 \text{ mm} = 1418 \text{ mm} \approx 1.42 \text{ m}$,取较小值,即 $l_0 = 1.42 \text{ m}$。

(3)踏步板的跨中弯矩:

$$M_{\max}/(\text{kN} \cdot \text{m}) = \frac{1}{8}pl_0^2 = \frac{1}{8} \times 2.41 \times 1.42^2 = 0.61$$

(4)承载力的计算。

1)折算厚度:$h/\text{m} = \frac{c}{2} + \frac{\delta}{\cos\alpha} = (0.15/2) + (0.04/0.8944) = 0.12$

2)截面有效厚度:$h_0/\text{mm} = h - 20 = 100$

$\alpha_s = M/(f_c b h_0^2) = 0.61 \times 10^6/(11.9 \times 300 \times 100^2) = 0.0171$

$\xi = 1 - \sqrt{1 - 2\alpha_s} = 1 - \sqrt{1 - 2 \times 0.0171} = 0.0172$

$A_s/\text{mm}^2 = \xi b h_0 f_c/f_y = 0.0172 \times 300 \times 100 \times 0.0171/210 = 42.02$

按构造要求,每踏步下至少应配 $2\Phi 6$,$A_s/\text{mm}^2 = 2 \times 28.3 = 56.6 > 42.02 \text{ mm}^2$,因此选择每踏步下配 $2\Phi 6$,并且其中一根应弯起并伸入踏步梁,伸入长度应超过支座边缘 $l_n/4 = 1350/4 = 337.5$,取 350 mm,如图 2.39 所示。分布筋选用 $\Phi 6@300$,在踏步板筋内侧垂直放置。

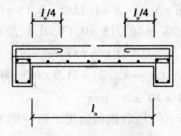

图 2.39 踏步板的配筋

2. 计算楼梯斜梁 TL_1

(1)荷载。

1)恒荷载设计值:

①踏步板传来荷载$/(\text{kN} \cdot \text{m}^{-1}):\frac{1}{2} \times 1.57 \times 1.65 \times \frac{1}{0.3} = 4.32$

②斜梁自重$/(\text{kN} \cdot \text{m}^{-1}):1.2 \times 0.15 \times (0.35 - 0.04) \times 25 \times \frac{1}{0.8944} = 1.56$

③梁侧抹灰$/(\text{kN} \cdot \text{m}^{-1}):1.2 \times 2 \times 0.35 \times 0.02 \times 17 \times \frac{1}{0.8944} = 0.32$

④楼梯栏杆重$/(\text{kN} \cdot \text{m}^{-1}):1.2 \times 0.1 = 0.12$

$g/(\text{kN} \cdot \text{m}^{-1}) = 4.32 + 1.56 + 0.32 + 0.12 = 6.3$

2)活荷载设计值:$q/(\text{kN} \cdot \text{m}^{-1}) = 1.05 \times \frac{1}{2} \times 1.65 \times \frac{1}{0.3} = 2.89$

3)荷载总设计值:$p/(\text{kN} \cdot \text{m}^{-1}) = g + q = 9.19$

以上各荷载均为沿水平方向分布。

(2)计算跨度。该斜梁的两端简支于平台梁上,平台梁的截面尺寸为 200 mm × 400 mm,斜梁的水平方向计算跨度为:$l_0/\text{m} = l_n + b = 3.9 + 0.2 = 4.1$,或 $l_0/\text{m} = 1.05 l_n = 1.05 \times 3.9 = 4.095 \approx 4.1$,即斜梁的水平方向计算跨度为 4.1 m。

(3)内力计算。

1)相应的水平简支梁的内力:$M_{\max}/(\text{kN} \cdot \text{m}) = \frac{1}{8} p l_0^2 = \frac{1}{8} \times 9.19 \times 4.1^2 = 19.3$

$V_{\max}/\text{kN} = \frac{1}{2} p l_0 = \frac{1}{2} \times 9.19 \times 4.1 = 18.84$

2)计算斜梁配筋时所用的内力:$M_{\max} = 19.31 \text{ kN} \cdot \text{m}$

$V/\text{kN} = V_{\max} \cos \alpha = 18.84 \times 0.8944 = 16.85$

(4)承载力的计算。

1)正截面承载力。

斜梁截面的有效高度:$h_0/\text{mm} = h - 35 = 350 - 35 = 315$

斜梁按倒 L 形截面计算,其翼缘宽度 b'_f 的值如下确定:

按跨度 l_0 考虑:$b'_f/\text{m} = \frac{l_0}{6} = \frac{4.1}{6} = 0.683$

按梁肋净距 S_n 考虑:$b'_f/\text{m} = S_n/2 + b = 1.35/2 + 0.15 = 0.825$

按翼缘厚度考虑:由于 $h'_f/h_0 = 40/315 = 0.13 > 0.1$,故不考虑这种情况。

翼缘宽度取较小值,因此 $b'_f = 0.683 \text{ m} = 683 \text{ mm}$

判别类型/$(\text{N} \cdot \text{mm})$:$f_c b'_f h'_f (h_0 - h'_f/2) = 11.9 \times 683 \times 40 \times (315 - 40/2) = 9.56 \times 10^7$

$M = 19.31 \text{ kN} \cdot \text{m} = 19.31 \times 10^6 \text{ kN} \cdot \text{mm}$

因为 $9.56 \times 10^7 > 19.31 \times 10^6$,所以该截面属于第一类 T 形截面。

$$\alpha_s = \frac{M}{f_c b'_f h_0^2} = \frac{19.31 \times 10^6}{11.9 \times 683 \times 315^2} = 0.0239$$

$$\xi = 1 - \sqrt{1 - 2\alpha_s} = 1 - \sqrt{1 - 2 \times 0.0239} = 0.0242$$

$A_s/\text{mm}^2 = \xi b'_f h_0 f_c / f_y = 0.0242 \times 683 \times 315 \times 11.9/300 = 206.5$

$\rho_{\min} bh/\text{mm}^2 = 0.002 \times 150 \times 350 = 105$

因为 206.5 > 105,所以选用 $2\Phi 12$,$A_s = 229 \text{ mm}^2$

2)斜截面承载力。

①验算截面尺寸。因为 $\frac{h_w}{b} = 310/150 = 2.07 < 4$,且 $0.25 f_c b h_0/\text{kN} = 0.25 \times 11.9 \times 150 \times 315 = 140.42 > V = 16.85 \text{ kN}$,所以截面符合要求。

②验算是否需要计算配箍。因为 $0.7 f_t b h_0/\text{kN} = 0.7 \times 1.27 \times 150 \times 315 = 42.0 > V = 16.85 \text{ kN}$,所以只需构造配箍,选用双肢 $\Phi 6@300$。

3. 楼梯平台板 TB_2 的计算

平台板板厚取 80 mm,因为 $l_{01}/\text{m} = 1.5 + (0.25/2) + (0.08/2) = 1.665$,$l_{02} = 3.6 \text{ m}$,

$l_{02}/l_{01} = 2.1 > 2$,所以按单向板计算,计算单元取 1 m 宽的板带。

(1)荷载。

1)恒载设计值:

①水磨石面层/$(kN \cdot m^{-1})$:$1.2 \times 0.65 = 0.78$

②平台板自重/$(kN \cdot m^{-1})$:$1.2 \times 0.08 \times 25 = 2.4$

③板底抹灰重/$(kN \cdot m^{-1})$:$1.2 \times 0.02 \times 17 = 0.41$

$g/(kN \cdot m^{-1}) = 0.78 + 2.4 + 0.41 = 3.59$

2)活荷载设计值:$q/(kN \cdot m^{-1}) = 1.4 \times 2.0 = 2.8$

3)荷载总设计值:$p/(kN \cdot m^{-1}) = g + q = 3.59 + 2.8 = 6.39$

(2)计算跨度:

$l_0/m = l_n + \dfrac{h}{2} = 1.5 + (0.08/2) = 1.54$

(3)跨中弯矩:

$M/(kN \cdot m) = \dfrac{1}{8}pl_0^2 = \dfrac{1}{8} \times 6.39 \times 1.54^2 = 1.89$

(4)截面承载力的计算:

$h_0/mm = h - 20 = 80 - 20 = 60$

$\alpha_s = \dfrac{M}{f_c b h_0^2} = 1.89 \times 10^6/(11.9 \times 1\,000 \times 60^2) = 0.044\,1$

$\xi = 1 - \sqrt{1 - 2\alpha_s} = 1 - \sqrt{1 - 2 \times 0.044\,1} = 0.045\,1$

$A_s/mm^2 = \xi \times bh_0 f_c/f_y = 0.045\,1 \times 1\,000 \times 60 \times 11.9/210 = 153.34$

$\rho_{min} bh/mm^2 = 0.001\,5 \times 1\,000 \times 80 = 120$

因为 $153.34 > 120$,所以 $A_s = 154\ mm^2$

4. 平台梁 TL_2 的计算

平台梁的截面选用 200 mm × 400 mm。

(1)荷载。

1)恒载设计值。

①斜梁传来的集中恒载 $G/kN = 6.3 \times \dfrac{1}{2} \times 4.1 = 12.92$

②平台板传来的均布恒载/$(kN \cdot m^{-1})$:$3.59 \times (1.5/2 + 0.1) = 3.05$

③平台梁自重/$(kN \cdot m^{-1})$:$1.2 \times 0.2 \times (0.4 - 0.08) \times 25 = 1.92$

④平台梁抹灰重/$(kN \cdot m^{-1})$:$1.2 \times 2 \times 0.02 \times (0.4 - 0.08) \times 17 = 0.26$

⑤均布恒载设计值:$g/(kN \cdot m^{-1}) = 3.05 + 1.92 + 0.26 = 5.23$

2)活荷载设计值。

①斜梁传来的集中活载:$Q/kN = 2.89 \times \dfrac{1}{2} \times 4.1 = 5.92$

②平台板传来的均布活载/$(kN \cdot m^{-1})$:$3.5 \times (1.5/2 + 0.1) = 2.98$

3)集中荷载总值/kN:$G + Q = 12.92 + 5.92 = 18.84$

4)均布荷载总值/$(kN \cdot m^{-1})$:$p = g + q = 5.23 + 2.98 = 8.21$

(2)计算跨度和计算简图。

计算跨度:$l_0/\text{m} = l_n + a = 3.6 - 0.24 + 0.24 = 3.6$,或 $l_0/\text{m} = 1.05 l_n = 1.05 \times (3.6 - 0.24) = 3.53$,取较小值,即 $l_0 = 3.53$ m。同一梯段的两根斜梁中心的间距为 1.5 m,因此计算简图如图 2.40 所示。

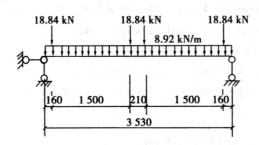

图 2.40 平台梁计算简图

(3)内力计算。

1)支座反力:$R/\text{kN} = 2 \times 18.84 + \dfrac{1}{2} \times 8.21 \times 3.53 = 52.17$

2)跨中弯矩:$M/(\text{kN} \cdot \text{m}) = \dfrac{1}{8} \times 8.21 \times 3.53^2 + 52.17 \times \dfrac{3.53}{2} - 18.84 \times (\dfrac{3.53}{2} - 0.16) - 18.84 \times \dfrac{0.21}{2} = 72.65$

3)支座剪力:$V = R = 52.17$ kN

(4)承载力的计算。

1)正截面承载力的计算:

考虑布置一排钢筋,$h_0/\text{mm} = h - 35 = 365$

平台梁是倒 L 形截面,其翼缘宽度 b'_f 如下确定:

$b'_f = \dfrac{l_0}{6} = 3.53 \text{ m}/6 = 0.588 \text{ m} = 588$,$b'_f = \dfrac{S_n}{2} + b = \dfrac{1.5 \text{ m}}{2} + 0.2 \text{ m} = 0.95 \text{ m} = 950$

取两者较小值,即 $b'_f = 588$ mm

判别类型/$(\text{N} \cdot \text{mm}):f_c b'_f h'_f (h_0 - \dfrac{h'_f}{2}) = 11.99 \times 588 \times 80 \times (365 - \dfrac{80}{2}) = 181.93 \times 10^6 > M = 72.65 \times 10^6$,因此属于第一类 T 形截面。

$\alpha_s = \dfrac{m}{f_c b h_0^2} = 72.65 \times 10^6/(11.9 \times 588 \times 365^2) = 0.078$

$\xi = 1 - \sqrt{1 - 2\alpha_s} = 1 - \sqrt{1 - 2 \times 0.078} = 0.0813$

$A_s/\text{mm}^2 = \xi \times b h_0 f_c/f_y = 0.0813 \times 588 \times 365 \times 11.9/300 = 692.1$

所以选用 3 $\varPhi$ 18,即 $A_s = 763$ mm^2。

2)斜截面承载力的计算:

①验算截面:$h_w/\text{mm} = h_0 - h'_f = 365 - 80 = 285$

$$\frac{h_w}{b} = 285/200 = 1.43 < 4$$

$0.25 f_c b h_0 / N = 0.25 \times 11.9 \times 200 \times 365 = 21.72 \times 10^3$

所以截面符合要求。

②验算是否需要按计算配置箍筋: $0.7 f_t b h_0 / N = 0.7 \times 1.27 \times 200 \times 365 = 52.17 \times 10^3$

按构造配置双肢 $\Phi 6@200$ 的箍筋即满足要求。另外，在斜梁与平台梁相交处，箍筋应当加密为 $\Phi 6@100$。

2.7 悬挑构件设计

【基　础】

◆ **悬挑构件**

悬挑构件是指悬挑出墙、柱、圈梁和楼板以外的构件，如阳台、天沟、雨篷、屋檐、牛腿、挑梁等。根据构件截面尺寸大小和作用可将其分为悬臂梁和悬臂板。悬臂构件的受力特征与简支梁相反，其构件上部承受拉力，下部承受压力。悬臂构件靠支撑点（砖墙、柱等）与后部的构件平衡。

【实　务】

◆ **雨篷设计**

1. 雨篷板的设计

雨篷板是悬挑板，按受弯构件设计，板厚为 $l_n/12$。当 $l_n = 0.6 \sim 1.0$ m 时，板根部厚度一般不小于 70 mm，端部厚度不小于 50 mm。板承受的荷载除永久荷载和均布活荷载外，还要考虑施工荷载或检修的集中荷载（沿板宽每隔 1.0 m 考虑一个 1 kN 的集中荷载）。它作用于板的端部，受力图如图 2.41 所示，内力可由材料力学求出，配筋计算同普通板。

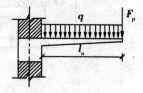

图 2.41　雨篷受力图

2. 雨篷梁的设计

雨篷梁除承受作用在板上的均布荷载和集中荷载外，还有过梁的作用，承受雨篷梁上墙体传来的荷载，对计算梁上墙体传来的荷载时，应视不同情况区别对待。雨篷梁宽度通常与墙厚相同，它的高度可参照普通梁的高跨比确定，通常为砖的皮数。为避免板上雨水沿墙缝渗入墙内，往往在梁顶设置高过板顶 60 mm 的凸块，如图 2.42 所示。

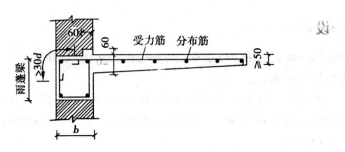

图2.42 雨篷配筋图

3. 雨篷抗倾覆验算

雨篷板上的荷载让整个雨篷存在绕雨篷梁底的倾覆点转动而发生倾倒的趋势,但同时梁的自重、梁上砌体的重量等又有阻止雨篷倾覆的稳定作用。

进行抗倾覆验算要求满足

$$M_{ov} \leqslant M_r \tag{2.24}$$

式中 M_{ov}——雨篷板的荷载设计值对倾覆点产生的倾覆力矩;

M_r——雨篷的抗倾覆力矩设计值,且

$$M_r = 0.8G_r(l_2 - x_0) \tag{2.25}$$

G_r——雨篷的抗倾覆荷载。为雨篷梁尾端上部45°扩散角范围内如图2.43所示,本层的砌体、楼面恒荷载标准值和梁自重之和45°扩散角范围内的水平长度 $l_3 = l_n/2$,G_r 作用点至墙外边缘的距离 $l_2 = l_1/2$。

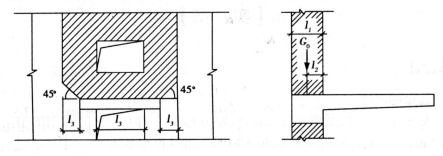

图2.43 雨篷的抗倾覆荷载

雨篷梁两端埋入砌体越长,压在梁上的砌体重量增加,则抵抗倾覆的能力越强,因此当公式不满足时,可以将雨篷两端延长,或者采用其他拉结措施。通常当梁的净跨长 $l_n < 1.5$ m 时,梁一端埋入砌体的长度 a 应取 $a \geqslant 300$ mm,当 $l_n \geqslant 1.5$ m 时,应取 $a \geqslant 500$ mm。

4. 雨篷的配筋

雨篷板配筋按悬臂板计算,受力筋必须伸入雨篷梁并和梁中的钢筋连接,一半受力钢筋伸到板端下折,另一半可在 $2/3\ l_n$ 处截断;分布筋按构造要求设置,雨篷梁是按弯剪扭构件设计配筋的。

◆悬挑梁的设计

砌体墙中钢筋混凝土挑梁的抗倾覆应按式(2.26)验算,即

$$M_r \leq M_{ov} \qquad (2.26)$$

式中　M_{ov}——挑梁荷载设计值对计算倾覆点产生的倾覆力矩；
　　　M_r——挑梁的抗倾覆力矩设计值。

悬挑梁的抗倾覆弯矩设计值可按下式计算,即

$$M_r = 0.8G_r(l_2 - x_0) \qquad (2.27)$$

式中　G_r——挑梁的抗倾覆荷载；
　　　l_2——G_r 作用点至墙外边缘的距离。

挑梁计算倾覆点至墙外边缘的距离可按式(2.27)确定。

(1) 当 $l_1 \geq 2.2h_b$ 时,$x_0 = 0.3h_b$,且不大于 $0.13l_1$。
(2) 当 $l_1 < 2.2h_b$ 时,$x_0 = 0.13l_1$。

式中　l_1——挑梁埋入砌体中的长度(mm)；
　　　x_0——计算倾覆点至墙外边缘的距离(mm)；
　　　h_b——挑梁的截面高度(mm)。

注意:当挑梁下有构造柱时,计算倾覆点至墙外边缘的距离可取 $0.5x_0$。

◆悬臂板的配筋及图例

1.嵌固在砖墙内的深度与配筋

悬臂板嵌固在砖墙内的深度和配筋见表 2.12。

表 2.12　悬臂板嵌固在砖墙内的深度与配筋

序号	项目	内　容
1	嵌固在砖墙内的深度	悬臂板嵌固在墙体内的深度 α(如图 2.44 所示)应按现行砌体结构设计规范经计算确定,在一般情况下,受力钢筋在砖墙内的长度就满足最小锚固长度 l_a 的要求
2	配筋要求	带有悬臂的板,必须考虑悬臂支座处负弯矩对板跨中的影响。如在板跨中部出现负弯矩时,应按图 2.45 配置钢筋；如在板跨中部不出现负弯矩时,可按图 2.46 配置钢筋,配筋的大小由计算确定,并符合有关构造要求

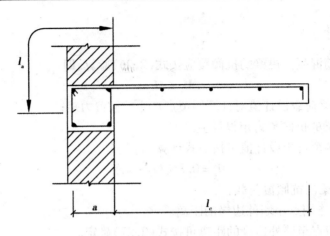

图 2.44 悬臂板的嵌固深度

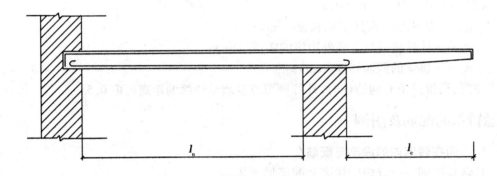

图 2.45 带悬臂的板配筋图(1)

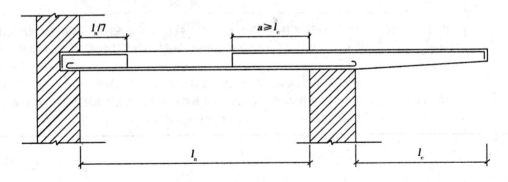

图 2.46 带悬臂的板配筋图(2)

注:当 $q \leqslant 3g$ 时,$\alpha = l_n/4$;当 $q > 3g$ 时,$\alpha = l_n/3$。

其中　q——均布活荷载设计值;

　　　g——均布恒荷载设计值。

2. 梁单侧和双侧带悬臂板的配筋

梁单侧和双侧带悬臂板的配筋要求见表 2.13。

表 2.13 悬臂板的配筋

序号	项目	内容
1	梁单侧带悬臂板的配筋	（1）梁单侧带悬臂板的配筋应满足悬臂板钢筋锚入梁内 l_a，如图2.47(a)所示的要求 （2）当悬臂板钢筋与梁箍筋合一时，应按梁的保护层厚计算板的配筋，如图2.47(b)所示
2	梁双侧带悬臂板的配筋	（1）梁双侧悬臂板分别配筋，并满足锚固长度的要求，如图2.48(a)所示 （2）梁双侧悬臂板整体配筋，如图2.48(b)所示 （3）悬臂板钢筋与梁内箍筋合一配筋，如2.48(c)所示

 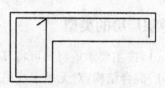

（a）悬臂板钢筋伸入梁内 l_a　　　　　　　（b）悬臂板钢筋与梁箍筋合一

图 2.47　梁单侧带悬臂板的配筋

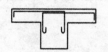 

（a）梁双侧臂板分别配筋　（b）梁双侧县臂板整体配筋　（c）悬臂板钢筋与梁内箍合一

图 2.48　梁双侧带悬臂板的配筋

第3章 单层厂房结构设计

3.1 概 述

【基 础】

◆ **单层厂房的类型**

(1)按主要承重材料可将其分为混合结构、钢结构和钢筋混凝土结构。

1)混合结构:对无吊车或吊车吨位不超过5 t、跨度在15 m以内、柱顶标高不超过8 m且无特殊工艺要求的小型厂房,可采用这种结构。

2)钢结构:对有重型吊车且跨度大于36 m或有特殊工艺要求的大型厂房,可采用全钢结构或由钢筋混凝土柱与钢屋架组成的结构。

3)钢筋混凝土结构:除上述情况以外的单层厂房都可采用混凝土结构。而且除特殊情况之外,一般都采用装配式钢筋混凝土结构。

(2)按承重结构体系可将其分为排架结构和刚架结构。

1)排架结构:排架结构由屋架或屋面梁、柱和基础组成。一般排架柱与屋架或屋面梁为铰接,而与其下基础为刚结。根据厂房的生产工艺和使用要求不同,排架结构可设计为单跨或多跨、等高或不等高等多种形式,如图3.1所示。

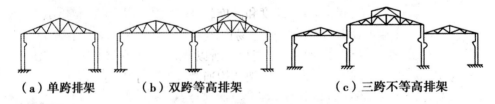

(a)单跨排架　　　(b)双跨等高排架　　　(c)三跨不等高排架

图3.1 排架结构的形式

在单层厂房设计中,对于跨度较大及对相邻厂房有较大干扰的车间,可采用单跨厂房;对于跨度较小、生产工艺和使用要求相同或相近的一些车间,可组合成一个多跨厂房。多跨厂房的特点是有利于提高厂房结构的横向刚度,减少柱的截面尺寸,节省材料,提高土地利用率,减少公共设施及工程管道等。但多跨厂房需设置天窗等以解决通风和采光问题。

单层多跨厂房通常应设计成等高厂房,以使结构受力明确,设计和计算简单,构件种类规格少,施工方便。但当生产工艺要求的相邻跨高差较大时,则应设计成不等高厂房。

单层厂房中的排架结构,按其所用材料不同,可将其分为钢筋混凝土-砖排架、钢筋混凝土排架和钢-钢筋混凝土排架三种。

①钢筋混凝土-砖排架由钢筋混凝土屋架或屋面梁、烧结普通砖柱和基础组成。它的承载能力和抗震性能都较低,所以一般用于跨度不大于 15 m、柱顶标高不大于 6.6 m 且无吊车或吊车起重量小于 5 t 的中小型工业厂房。

②钢筋混凝土排架由钢筋混凝土的屋架或屋面梁、柱及基础组成。因其具有较高的承载能力和较好的抗震性能,所以可用于跨度不大于 36 m、檐高不大于 20 m、吊车起重量不超过 200 t 的大型工业厂房。

③钢-钢筋混凝土排架由钢屋架、钢筋混凝土柱和基础组成。因为它的承载能力和抗震性能较钢筋混凝土排架好,所以可用于跨度大于 36 m、吊车起重量超过 250 t 的重型工业厂房。

2)刚架结构:刚架结构一般由钢筋混凝土的横梁、柱和基础组成。刚架柱与横梁为刚接,与基础常为铰接。刚架结构按横梁形式的不同,分为折线形门式刚架和拱形门式刚架,如图 3.2 所示。

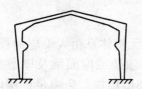 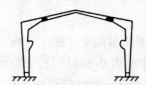 

(a)三铰折线形门式刚架　　(b)两铰折线形门式刚架　　(c)两铰拱形门式刚架

图 3.2　刚架结构的形式

钢筋混凝土门式刚架的顶节点做成铰接时,即为三铰门式刚架,如图 3.2(a)所示;当其顶节点做成刚结时,即为两铰门式刚架,如图 3.2(b)和图 3.2(c)所示。刚架结构具有梁柱整体结合,构件种类少,制作简单,跨度和高度较小时比钢筋混凝土排架结构节省材料的优点。但其梁柱转折处因弯矩较大而容易产生裂缝;同时,刚架柱在横梁的推力作用下,将产生相对位移,使厂房的跨度发生变化。所以,刚架结构在有较大起重量的吊车厂房中的应用受到了一定的限制。目前,刚架结构通常仅适用于无吊车或吊车起重量不大于 10 t 且跨度不大于 18 m 的中小型厂房或仓库等建筑。

◆单层厂房排架结构的组成

单层装配式钢筋混凝土排架结构厂房通常由各种不同结构构件连接而成,如图 3.3 所示,可分为屋盖结构、横向平面排架、纵向平面排架及围护结构四大部分。

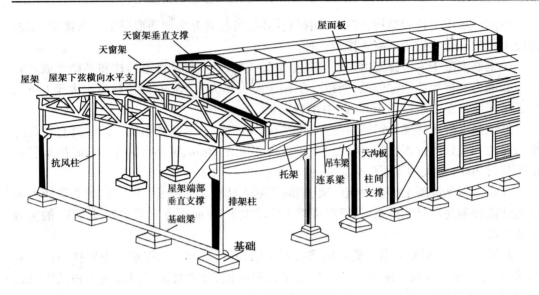

图 3.3 单层厂房的结构组成

1. 屋盖结构

屋盖结构分为无檩体系和有檩体系两类。图 3.4 所示无檩体系由大型屋面板、屋架或屋面梁、屋盖支撑组成。有檩体系由小型屋面板、檩条、屋架或屋面梁及屋盖支撑组成。有檩体系,因为其刚度小整体性差,所以仅适用于中小型厂房。为满足厂房内通风和采光需要,屋盖结构中有时还需设置天窗架(其上也有屋面板)和天窗架支撑。当生产工艺或使用上要求抽柱时,则需在抽柱的屋架下设置托架。屋盖结构除起承力作用外,还起着围护作用。

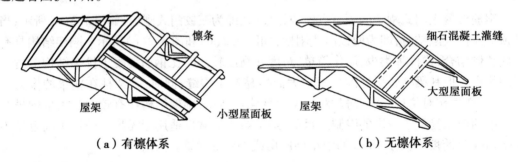

图 3.4 屋盖结构

(1)屋面板。屋面板支撑于檩条或屋架(屋面梁)或天窗架上,直接承受施加在其上的屋面活荷载、雪荷载、积灰荷载及风荷载等,并把它们传给其下的支撑构件。

(2)天窗架。天窗架支撑于屋架上,承受其上屋面板和天窗传来的荷载,并把它们传给屋架。

(3)檩条。檩条支撑于屋架(屋面梁)上,承受屋面板传来的荷载,并将其传至屋架。檩条同时起着增强屋盖总体刚度的作用。

(4)屋架和屋面梁。屋架或屋面梁通常直接支撑在排架柱上,承受大型屋面板或檩条、天窗架及悬挂吊车等传来的全部屋盖荷载,并将其传给排架柱顶。

(5)托架。托架支承于相邻柱上,承受其上屋架传来的荷载,并传给支撑柱。

2. 横向平面排架

横向平面排架由横向平面内一系列排架柱(简称横向柱列)、屋架或屋面梁(统称横梁)和基础组成,如图 3.5 所示。厂房结构受到的竖向荷载(结构自重、吊车竖向荷载、屋盖可变荷载等)和横向水平荷载(横向风荷载、吊车横向水平荷载等)主要由横向平面排架承受,并通过它传给基础和地基。横向平面排架是厂房基本承力结构,必须进行设计计算,以确保它的可靠性。

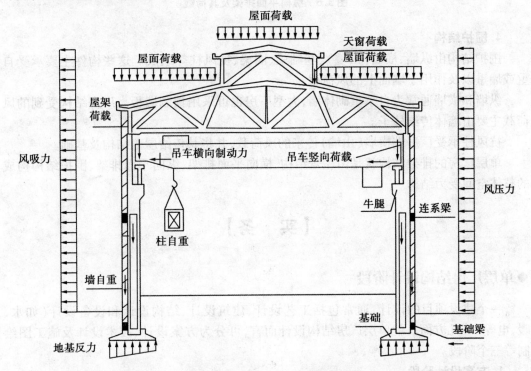

图 3.5 横向平面排架及其荷载

3. 纵向平面排架

纵向平面排架由纵向柱列、连系梁、吊车梁、柱间支撑及基础等组成,如图 3.6 所示。其作用是保证厂房结构的纵向刚度与稳定性,承受厂房结构受到的纵向水平荷载(山墙传来的纵向风荷载、吊车纵向水平荷载等),并把其传给基础。

一般来说,纵向平面排架承担的荷载较小,纵向柱子又较多,再加上柱间支撑的加强,因此纵向平面排架的刚度较大,而内力较小,通常可不进行计算,仅采用构造措施便可。但当纵向柱子小于 7 根或需要考虑地震作用时,就要进行纵向平面排架的计算。

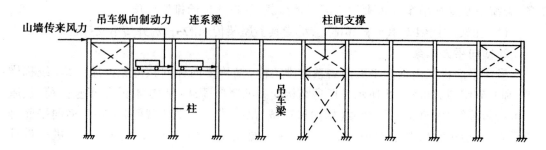

图 3.6 纵向平面排架及其荷载

4. 围护结构

围护结构由纵墙、横墙(山墙)、基础梁、圈梁、抗风柱等组成。这些构件主要承受自重或墙重以及作用于墙面上的风荷载。

纵墙和横墙通常为自承重砌体墙,大型厂房也可采用预制墙板。厂房结构受到的风荷载主要由墙体传给柱子。

抗风柱承受厂房端横墙(山墙)传来的风荷载,并将其传给屋盖结构及基础。

单层厂房的排架结构就是由屋盖结构、横向平面排架、纵向平面排架、围护结构构成的整体空间受力结构。

【实　务】

◆单层厂房结构设计阶段

一个建设项目的设计,通常包括工艺设计、建筑设计、结构设计和设备设计(如水、暖、电等)等几方面。就单层厂房结构设计而言,可分为方案设计、技术设计及施工图绘制等三个阶段。

1. 方案设计阶段

(1)确定柱网布置等平面问题。

(2)选择结构构件类型。

(3)确定结构形式、标高等剖面问题。

(4)确定结构布置。

2. 技术设计阶段

(1)确定结构计算简图。

(2)结构构件(柱、基础等)设计。

(3)荷载计算及排架内力分析。

3. 施工图阶段

(1)确定结构布置图(屋面、柱、基础等)。

(2)确定构件布置与配筋图。

(3)确定节点大样图。

3.2 单层厂房排架结构布置

【基 础】

◆厂房高度

厂房高度是指屋面梁底面或屋架下弦底面的标高及吊车轨顶标高,如图 3.7 所示。这两个标高是厂房结构设计中重要的参数,应按生产工艺和使用要求确定,同时要符合建筑模数的规定。

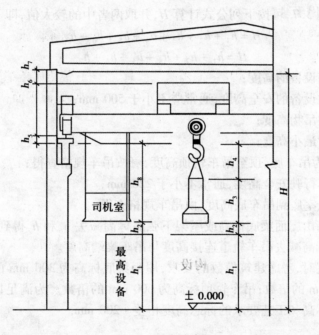

图 3.7 厂房的高度

注:图中 h_1 表示最高设备的高度,h_2 表示超越设备的安全高度,h_3 表示最高吊物高度,h_4 表示吊索最小高度,h_5、h_6 分别表示吊车底、顶到吊车轨顶高度,h_7 表示吊车行驶安全高度,h_8 表示操纵室底到吊车底高度。

◆厂房支撑

厂房支撑是厂房整体刚度的重要组成部分,支撑布置不当,不仅会影响厂房的正常使用,甚至会引起主要承重结构破坏,支撑的主要作用有以下几个方面。

(1)保证厂房结构的纵向、横向水平刚度以及空间整体性。

(2)在施工和使用阶段,保证厂房结构的几何稳定性。

(3)将水平荷载(如风荷载、纵向吊车制动力、纵向地震作用等)传给主要承重结构和基础。

(4)为主体结构构件提供适当的侧向支撑点,改善侧向稳定性。

单层厂房的支撑包括屋盖支撑和柱间支撑两部分。

【实　务】

◆厂房高度确定

对无吊车的单层厂房,屋面梁底标高 H 按照生产设备高度和生产使用、检修所需的高度确定。

对设有吊车的单层厂房,屋面梁底标高 H 按照生产设备高度和吊车起吊运行所需的高度确定。结合图3.7,可按下列公式计算 H,并取两者中的较大值,即

$$H = h_1 + h_2 + h_3 + h_4 + h_5 + h_6 + h_7 \tag{3.1}$$

或
$$H = h_1 + h_2 + h_8 + h_5 + h_6 + h_7 \tag{3.2}$$

式中　h_1——最高设备的高度;

h_2——超越设备的安全高度,通常应不小于 500 mm;

h_3——最高吊物高度;

h_4——吊索最小高度;

h_5、h_6——为吊车底、顶至吊车轨顶高度,可按吊车规格查得;

h_7——吊车行驶安全高度,通常不小于 220 mm;

h_8——操纵室底到吊车底高度,由吊车规格查得。

吊车轨顶标高由屋面梁底标高或屋架下弦底标高减去 h_6 和 h_7 得到。柱的牛腿顶面标高为吊车轨顶标高减去吊车轨道连接高度与吊车梁端高度。

确定厂房高度时,考虑建筑模数的要求,屋面梁底标高为 300 mm 的倍数;柱的牛腿顶面标高为 300 mm 的倍数;吊车轨顶标高为 600 mm 的倍数。为满足以上要求,允许吊车轨顶实际设计标高和工艺要求的标志高度相差 ± 200 mm。

◆屋盖支撑布置

屋盖支撑包括上弦横向水平支撑、下弦横向水平支撑、纵向水平支撑、垂直支撑、纵向水平系杆、天窗架支撑等几部分。

1. 上弦横向水平支撑

(1)构成。沿厂房跨度方向用交叉角钢、直腹杆及屋架上弦杆构成的水平桁架。

(2)作用。1)保证屋架上弦的侧向稳定性。

2)增强屋盖的整体刚度。

3)作为山墙抗风柱的顶端水平支座,承受由山墙传来的风荷载和其他纵向水平荷载并传给厂房纵向柱列。

(3)布置。当屋盖为有檩体系或无檩体系,但屋面板与屋架的连接质量不能保证且抗风柱和屋架上弦连接,每一伸缩缝区段端部第一或第二柱间布置;当设有天窗,并且天

窗通过厂房端部的第二柱间或伸缩缝,应在第一或第二柱间的天窗范围内设置,并在天窗范围内沿纵向设置1~3道通长的受压系杆,将天窗范围内各榀屋架和上弦横向水平支撑连系起来,如图3.8所示。

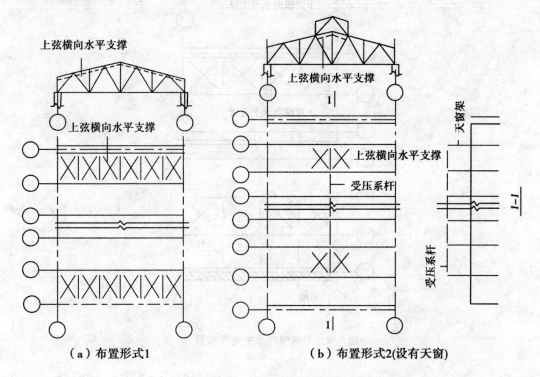

图3.8 上弦横向水平支撑布置

2. 下弦横向水平支撑

(1)构成。沿厂房跨度方向用交叉角钢、直腹杆和屋架下弦杆构成的水平桁架。

(2)作用。将山墙风荷载及纵向水平荷载传至纵向柱列;防止屋架下弦侧向振动。

(3)布置。当屋架下弦设有悬挂吊车,或厂房内有较大振动,或者山墙风荷载通过抗风柱传至屋架下弦,应在每一伸缩缝区段两端的第一或第二柱间设置,应与上弦横向水平支撑设置在同一柱间,如图3.9所示。

3. 纵向水平支撑

(1)构成。由交叉角钢、直杆和屋架下弦第一节间组成的纵向水平桁架。

(2)作用。加强屋盖结构的横向水平刚度,保证横向水平荷载的纵向分布,加强厂房的空间工作,保证托架上弦的侧向稳定。

(3)布置。当设有软钩桥式吊车且厂房高度大、吊车起重较大时,应在屋架下弦端节间沿厂房纵向通长或局部设置一道;当设有下弦横向水平支撑时,为保证厂房空间的刚度,应尽可能和横向水平支撑连接,以形成封闭的水平支撑系统,如图3.10所示。

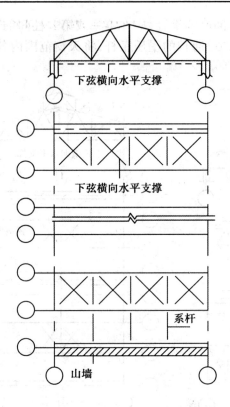

图 3.9 下弦横向水平支撑布置

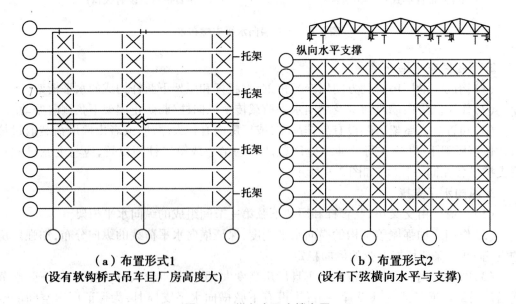

（a）布置形式1
(设有软钩桥式吊车且厂房高度大)

（b）布置形式2
(设有下弦横向水平与支撑)

图 3.10 纵向水平支撑布置

4. 垂直支撑

(1)构成。由角钢杆件与屋架直腹杆组成的垂直桁架,形式为十字交叉形或 W 形。

(2)作用。保证屋架受荷后在平面外的稳定;传递纵向水平力。

(3)布置。应与下弦横向水平支撑布置在同一柱间内。当厂房跨度小于18 m,且没有天窗时,通常可不设垂直支撑和水平系杆;当厂房跨度为18~30 m、屋架间距为6 m、采用大型屋面板时,应在每一伸缩缝区段端部的第一或第二柱间,屋架跨中设置一道垂直支撑;当厂房跨度大于30 m时,应在每一伸缩缝区段端部的第一或第二柱间,屋架1/3左右的节点处设置两道垂直支撑杆,如图3.11所示。

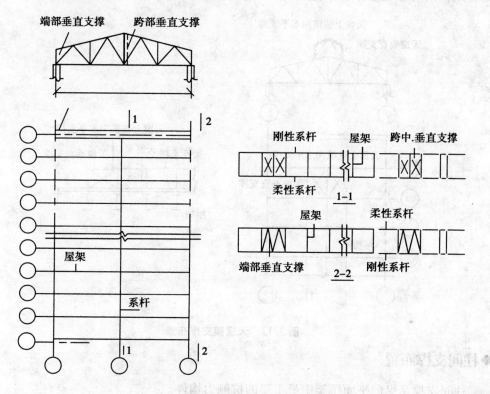

图3.11　垂直支撑和水平系杆布置图

5. 水平系杆

(1)构成。由上弦水平系杆和下弦水平系杆构成。

(2)作用。上弦水平系杆是为了保证屋架上弦或屋面梁受压翼缘的侧向稳定;下弦水平系杆了是为防止在吊车或有其他水平振动时屋架下弦侧向颤动。

(3)布置。当屋盖设置垂直支撑时,在没有设置垂直支撑的屋架间,在相应于垂直支撑平面内的屋架上弦和下弦节点处,设置通长的水平系杆。

1)刚性系直(压杆):凡设在屋架端部主要支撑节点处和屋架上弦屋脊节点处的通长水平系杆,都应采用刚性系杆;当屋架横向水平支撑设在伸缩缝区段两端的第二柱间时,第一柱间内的水平系杆都应采用刚性系杆。

2)柔性系杆(拉杆):其余都可采用柔性系杆。

6. 天窗架支撑

(1)构成。包括天窗架上弦横向水平支撑、天窗架间的垂直支撑及水平系杆。

(2) 作用。保证天窗架上弦的侧向稳定;将天窗端壁上的风荷载传给屋架。

(3) 布置。1) 纵向位置(柱间):一般天窗架上弦横向水平支撑和垂直支撑都设置在天窗端部第一柱间内。

2) 横向位置(道):一般垂直支撑设置在天窗两侧。

3) 水平系杆:在没有设置上弦横向水平支撑的天窗架间设置;应在上弦节点处设置柔性系杆;对有檩屋盖体系,用檩条可以代替柔性系杆,如图 3.12 所示。

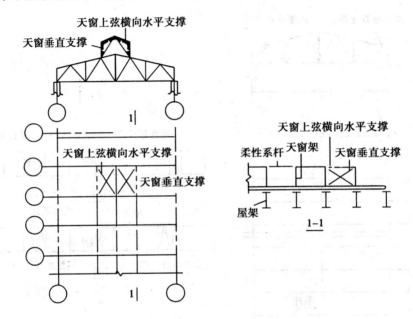

图 3.12 天窗架支撑布置

◆柱间支撑布置

柱间支撑是纵向平面排架中最主要的抗侧力构件。

1. 构成

由交叉钢杆件组成,交叉倾角应取 45°,支撑钢构件的截面尺寸需经承载力和稳定计算确定。

2. 作用

提高厂房的纵向刚度与稳定性;将吊车纵向水平制动力、山墙和天窗端壁的风荷载、纵向水平地震作用等传至基础,如图 3.13 所示。

3. 形式

采用十字交叉形,当柱间要通行或放置设备,或柱距较大而不应采用交叉支撑时,可采用门架式支撑,如图 3.14 所示。

4. 分类

对于有吊车的厂房,按其位置可将其分为上柱柱间支撑和下柱柱间支撑两种。

(1) 上柱柱间支撑。位于牛腿上部,并在柱顶设置通长的刚性系杆;承受作用于山墙及天窗壁端的风荷载,并保证厂房上部的纵向刚度。

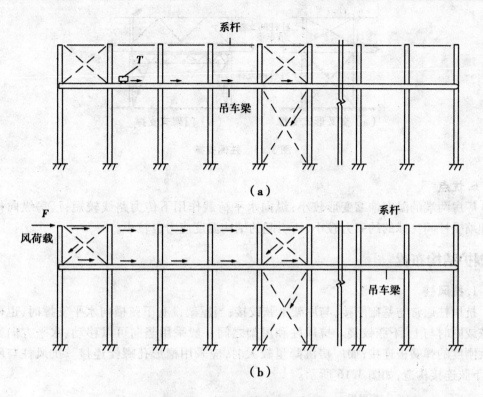

图 3.13 柱间支撑作用示意图

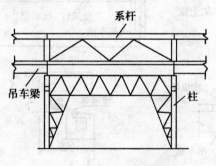

图 3.14 门架式柱间支撑

(2)下柱柱间支撑。位于牛腿下部;承受上部支撑传来的内力、吊车纵向制动力及纵向水平地震作用等并将其传至基础。

5. 布置

当设有 A6～A8 的吊车、A1～A5 的吊车起重量≥10 t 时、厂房跨度≥18 m、柱高≥8 m 时、厂房每列纵向柱总数<7 根时、设有 3t 以上的悬挂吊车时、露天吊车栈桥的柱列,应设置柱间支撑。柱间支撑如图 3.15 所示。

(1)上柱柱间支撑设置。通常在伸缩缝区段两端与屋盖横向水平支撑相对应的柱间以及伸缩缝区段中央或临近中央的柱间。

(2)下柱柱间支撑设置。在伸缩缝区段中部和上柱柱间支撑相应的位置。

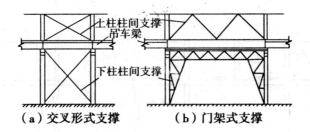

(a) 交叉形式支撑　　　(b) 门架式支撑

图 3.15　柱间支撑

6. 优点

厂房两端的温度伸缩变形较小；纵向水平荷载作用下传力路线较短；厂房纵向构件的伸缩受柱间支撑的约束力较小，所引起的结构温度应力也较小。

◆ 围护结构布置

1. 抗风柱

抗风柱通常与基础刚接，与屋架上弦铰接；当屋架设有下弦横向水平支撑时，也可与下弦或同时与上、下弦铰接。抗风柱和屋架之间一般采用竖向可以移动、水平方向又有较大刚度的弹簧板连接；如厂房沉降量较大时，应采用槽形孔螺栓连接。抗风柱与屋架上、下弦连接构造，如图 3.16 所示。

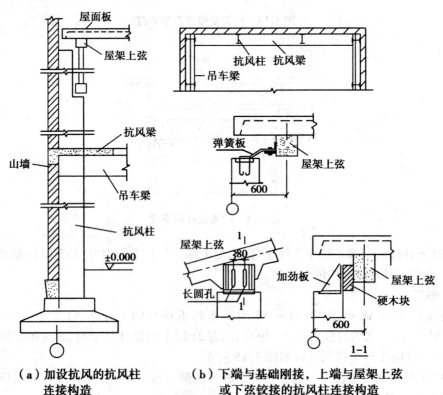

(a) 加设抗风的抗风柱连接构造　　　(b) 下端与基础刚接，上端与屋架上弦或下弦铰接的抗风柱连接构造

图 3.16　抗风柱与屋架上、下弦连接构造

2. 圈梁、连系梁、过梁和基础梁

圈梁是设置在墙体内并与柱子连接的现浇钢筋混凝土构件,它的作用是将墙体与排架柱、抗风柱等箍在一起,以增强厂房的整体刚度,避免由于地基的不均匀沉降或较大的振动荷载对厂房产生不利影响。

连系梁的作用是承受墙体荷载,连系纵向柱列、增强厂房的纵向刚度及传递纵向水平荷载。

当墙体开窗洞口时,需设置钢筋混凝土过梁,来支撑洞口上部墙体的重量。

在进行围护结构布置时,应尽可能地将圈梁、连系梁及过梁结合起来,使一种梁能同时作两种或三种梁的作用,以简化构造、节约材料、方便施工。

在单层厂房中,通常采用基础梁来承托围护墙体的重量,并将其传至柱基础顶面,而不另做墙基础,以使墙体与柱的沉降变形一致。

◆变形缝设置

变形缝包括伸缩缝、沉降缝和防震缝三种。

1. 伸缩缝

若厂房的长度或宽度过大,当气温变化时,厂房上部结构热胀冷缩大,而地下结构受温度变化影响小,基本上不产生温度变形。这样,厂房上部结构的伸缩受到限制,结构内部产生温度应力。当温度应力较大时,可使屋面、墙体等产生开裂,影响厂房的正常使用。为了减少温度变化对厂房的不利影响,需沿厂房的横向或纵向设置伸缩缝,把厂房结构分成若干个温度区段,且温度区段的划分应尽可能简单规整,并使伸缩缝的数量最少。温度区段的长度(伸缩缝之间的距离)与结构类型及其所处的环境条件有关。《混凝土结构设计规范》(GB 50010—2002)规定,装配式钢筋混凝土排架结构的伸缩缝最大间距,在室内或土中时为100 m;露天时为70 m。对于下列情况,伸缩缝的最大间距应适当减小:

(1)从基础顶面算起柱高低于8 m。
(2)屋面无保温隔热措施。
(3)经常处于高温作用或位于气温干燥地区、夏季炎热且暴雨频繁的地区。

厂房的横向伸缩缝宜从基础顶面开始,将相邻两个温度区段的上部结构构件全部分开;伸缩缝处采用双柱、双屋架(屋面梁),纵墙与各构件间留出一定宽度的缝隙,如图3.17(a)所示,以使上部结构在温度变化时,沿纵向可自由地变形,以防止引起厂房开裂。对厂房的纵向伸缩缝,通常做法是将伸缩缝一侧的屋架或屋面梁用滚轴式支座与柱相连,如图3.17(b)所示。

2. 沉降缝

若单层厂房相邻两部分高度差很大(10 m以上)、地基承载力或土的压缩性有较大的差异、两跨间吊车起重量相差较大、厂房各部分的施工时间先后相差较长时,可考虑设置沉降缝。沉降缝应将厂房从屋顶到基础完全分开,以使缝两侧结构发生不同沉降时不会影响厂房的使用功能,沉降缝可同时起伸缩缝的作用。

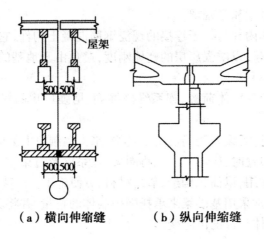

（a）横向伸缩缝　　（b）纵向伸缩缝

图 3.17　伸缩缝构造

3. 防震缝

地震区的单层厂房为减轻震害,要考虑设置防震缝。当厂房的建筑平面、立面复杂或结构相邻部分的刚度和高度相差较大时,需采用防震缝将其分开。防震缝从基础顶面开始沿厂房全高设置,它的宽度需符合一定的要求,以防止地震时相邻部分互相碰撞,导致厂房破坏。地震区厂房中设置的伸缩缝或沉降缝都应符合防震缝的要求。

3.3　单层厂房排架结构构件选型

【基　础】

◆单层厂房主要承重构件

单层厂房结构的主要构件有屋盖结构构件、墙板、连系梁、支撑、吊车梁、基础梁、柱和基础等。

【实　务】

◆屋面构件选型

1. 无檩体系屋面构件

在无檩体系屋盖中,目前广泛采用 1.5 m×6 m 的预应力混凝土屋面板,又叫大型屋面板,另外还有 3 m×6 m、1.5 ×9 m、3 m×9 m 三种规格。大型屋面板由面板、横肋及纵肋组成,是一个完整的梁板结构,如图 3.18 所示。

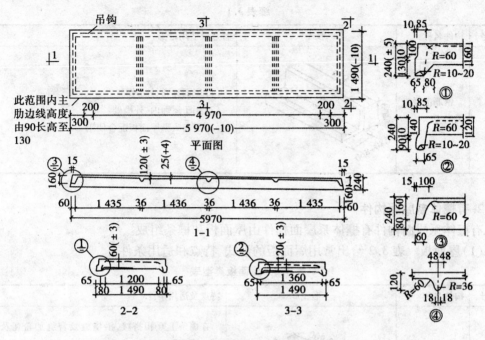

图 3.18 预应力混凝土屋面板示意图

表 3.1 给出常用屋面板的形式、特点和选用条件。

表 3.1 无檩体系屋盖屋面板类型

序号	构件名称	形式	特点及适用范围
1	预应力混凝土屋面板	5 970(8 970), 1 490, 240(300)	(1)屋面可为卷材防水,也可为非卷材防水 (2)屋面水平刚度大 (3)适用于中、重型和振动较大的厂房 (4)屋面坡度:卷材防水≤1/5,非卷材防水≤1/4
2	预应力混凝土F型屋面板	5 370, 1 490, 200	(1)屋面为自防水 (2)屋面水平刚度小,但节省材料 (3)适用于中、小型非保温厂房 (4)屋面坡度 1/8~1/4
3	预应力混凝土单肋板	935(1 200), 3 980(5 980), 180(250)	(1)屋面为自防水 (2)屋面刚度差,但节省材料 (3)适用于中、小型非保温厂房 (4)屋面坡度 1/4~1/3

续表 3.1

序号	构件名称	形式	特点及适用范围
4	钢筋混凝土天沟板	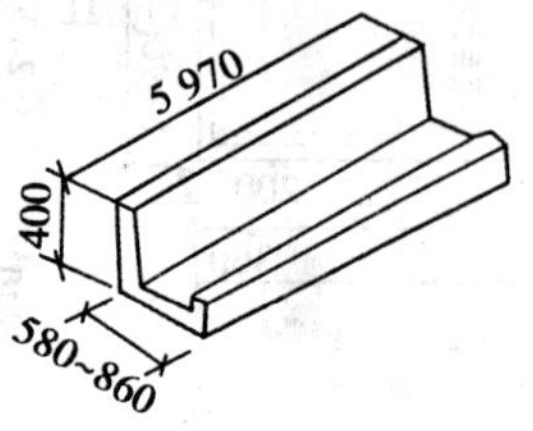 (5 970; 400; 580~860)	(1)屋面为卷材防水 (2)用于屋面内、外檐处 (3)需与大型屋面板配合使用

2. 有檩体系屋面构件

有檩体系屋面构件有檩体系屋面构件由屋面板和檩条组成。

(1)屋面板。表 3.2 给出常用屋面板的形式、特点和适用条件。

表 3.2　屋面板类型表

序号	构件名称	形式	特点及适用条件
1	钢筋混凝土槽瓦	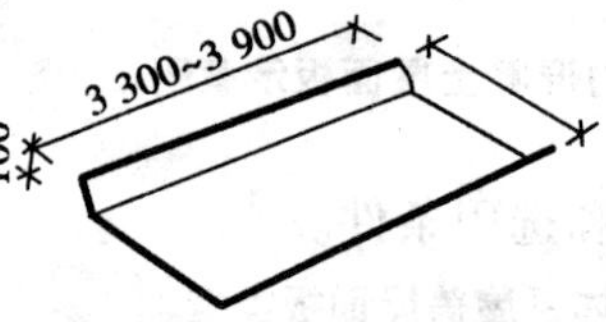 3 300~3 900; 100	在檩条上互相搭接,沿横缝及脊缝加盖瓦及脊瓦。屋面坡度 1/5~1/3 屋面材料省、构造简单、施工方便,刚度较差,如构造和施工处理不当,易渗漏。适用于轻型厂房,不适用于有腐蚀性气体、有较大振动及对屋面刚度及隔热要求高的厂房
2	钢丝网水泥波形瓦	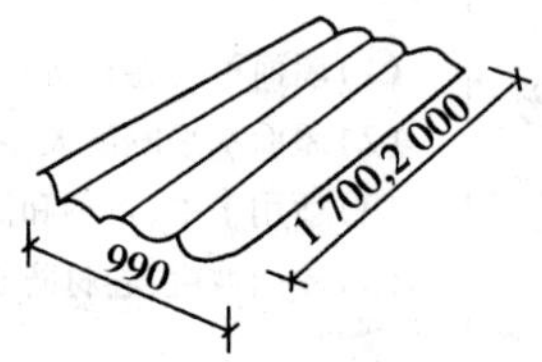 990; 1 700,2 000	在纵向、横向互相搭接,加脊瓦。屋面坡度 1/5~2.5 屋面材料省,施工方便,刚度较差,运输、安装不当易损坏。适用于轻型厂房,不适用于有腐蚀性气体、有较大振动,对屋面刚度及隔热要求高的厂房
3	石棉水泥瓦	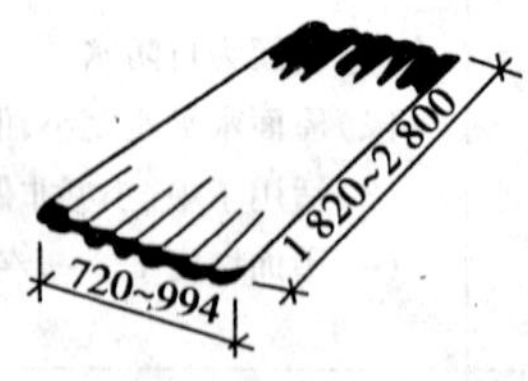 720~994; 1 820~2 800	屋面坡度 1/5~2/5 重量轻,耐火及防腐蚀性能好,施工方便,刚度差,易损坏。适用于轻型厂房、仓库。

(2)檩条。檩条搁于屋架(屋面梁)上,支撑上部小型屋面板,并将屋面荷载传给屋架,同时还和屋盖体系的支撑一起组成整体,保证厂房的空间刚度。

檩条跨度根据厂房柱距的不同,一般为 4 m 和 6 m。日常用的钢筋混凝土檩条见表 3.3。

表 3.3 檩条类型表

序号	构件名称	形式	跨度 L/m
1	钢筋混凝土倒 L 形檩条		4~6
2	钢筋混凝土 T 形檩条		4~6
3	预应力混凝土倒 L 形极为檩条		6
4	预应力混凝土 T 形檩条		6

檩条搁置于屋架上弦,有正放和斜放两种,如图 3.19 所示。正放时,受力性能好,但在屋架要三角形水平支托,屋架模板比较复杂;斜放时,檩条在荷载作用下产生双向弯曲。

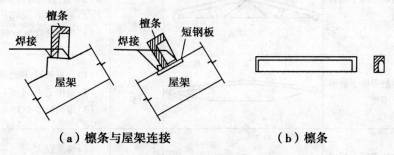

（a）檩条与屋架连接　　　　（b）檩条

图 3.19　檩条与屋架的连接及檩条

◆屋面梁和屋架选型

常用屋面梁和屋架的形式、跨度、特点及适用范围见表 3.4。

表 3.4　常用屋面梁与屋架(6 m 柱距)

序号	构件名称	形式	跨度/m	特点及适用范围
1	预应力混凝土薄腹单坡屋面梁		6	(1)自重较大 (2)适用于跨度不大、有较大振动或有腐蚀性介质的厂房 (3)屋面坡度 1/12~1/8
2	预应力混凝土薄腹双坡屋面梁		9	

续表 3.4

序号	构件名称	形式	跨度/m	特点及适用范围
3	钢筋混凝土两铰拱屋架		9 12 15	(1)钢筋混凝土上弦,角钢下弦,顶节点刚接,自重较轻,构造简单 (2)适用于跨度不大的中、小型厂房 (3)屋面坡度:卷材防水为1/5,非卷材防水为1/4
4	钢筋混凝土三铰拱屋架		9 12 15	顶节点铰接,其他与钢筋混凝土两铰拱屋架构件相同
5	钢筋混凝土两铰拱屋架		9 12 15 18	预应力混凝力上弦,角钢下弦,其他与钢筋混凝土三铰拱屋架构件相同
6	钢筋混凝土组合屋架		12 15 18	(1)钢筋混凝土上弦及受压腹杆,角钢下弦,自重较轻,刚度较差 (2)适用于中、小型厂房 (3)屋面坡度为1/4
7	钢筋混凝土菱形组合屋架		12 15	(1)自重较轻,构造简单 (2)适用于中、小型厂房 (3)屋面坡度 1/15~1/7.5
8	钢筋混凝土折线屋架		9 12 15	(1)自重较大 (2)适用于跨度不大的中、小型 (3)屋面坡度 1/5~1/2.5
9	预应力混凝土三角形屋架		15 18	(1)外形较合理,屋面坡度合适 (2)适用于卷材防水屋面的中型厂房 (3)屋面坡度 1/15~1/5
10	预应力混凝土三角形屋架		18 21 24 27 30	适用于跨度较大的中、重型厂房,其他与钢筋混凝土折线形屋架构件相同

续表 3.4

序号	构件名称	形式	跨度/m	特点及适用范围
11	预应力混凝土三角形屋架		18 21 24	适用于非卷材防水屋面,屋面坡度 1/4 的中型厂房,其他与预应力混凝土折线形屋架相同
12	预应力混凝土梯形屋架		18 21 24 27 30	(1)自重较大,刚度好 (2)适用于卷材防水的重型厂房 (3)屋面坡度 1/12~1/10

◆天窗架和托架选型

1. 天窗架

天窗架包括钢和钢筋混凝土两种,其跨度为 6 m 或 9 m。单层厂房中常用钢筋混凝土三铰刚架式天窗架,如图 3.20 所示,由两个三铰刚架在顶节点处及底部与屋架焊接而成。

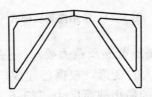

图 3.20 天窗架

2. 托架

托架一般为 12 m 跨度的预应力混凝土三角形或折线形构件,上弦为钢筋混凝土压杆,下弦为预应力混凝土拉杆。单层厂房中常用预应力混凝土三角形托架的折线形托架,如图 3.21 所示。

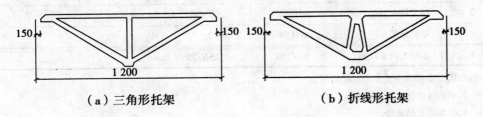

(a)三角形托架　　　　　　(b)折线形托架

图 3.21 托架

◆柱选型

柱是单层厂房重要的承重构件。按照受力不同分为排架柱和抗风柱两种。

1. 排架柱

排架柱的常用形式有矩形截面柱、工字形截面柱及双肢柱等,如图 3.22 所示。通常,当排架柱的截面高度 $h \leqslant 500$ mm 时,采用矩形截面柱;当 $h = 600 \sim 800$ mm 时,采用矩形或工字形截面柱;当 $h = 900 \sim 1\,200$ mm 时,采用工字形截面柱;当 $h = 1\,300 \sim 1\,500$ mm 时,采用工字形截面柱或双肢柱;当 $h \geqslant 1\,600$ mm 时,采用双肢柱。

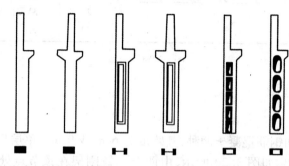

(a) 矩形截面柱　(b) 工字形截面柱　(c) 双肢柱

图 3.22　常用排架柱形式

排架柱的截面尺寸不仅要满足截面承载力要求,还要求具有足够的刚度,以保证厂房在正常使用过程中不出现太大的变形。根据已建成厂房的实际经验及实测资料,表 3.5 列出可不进行刚度验算的柱的最小截面尺寸,表 3.6 列出柱的常用的截面尺寸,在确定排架柱的截面尺寸时,可作为参考。

表 3.5　6 m 柱距矩形和工字形截面柱最小截面尺寸

序号	柱的类型	截面尺寸			
		b	h		
			$Q < 10$t	10t $< Q < 30$t	30t $< Q < 50$t
1	有吊车厂房下柱	$\geqslant H_1/25$	$\geqslant H_1/14$	$\geqslant H_1/12$	$\geqslant H_1/10$
2	露天吊车柱	$\geqslant H_1/25$	$\geqslant H_1/10$	$\geqslant H_1/8$	$\geqslant H_1/7$
3	单跨无吊车厂房	$\geqslant H/30$	$1.5H/25$		
4	多跨无吊车厂房	$\geqslant H/30$	$\geqslant 1.25H/25$		

注:1. H_1 为基础顶至吊车梁底的高度。

　　2. H 基础顶至柱顶总高度。

　　3. Q 为吊车起重量。

表 3.6　6 m 柱距中级工作吊车厂房柱常用截面尺寸　　　　　　　　　　单位:mm

吊车起重量/t	轨顶标高/m	边柱 上柱	边柱 下柱	中柱 上柱	中柱 下柱
≤5	6~8	矩 400×400	I 400×600×100	矩 400×400	I 400×600×100
10	8	矩 400×400	I 400×700×100	矩 400×600	I 400×800×150
10	10	矩 400×400	I 400×800×150	矩 400×600	I 400×800×150
15~20	8	矩 400×400	I 400×800×150	矩 400×600	I 400×800×150
15~20	10	矩 400×400	I 400×900×150	矩 400×600	I 400×1 000×150
15~20	12	矩 500×400	I 500×1 000×200	矩 500×600	I 500×1 200×200
30	8	矩 400×400	I 400×1 000×150	矩 400×600	I 400×1 000×150
30	10	矩 400×500	I 400×1 000×150	矩 500×600	I 500×1 200×200
30	12	矩 500×500	I 500×1 000×200	矩 500×600	I 500×1 200×200
30	14	矩 600×500	I 600×1 200×200	矩 600×600	I 600×1 200×200
50	10	矩 500×500	I 500×1200×200	矩 500×700	双 500×1 600×300
50	12	矩 500×600	I 500×1 400×200	矩 500×700	双 500×1 600×300
50	14	矩 600×600	I 600×1 400×200	矩 600×700	双 600×1 800×300

注:1. 矩表示矩形截面 $b \times h$。
　2. I 表示工字形截面 $b \times h \times h_f$(h_f 为翼缘厚度)。
　3. 双表示双肢柱 $b \times h \times h_z$(h_z 为肢杆厚度)。

2. 抗风柱

当单层厂房的端横墙(山墙)受风面积较大时,就需设置抗风柱把山墙分为若干个区格。这样墙面受到的风荷载,一部分直接传给纵向柱列,另一部分则通过抗风柱与屋架上弦或下弦的连接传给纵向柱列及抗风柱下基础。

当厂房的跨度为 9~12 m 且抗风柱高度在 8 m 以下时,可采用与山墙同时砌筑的砖壁柱作为抗风柱。当厂房的跨度与高度较大时,应在山墙内侧设置钢筋混凝土抗风柱,如图 3.23(a)所示,并用钢筋与山墙拉接。抗风柱与屋架既要可靠的连接,以保证把风荷载有效地传给屋架直至纵向柱列;又要允许两者之间具有一定竖向位移的可能性,以防止厂房与抗风柱沉降不均匀时对其产生不利的影响。在实际工程中,抗风柱与屋架常采用横向有较大刚度,而竖向又可位移的钢制弹簧板连接,如图 3.23(b)所示。抗风柱在风荷载作用下的计算简图如图 3.23(c)所示。

钢筋混凝土抗风柱的上柱应采用不小于 350 mm×350 mm 的矩形截面;下柱可采用矩形截面或工字形截面,它的截面宽度 $b \geq 350$ mm,截面高度 $h > 600$ mm,且 $h \geq H_e/25$(H_e 为抗风柱基础顶至与屋架连接处的高度)。

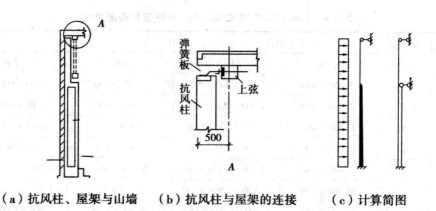

(a) 抗风柱、屋架与山墙　　(b) 抗风柱与屋架的连接　　(c) 计算简图

图 3.23 钢筋混凝土抗风柱

◆吊车梁选型

吊车梁是有吊车厂房的重要承重构件,它直接承受由吊车传来的竖向和纵、横向水平荷载,并将它们传给厂房柱列。因为吊车梁承受反复作用的动荷载,所以对构件的强度、抗裂度计算要考虑反复荷载作用下的疲劳验算。吊车梁的选用通常按吊车的起重能力、跨度及吊车工作制的不同,采用不同形式,见表 3.7。

表 3.7 常用钢筋混凝土吊车梁

序号	构件名称	形式	构件跨度/m	适用起重量/t
1	钢筋混凝土吊车梁		6	轻级:3~50 中级:3~30 重级:5~20
2	先张法预应力混凝土等截面吊车梁		6	轻级:5~125 中级:5~75 重级:5~50
3	后张法预应力混凝土鱼腹式吊车梁		6	轻级:15~100 中级:5~100 重级:5~50
4	后张法预应力混凝土鱼腹式吊车梁		6	中级:15~125 重级:10~100
5	后张法预应力混凝土鱼腹式吊车梁		12	中级:5~200 重级:5~50
6	轻型吊车梁设计图集		6	轻、中级≤5

续表 3.7

序号	构件名称	形式	构件跨度/m	适用起重量/t
7	组合式吊车梁		6 12	轻、中级≤5
8	部分预应力（先张法）混凝土吊车梁		6	轻、中级≤30

◆ 基础选型

单层厂房的柱下基础通常采用单独基础。这种基础根据外形不同，分为阶形基础和锥形基础两种，如图 3.24 所示。

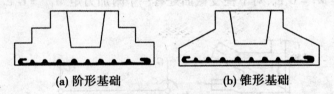

(a) 阶形基础　　　　　　(b) 锥形基础

图 3.24　单独基础形式

为了方便预制柱的插入，并保证柱与基础的整体性，这种基础与预制柱的连接部分常做成杯口状，所以统称杯形基础。因杯形基础构造简单，施工方便，所以适用于地基土质较均匀，基础持力层距地面较浅，地基承载力较大，柱传来的荷载不大的一般厂房。

当柱下基础与设备基础的布置发生冲突，或者局部地质条件较差，需要将柱下基础深埋时，为了不改变预制柱的长度，可采用高杯形基础，如图 3.25 所示。

当柱传来的荷载较大，或者地基承载力较小，采用单独的杯形基础所需底面积较大，导致相邻基础非常接近时，可采用柱下条形基础，如图 3.26 所示。当地基土质很不均匀，可能发生影响厂房正常使用的不均匀沉降时，也应采用条形基础。如果柱传来的荷载很大，而基础的持力层又很深，则应考虑采用桩基础如图 3.27 所示。

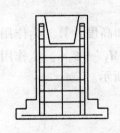　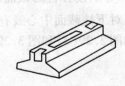　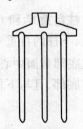

图 3.25　高杯形基础　　图 3.26　预制柱下条形基础　　图 3.27　预制柱下桩基础

3.4 排架结构内力计算与内力组合

【基 础】

◆ 恒荷载

1. 屋盖自重 G_1

屋盖自重为计算单元范围内的屋面构造层、屋面板、屋架或屋面梁、天窗架、屋盖支撑等自重。屋盖自重以集中力 G_1 的形式作用在柱顶。当采用屋架时,G_1 的作用线通过屋架上、下弦中心线的交点,通常距厂房纵向定位轴线 150 mm,如图 3.28(a)所示。当采用屋面梁时,G_1 的作用线通过梁端支承垫板的中心线。G_1 对上柱截面中心线一般有偏心距 e_1,对下柱截面中心线又增加一偏心距为 e_2(e_2 为上下柱截面中心线的间距)。所以 G_1 对柱顶截面有力矩 $M_1 = G_1 e_1$,对下柱变截面处有一个附加力矩 $M_1' = G_1 e_2$,如图 3.28(b)所示。

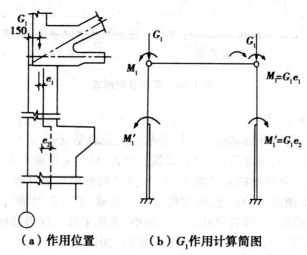

(a)作用位置　　(b)G_1 作用计算简图

图 3.28 屋盖自重的作用位置及计算简图

2. 柱自重 G_2 和 G_3

上、下柱的自重 G_2、G_3(下柱包括牛腿)分别按各自的截面尺寸和高度计算。G_2 作用于上柱底部截面中心线处,在牛腿顶面处,对下柱截面中心线有力矩 $M_2' = G_2 e_2$。G_3 作用于下柱底部,且与下柱截面中心线重合,如图 3.29(a)和图 3.29(b)所示。

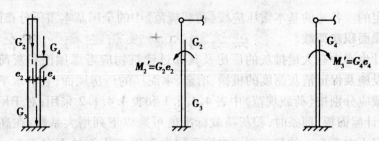

(a) G_2、G_3、G_4作用位置　　(b) G_2、G_3作用计算简图　　(c) G_4作用计算简图

图3.29　柱自重G_2、G_3和吊车梁等自重G_4作用位置及计算简图

3. 吊车梁与轨道联结等自重G_4

吊车梁与轨道联结等自重G_4可按所选用的构配件,由相应的标准图集中查得,轨道联结也可按 1～2 kN/m 计算。G_4沿吊车梁的中线作用在牛腿顶面,对下柱截面中心线有偏心距e_4,在牛腿顶面处有力矩$M'_3 = G_4 e_4$,如图3.29(a)和图3.29(c)所示。

当考虑G_1、G_2、G_3、G_4共同作用时,需要按排架计算内力的简图如图3.30所示,图3.30 中$M_2 = M'_1 + M'_2 - M'_3$。

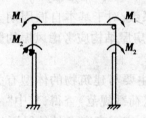

图3.30　G_1、G_2、G_3、G_4共同作用时的计算简图

◆屋面可变荷载

屋面可变荷载包括屋面均匀分布活荷载、雪荷载及积灰荷载三种,它们都按屋面水平投影面积计算。

1. 屋面均布活荷载

按现行《建筑结构荷载规范》(GB 50009—2001)(以下简称《荷载规范》)中表4.3.1采用。对不上人屋面,当施工荷载较大时,应根据实际情况采用。

2. 雪荷载

屋面水平投影面上雪荷载标准值按下式计算:

$$S_k = \mu_r S_0 \tag{3.3}$$

式中　S_k——雪荷载标准值;

μ_r——屋面积雪分布系数,应根据不同类型的屋顶形式,按《荷载规范》中表6.2.1采用;

S_0——基本雪压,它是以当地一般空旷平坦地面上统计所得50年一遇最大积雪的自重确定的。各地的基本雪压应按《荷载规范》中的全国基本雪压分布图确定。

3. 屋面积灰荷载

设计生产中有大量排灰的厂房及其邻近建筑物应考虑屋面积灰荷载。对于具有一定除尘设施及保证清灰制度的机械、冶金、水泥厂的厂房屋面,它的水平投影面上的屋面积灰荷载应分别按《荷载规范》中表 4.4.1.1 和表 4.4.1.2 采用;对于屋面上易形成灰堆处,在设计屋面板、檩条时,积灰荷载标准值可乘以下列增大系数:在高低跨处两倍于屋面高差但不大于 6 m 的分布宽度内取系数为 2.0,在天沟处不大于 3 m 的分布宽度内取系数为 1.4。

排架计算时,屋面均布活荷载不和雪荷载同时考虑,只取两者中的较大值,屋面积灰荷载应与雪载和屋面均布活荷载两者中的大值同时考虑。

屋面均布活荷载、雪荷载、屋面积灰荷载的荷载分项系数 $\gamma_Q = 1.4$。

◆ 风荷载

建筑物受到的风荷载与建筑物的形式、高度、地理环境、结构自振周期等有关。《荷载规范》规定:垂直于建筑物表面上的风荷载标准值 $W_K(kN/m^2)$ 应按下式计算:

$$W_K = \beta_Z \mu_S \mu_Z W_0 \tag{3.4}$$

式中 β_Z——高度 Z 处的风振系数;对于基本自振周期大于 0.25 s 的工程结构,以及高度大于 30 m、高宽比大于 1.5 的房屋结构应考虑风振的影响,单层厂房一般不予考虑,取 $\beta_Z = 1.0$。

μ_S——风荷载体型系数;主要与建筑物的体型有关,它是作用在建筑物表面的实际风压和理论风压的比值,可从《荷载规范》查得,其中"+"号表示压力,"-"表示吸力。

μ_Z——风压高度变化系数;表示高度 Z 处的风压与 10 m 处基本风压的比值,主要与离地面或海平面的高度及地面粗糙度有关,离地面或海平面越高则风压越大;地面粗糙度分为 ABCD 四类,A 类指近海海面或海岛、海岸、湖岸及沙漠地区;B 类指田野、乡村、丘陵、丛林以及房屋比较稀疏的乡镇和城市郊区;C 类指有密集建筑群的城市市区;D 类指有密集建筑群且房屋较高的城市市区;μ_Z 值可从《荷载规范》中查得。

W_0——基本风压,单位为 kN/m^2。以当地比较空旷平坦的地面上离地 10 m 高,经统计分析所得重现期为 50 年的 10 min 平均最大风速为标准确定,可按建筑物所在地区查《荷载规范》给出的 50 年一遇风压值,但不得小于 0.3 kN/m^2。

单层厂房横向排架承担的风荷载按计算单元考虑。为了简化计算,将沿厂房高度变化的风荷载分为以下两部分作用于横向排架结构:

(1)柱顶以下的风荷载标准值沿高度取为均匀分布其值分别为 $q_1 + q_2$,如图 3.31 所示,此时的风压高度变化系数 μ_Z 根据柱顶标高确定。

(2)柱顶以上的风荷载标准值取其水平分力之和,并以水平集中风荷载 F_w 的形式作用在排架柱顶,如图 3.31 所示。此时的风压高度变化系数 μ_Z,对有天窗的可根据天窗檐口标高确定;对无天窗的可根据屋盖的平均标高或檐口标高确定。

因为风是变向的,所以排架内力分析时,既要考虑风从横向排架一侧吹来的受力情况,也要考虑风从横向排架另一侧吹来的受力情况。

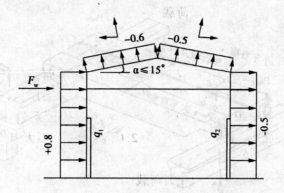

图 3.31 排架风荷载体型系数和风荷载

◆吊车荷载

单层厂房中常用的吊车有悬挂吊车、电动葫芦、手动吊车以及桥式吊车等,其中,悬挂吊车的水平荷载可不列入排架计算,而由支撑系统承受,手动吊车和电动葫芦可不考虑水平荷载。

桥式吊车是由大车(桥架)和小车构成。大车在吊车梁轨道上沿厂房纵向行驶,小车在桥架(大车)上沿厂房横向运行,如图3.32所示。大车和小车运行时都可能产生制动刹车力。所以,吊车荷载包括竖向荷载和水平荷载。而吊车水平荷载又分为纵向和横向。

桥式吊车按生产使用的频繁程度,可将吊车工作制分为轻级、中级、重级和超重级四种。按吊钩种类分为软钩吊车和硬钩吊车两种。软钩吊车指采用钢索通过滑轮组带动吊钩起吊重物;而硬钩吊车指吊车用刚臂起吊重物或进行操作。

1. 作用在排架上的吊车竖向荷载标准值

吊车荷载是通过吊车轮压作用在吊车梁上。当吊车满载时,卷扬小车运行到吊车桥架一侧的极限位置时,则小车所在一侧的吊车轮压就是最大轮压 P_{max},而另一侧的吊车轮压为最小轮压 P_{min},如图3.32所示,两者同时出现,吊车最大轮压 P_{max} 一般可根据吊车型号、规格等查阅专业标准《起重机基本参数和尺寸系列(ZQ1—62~8—62)》或直接参照吊车制造厂的产品规格。最小轮压 P_{min} 可按下式计算:

$$Pd_{min,k} = \frac{G + g + Q}{Z} - P_{max,k} \tag{3.5}$$

式中 G——大车重量;
g——小车重量;
Q——额定最大起重量。

吊车竖向荷载组合值 D_{max}、D_{min} 计算。

(1)吊车台数。对于多台吊车的厂房,排架计算时,要多台吊车进行组合,对一层吊车的单跨厂房的一个排架,其竖向荷载通常按不多于两台考虑;对一层吊车的多跨厂房的一个排架通常按不多于四个考虑。

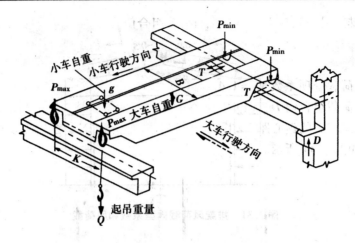

图3.32 吊车荷载示意图

(2) $D_{max,k}$ 和 $D_{min,k}$ 的计算。经实践和分析证明，只有当两台吊车紧靠且其中一台起重量较大的吊车轮压为 $P_{max,k}$ 位于所计算排架柱上时，吊车竖向荷载组合值可达最大的 $D_{max,k}$。

$D_{max,k}$ 可通过简支梁的支座反力影响线来求解，如图3.33所示。

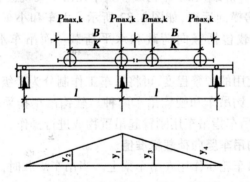

图3.33 简支吊车梁的支座反力影响线

$$D_{max,k} = \beta P_{max,k} \sum y_i \qquad (3.6)$$

式中 $\sum y_i$ ——各轮压对应的支座反力影响线的纵坐标值的总和；

β ——多台吊车的荷载折减系数，按表3.8采用。

表3.8 多台吊车的荷载折减系数 β

参与组合的吊车台数	吊车荷载状态等级	
	轻级和中级	重级和超重级
2	0.9	0.95
3	0.85	0.90
4	0.8	0.85

注：对于多层吊车的单跨或多跨厂房，计算排架时，参与组合的吊车台数及荷载的折减系数，应按实际情况考虑。

同理,在排架另一侧柱上的吊车竖向荷载组合值为最小,$D_{min,k}$可按下式计算:

$$D_{min,k} = \beta P_{min,k} \sum y_i = D_{max,k} \frac{P_{min,k}}{P_{max,k}} \tag{3.7}$$

吊车竖向荷载分项系数 $\gamma_Q = 1.4$。

吊车竖向荷载组合值 $D_{min,k}$ 和 $D_{max,k}$ 在同一排架的两侧柱上同时出现,它们对下柱的偏心矩和吊车梁自重的偏心距 e_4 相同。同样可将 $D_{max,k}$ 和 $D_{min,k}$ 作用等效为计算简图上的轴力和力矩,如图 3.34 所示。

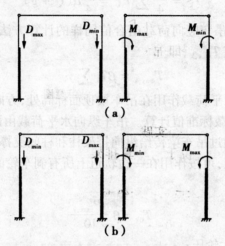

图 3.34 吊车荷载作用于排架示意图

2. 作用在排架上的吊车水平荷载标准值

吊车的水平荷载有横向水平荷载和纵向水平荷载两种。

(1)吊车横向水平荷载组合值 $T_{max,k}$ 计算。当小车起重达额定起重量时,横向运动所产生的水平惯性力,通过小车制动轮与桥架上轨道之间的摩擦传至大车,再通过大车两侧车轮平均传至两侧吊车梁。方向与轨道垂直,可左可右。最后由吊车梁与上柱的连接钢板传给两侧上柱,如图 3.35 所示。吊车横向水平荷载标准值可按式(3.8)计算:

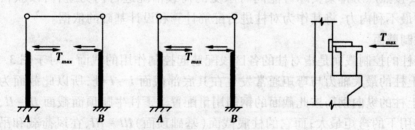

图 3.35 吊车横向制动力作用于排架示意图

$$\sum T_{ik} = a(Q + g) \tag{3.8}$$

式中 a——吊车横向水平荷载系数,现行《荷载规范》规定:

对于软钩吊车:

1) 当额定起吊质量 $Q \leq 10$ t 时,$a = 0.12$。
2) 当额定起吊质量 $15\text{ t} \leq Q < 50\text{ t}$ 时,$a = 0.10$。
3) 当额定起吊质量 $Q > 75$ t 时,$a = 0.08$。
4) 对硬钩吊车 $a = 0.2$。

当起吊质量 $Q \leq 50$ t 时,其大车的总轮数为 4,每一侧轮数为 2,所以,通过一个大车轮子传递的吊车横向水平荷载标准值 T_k,按式(3.9)计算:

$$T_k = \frac{1}{4}\sum T_{ik} = \frac{1}{4}\alpha(Q+g) \tag{3.9}$$

当 T_k 确定后,便可用吊车竖向荷载组合值同样的计算方法,计算出作用在排架上的最大横向水平荷载标准值 $T_{\max,k}$,即

$$T_{\max,k} = \beta T_k \sum y_i \tag{3.10}$$

排架上的吊车横向水平荷载作用在吊车梁顶面标高处,方向可以向左,也可以向右。

(2) 吊车纵向水平荷载标准值计算。吊车纵向水平荷载由两侧的制动轮传至两侧轨道,方向与轨道一致,再通过吊车梁传给纵向排架柱和柱间支撑。

吊车水平荷载标准值,可按作用在一边轨道上所有刹车轮的最大轮压之和的 10% 采用,可按式(3.11)计算:

$$T_{0k} = \beta \frac{nP_{\max,k}}{10} \tag{3.11}$$

式中 $P_{\max,k}$——吊车最大轮压;
n——吊车制动轮数;一般 $n = 2$;
β——多台吊车的荷载折减系数。

在横向平面排架计算中,通常不考虑吊车纵向水平荷载,只有在设计柱的支撑或厂房纵向柱列数过少时才考虑。

◆ 内力组合

通过对排架进行内力分析,求得排架柱在恒荷载和各种活荷载单独作用下的内力后,就需要按照厂房排架实际可能同时承受的荷载情况进行内力组合,以获得排架柱控制截面的最不利内力,将其作为对柱进行配筋计算和设计基础的依据。

1. 控制截面

排架柱的控制截面是指对柱的各区段配筋起控制作用的截面。对于图 3.36 所示的单阶柱,上柱的最大轴力与弯矩通常发生在其底部截面 $I-I$ 处,所以此截面为上柱的控制截面,上柱的纵向钢筋按此截面的钢筋用量配置。下柱牛腿顶面截面 $II-II$,在吊车竖向荷载作用下的弯矩最大;而它的柱底截面(基础顶面)$III-III$,在风荷载和吊车横向水平荷载作用下弯矩最大,且截面 $III-III$ 的最不利内力也是设计基础的依据,所以截面 $II-II$ 和 $III-III$ 都为下柱的控制截面,下柱的纵向钢筋按这两个截面中钢筋用量较大者配置。

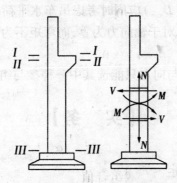

图 3.36 单阶柱的控制截面及正号内力规定

2. 荷载效应组合

对于一般的单层厂房排架结构,在恒荷载、屋面活荷载、风荷载以及吊车荷载作用下,其排架柱的每一个控制截面有以下几种可能的组合:

(1) $1.2 \times S_{GK} + 0.9 \times 1.4 \times (S_{QLK} + S_{QWK} + S_{QHK})$

(2) $1.2 \times S_{GK} + 0.9 \times 1.4 \times (S_{QWK} + S_{QHK})$

(3) $1.2 \times S_{GK} + 0.9 \times 1.4 \times (S_{QLK} + S_{QWK})$　　(3.12)

(4) $1.2 \times S_{GK} + 1.4 \times (S_{QLK} + S_{QHK})$

(5) $1.2 \times S_{GK} + 1.4 \times S_{QWK}$

(6) $1.2 \times S_{GK} + 1.4 \times S_{QHK}$

式(3.12)中的 S_{GK}、S_{QLK}、S_{QWK}、S_{QHK} 分别为按恒荷载、屋面活荷载、风荷载、吊车荷载的标准值计算的荷载效应值。

以上六种组合中的最不利值,即为控制截面的内力。

3. 内力组合的项目

单层厂房的排架柱为偏心受压构件,一般采用对称配筋。对于矩形、工字形截面柱的每一个控制截面,可考虑下面四项不利内力组合:

(1) $+M_{max}$ 与相应的 N 和 V

(2) $-M_{max}$ 与相应的 N 和 V

(3) N_{max} 与相应的 M 和 V

(4) N_{min} 与相应的 M 和 V

在以上四项不利内力组合中,前两项和第四项可能为大偏心受压情况,而第三项可能发生小偏心受压情况。按这四项进行组合,基本能够控制柱的配筋量,满足工程设计要求。

4. 组合时注意的问题

对排架柱的控制截面进行最不利内力组合时,应注意以下几点:

(1) 恒荷载参与每一种组合。

(2) 吊车水平荷载 T_{max} 作用方向向右与向左只能选其中一种参与组合。

(3) 吊车竖向荷载 D_{max} 作用于 A 柱和 D_{min} 作用于 A 柱,仅可选其中一种参与组合。

(4)有吊车竖向荷载 $D_{max}(D_{min})$ 应同时考虑吊车水平荷载 T_{max} 作用的可能。

(5)组合 N_{max} 或 N_{min} 项时,对于轴向力为零,而弯矩不为零的荷载(如风荷载)也应考虑参与组合。

(6)风荷载作用方向向右与向左只能选其中一种参与组合。

【实 务】

◆排架结构计算简图的确定

1.计算单元

单层厂房结构受到的荷载主要由横向平面排架(又称横向排架)承担。横向排架沿厂房纵向通常为等间距排列,如图3.37(a)所示;作用于厂房横向的荷载除吊车荷载外。其他荷载(如结构自重、风荷载、雪荷载等)沿纵向又是均匀分布的。所以,厂房中部各横向排架所承担的荷载和受力情况都相同,在计算时,可通过两相邻柱距的中线取出有代表性的一段,作为计算单元,如图3.37(a)中的阴影部分。作用于计算单元范围内的荷载,则完全由该单元的横向排架承担。因为吊车的大车可沿厂房的纵向移动,所以,通过吊车梁传给排架柱的吊车荷载不能按计算单元考虑。

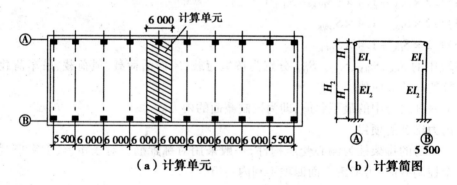

图 3.37 横向排架计算单元和计算简图

2.基本假定

根据单层厂房结构的实际工程构造,为了简化计算,确定计算简图时,作以下基本假定:

(1)排架柱下端固接于基础顶面

由预制的排架柱插入基础杯口有足够的深度,并采用较高等级的细石混凝土和基础浇捣连成整体,而地基的变形又受到设计控制,基础可能发生的转动一般很小,所以可假定排架柱的下端固接于基础顶面。

(2)排架柱上端与横梁(屋架或屋面梁的统称)铰接

横梁一般为预制构件,在柱顶通过预埋钢板焊接连接或用螺栓连接在一起。通过这种连接方式,可传递水平力和竖向力,而不能可靠地传递弯矩,因而假定排架柱上端与横梁为铰接比较符合实际情况。

(3)横梁为轴向变形可忽略不计的刚性连杆

钢筋混凝土或预应力混凝土屋架在荷载作用下的轴向变形很小,可忽略不计,视为刚性连杆。根据这一假定,排架受力后,横梁两端柱的水平位移相等。但需注意,如果横梁为下弦刚度较小的组合式屋架或两铰拱、三铰拱屋架,则应考虑横梁轴向变形对排架柱内力的影响。

3. 计算简图

根据以上基本假定,可得横向排架的计算简图,如图3.37(b)所示。在计算简图中,排架柱的轴线分别取上、下柱的截面中心线;上柱高H_1(或H_u)为牛腿顶面至柱顶的高度;下柱高H_1为基础顶面至牛腿顶面的高度;柱总高H_2(或H)为H_1与H_1之和;上、下柱的截面抗弯刚度EI_1(或EI_u)、EI_2(或EI_1)可根据所选用的混凝土强度等级和预先设定的截面形状与尺寸确定。

◆等高排架结构内力计算(剪力分配法)

1. 柱顶作用水平集中力时的内力计算

当排架柱顶作用水平集中力F时,各柱顶将出现图3.38所示的变形,各柱柱顶位移应相等,并且各柱都会产生一定的内力。

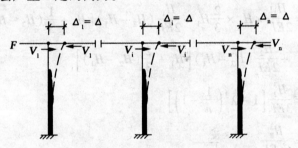

图3.38 等高排架在柱顶集中力作用下的变形与内力

沿横梁与柱的铰接部位从柱顶切开,形成剪力V_1、V_2、$\cdots$、V_n,排架被分成几个单阶悬臂柱,若能计算出各柱顶的剪力,则单阶悬臂柱就可以根据静定结构确定内力,所以剪力分配法计算等高排架的关键问题是要计算出各柱柱顶的剪力。

图3.38所示排架,取横梁为隔离体,由内外力平衡条件可得:

$$F = V_1 + V_2 + \cdots + V_i + \cdots + V_n = \sum_{i=1}^{n} V_i$$

由各柱端变形协调条件,各柱的顶点位移值相同,即:

$$\Delta_1 = \Delta_2 = \Delta_3 = \cdots = \Delta_n = \Delta$$

根据柱顶剪力与位移的关系可得:

$$V_i = \frac{1}{\delta_i}\Delta_i = \frac{1}{\delta_i}\Delta$$

即

$$F = \sum_{i=1}^{n} \frac{1}{\delta_i}\Delta$$

则
$$\Delta = \frac{1}{\sum_{i=1}^{n} \frac{1}{\delta_i}} F$$

任一柱 i 的柱顶剪力计算公式为：

$$V_i = \frac{\frac{1}{\delta_i}}{\sum_{i=1}^{n} \frac{1}{\delta_i}} F = \eta_i F \tag{3.13}$$

式中 η_i——第 i 柱的剪力分配系数，它等于第 i 柱自身的抗剪刚度与所有柱的总抗剪刚度之比。

计算出各柱柱顶剪力之后，各柱的内力便可由此计算出。

由以上分析可知，计算任一柱顶剪力关键是计算出该柱的抗剪刚度，下面介绍任一柱抗剪刚度计算。

由结构力学可知，柱顶位移计算的基本方法是图形相乘法。它的基本步骤是首先作柱顶作用有集中力 $F=1$ 时悬臂柱的弯矩图，如图 3.39 所示，现欲求柱顶位移值，则应于柱顶施加单位力并得出此单位力作用下的弯矩图，如图 3.39 所示。将以上两个弯矩按上柱与下柱分别进行图形相乘，并除以各段柱的 EI，则得所求柱顶点位移值 δ，即

$$\begin{aligned}\delta &= \frac{H_1}{2EI_1} \times H_1 \times \frac{2}{3}H_1 + \frac{H_1}{2EI_2}(H_2 - H_1)\left[H_1 + \frac{1}{3}(H_2 - H_1)\right] \\ &\quad + \frac{H_2}{2EI_2}(H_2 - H_1)\left[H_1 + \frac{2}{3}(H_2 - H_1)\right] \\ &= \frac{H_2^3}{3EI_2}\left[1 - \lambda^3\left(\frac{1}{n} - 1\right)\right] \\ &= \frac{H_2^3}{C_0 EI_2}\end{aligned} \tag{3.14}$$

式中 H_1——单阶柱上柱高度；

H_2——柱总高；

I_1、I_2——上柱和下柱的惯性矩；

C_0——系数，$C_0 = \dfrac{3}{1 + \lambda^3\left(\dfrac{1}{n} - 1\right)}$，而 $\lambda = \dfrac{H_1}{H_2}, n = \dfrac{I_1}{I_2}$。

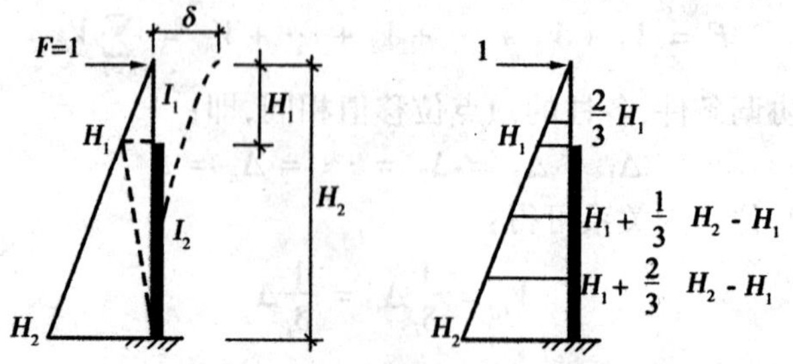

图 3.39 柱顶侧移计算图

要使柱顶产生单位水平位移,则需在柱顶施加 $\frac{1}{\delta}$ 的水平力,显然,材料相同时,柱截面越大,需施加的柱顶水平力越大,可见 $\frac{1}{\delta_i}$ 反映柱抵抗侧移的能力,所以称为柱的"抗剪刚度"或"抗侧移刚度"。如果令单位水平力作用下柱顶位移为 δ,则 δ_i 称为柱的柔度系数,并有:

$$\frac{1}{\delta_i} = \frac{C_0 E I_2}{H_3^2} \tag{3.15}$$

用剪力分配法计算柱顶剪力的计算步骤如下:

(1)按各柱的 $\lambda = \frac{H_1}{H_2}$,$n = \frac{I_1}{I_2}$,由附表 3.1~3.5 查出 C_0 值或用公式计算。

(2)按公式(3.15)计算各柱的抗剪刚度。

(3)按公式 $\eta_i = \dfrac{\dfrac{1}{\delta_i}}{\sum\limits_{i=1}^{n} \dfrac{1}{\delta_i}}$ 计算出柱的剪力分配系数。

(4)按公式 $V_i = \eta_i F$,计算各柱顶的剪力。

2. 任意荷载作用下内力计算

(1)当等高排架上作用有任意荷载时,如图 3.40(a)所示,为了能利用上述剪力分配系数进行计算,必须按下面三个步骤计算:

1)先在排架柱顶附加不动铰支座来阻止水平位移,并计算出不动铰支座水平反力 R_i,如图 3.40(b)所示。

2)撤除附加铰支座,且加反方向 R 于排架柱顶,如图 3.40(c)所示。

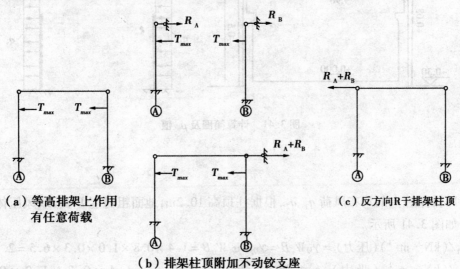

(a)等高排架上作用有任意荷载

(b)排架柱顶附加不动铰支座

(c)反方向 R 于排架柱顶

图 3.40 任意荷载作用时剪力分配

3)将上述两种情况求得的排架各柱内力叠加起来,就是排架的实际内力。根据以上

计算步骤,其柱顶剪力,可按下式计算:

$$V_i = R_i - \eta_i(\sum_{i=1}^{n} R_i - W) \tag{3.16}$$

式中　V_i——第 i 柱柱顶剪力;

R_i——在 i 柱上外荷载作用下,第 i 柱柱顶不动铰支座反力(取向右为正);

$\sum_{i=1}^{n} R_i$——各柱在其各自外荷载作用下 n 个柱柱顶不动铰支座反力代数和;

W——作用于排架柱顶的集中(风)荷载(向右为正);

η_i——第 i 柱的剪力分配系数。

(2)等高排架在任意荷载作用下,内力计算步骤如下:

1)计算排架各柱的剪力分配系数 $\eta_i(\sum \eta_i = 1)$。
2)计算各柱柱顶不动铰支座反力 R_i。
3)用式(3.16)计算出各柱柱顶剪力,以向左为正。
4)按静力平衡原理,计算各柱控制截面内力。

◆风荷载计算实例

某单跨厂房剖面如图 3.41 所示,柱距为 6.5 m,建于某大城市郊区,基本风压 $W_0 = 0.3 \text{ kN/m}^2$,试计算排架上风荷载设计值。

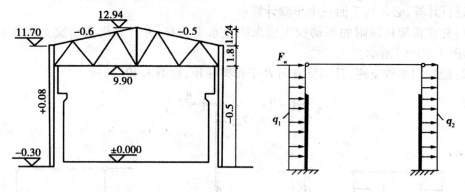

图 3.41　计算简图及 μ_s 值

【解】

(1)排架柱上的均布风荷 q_1、q_2,根据柱顶高 10.2 m,地面粗糙度 B 类,取风压体型系数 μ_s,如图 3.41 所示。

$q_1/(\text{kN} \cdot \text{m}^{-1})(压力) = \gamma_Q W_k B = \gamma_Q \mu_s \mu_z W_0 B = 1.4 \times 0.8 \times 1.0 \times 0.3 \times 6.5 = 2.184$

$q_2/(\text{kN} \cdot \text{m}^{-1})(吸力) = \gamma_Q W_k B = \gamma_Q \mu_s \mu_z W_0 B = -1.4 \times 0.8 \times 1.0 \times 0.5 \times 6.5 = -1.365$

(2)柱顶集中风荷载 F_w。根据檐口高 12.0 m,地面粗糙度 B 类:

$\mu_z = 1.06$。

$W/\text{kN} = \gamma_Q[(0.8+0.5)h_1 + (-0.6+0.5)h_2]\mu_z W_0 B = 1.4 \times (1.3 \times 1.8 - 0.1 \times 1.24) \times 1.06 \times 0.3 \times 6.5 = 6.41$

◆吊车荷载计算实例

某一单跨厂房,跨度为 18 m,柱距为 6 m,内有两台中级工作制 10 t 桥式软钩吊车。吊车桥架跨度 $L_k = 16.5$ m,吊车宽度 $B = 5\ 150$ mm,大车轮压标准值 $P_{\max,k} = 115$ kN,$P_{\min,k} = 30$ kN;小车重 $g = 37$ kN。求吊车竖向荷载 $D_{\max}$、$D_{\min}$ 和横向水平荷载 $T_{\max}$。

【解】

(1)吊车的竖向荷载 $D_{\max}$ 和 $D_{\min}$ 的计算

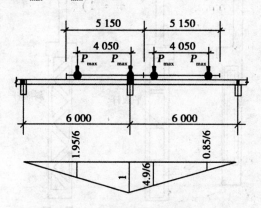

图 3.42 吊车梁反力影响线

根据图 3.42 求出 $y_1 = 1, y_2 = \dfrac{1.95}{6}, y_3 = \dfrac{4.9}{6}, y_4 = \dfrac{0.85}{6}$。

由表 3.8 可知:2 台吊车荷载折减系数 $\beta = 0.9$,计入可变荷载分项系数 $\gamma_Q = 1.4$,由式(3.6)和式(3.7)可得吊车竖向荷载设计值。

$D_{\max}/\text{kN} = \gamma_Q \beta P_{\max} \sum y_i = 1.4 \times 0.9 \times 115 \times (1 + \dfrac{1.95 + 4.9 + 0.85}{6}) = 330.372$

$D_{\min}/\text{kN} = \gamma_Q \beta P_{\min} \sum y_i = 1.4 \times 0.9 \times 30 \times (1 + \dfrac{1.95 + 4.9 + 0.85}{6}) = 86.184$

(2)吊车横向水平荷载设计值。

由式(3.9)求出每轮横向水平力标准值 T_k

当 $Q \leq 10$ t 时,$\alpha = 0.12$。

$T_k/\text{kN} = \dfrac{\alpha}{4}(g + Q) = \dfrac{0.12}{4}(37 + 100) = 4.11$

由式(3.10)并计入可变荷载分项系数 $\gamma_Q = 1.4$,得吊车横向水平荷载设计值:

$T/\text{kN} = \gamma_Q \beta T_k \sum y_i = 1.4 \times 0.9 \times 4.11 \times (1 + \dfrac{1.95 + 4.9 + 0.85}{6}) = 11.807$

3.5 单层厂房钢筋混凝土排架柱设计

【基　础】

◆ **单层厂房柱的常用形式**

单层厂房柱的常用形式如图3.43所示。

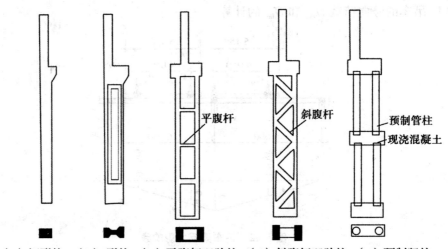

图3.43　单层厂房柱的形式

矩形柱外形简单,施工制作方便,但自重大,经济指标较差。I形柱材料利用合理,应用比较广泛。双肢柱包括平腹杆和斜腹杆柱两种,如图3.43(c)、(d)所示。与I形柱相比,自重较轻,但整体刚度较差,构造钢筋多而复杂。管柱包括圆管柱和方管柱两种,可构成单肢、双肢和四肢柱。管子通常采用高速离心法生产,质量好、自重轻,但节点构造复杂,现场拼装比较费事。

目前,在一般单层厂房中,柱的截面形式根据柱截面高度可参考以下限值选用:
(1)当 $h \leqslant 500$ mm 时,采用矩形柱。
(2)当 $h = 600 \sim 800$ mm 时,采用矩形或I形柱。
(3)当 $h = 900 \sim 1\ 200$ mm 时,采用I形柱。
(4)当 $h = 1\ 300 \sim 1\ 600$ mm 时,采用I形或双肢柱。
(5)当 $h > 1\ 600$ mm 时,采用双肢柱。

在选择柱的截面形式时,需注意以下几点:对设悬臂吊车的柱,应采用矩形实腹柱,对易受撞击及设有壁行吊车的柱应采用矩形柱或腹板厚度≥150 mm的I形柱,当采用双肢柱时,则在安装壁行吊车的局部这段应做成实腹柱,柱底到室内地面以上500 mm范围和阶形柱的上柱应采用矩形截面。

◆牛腿

单层厂房中的排架柱通常都设有牛腿,以支撑屋架(屋面梁)、吊车梁、连系梁等构件,并将这些构件承受的荷载传给柱子,如图3.44所示。

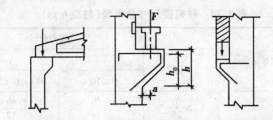

（a）支撑屋面梁　（b）支撑吊车梁　（c）支撑连系梁

图3.44 排架柱上牛腿上的支撑情况

牛腿根据承受的竖向力作用点至牛腿根部柱边缘水平距离的不同分为两类:
(1) $a > h_0$ 时为长牛腿,按悬臂梁进行设计。
(2) $a \leq h_0$ 时为短牛腿,是一个变截面短悬臂深梁。

【实　务】

◆柱的计算长度

柱的计算长度 l_0 与柱的支承条件及高度有关。计算偏心受压构件的偏心增大系数 η 时,对单层厂房排架柱,根据理论分析和工程经验,它的计算长度 l_0 可根据表3.9所示进行取值。

表3.9　刚性屋盖单层房屋排架柱和露天吊车柱及栈桥柱的计算长度 l_0

柱的类型		排架方向	垂直排架方向	
			有柱间支撑	无柱间支撑
无吊车厂房柱	单跨	1.5H	1.0H	1.2H
	两跨及多跨	1.25H	1.0H	1.2H
有吊车厂房柱	上柱	$2.0H_u$	$1.25H_u$	$1.5H_u$
	下柱	$1.0H_l$	$0.8H_l$	$1.0H_l$
露天吊车柱和栈桥柱		$2.0H_l$	$1.0H_l$	—

注:1. 表中 H 为从基础顶面算起的柱子全高; H_l 为从基础顶面至装配式吊车梁底面或现浇式吊车梁顶面的柱子下部高度; H_u 为从装配式吊车梁底面或从现浇式吊车梁顶面算起的柱子上部高度。
2. 表中有吊车厂房排架柱的计算长度,当计算中不考虑吊车荷载时,可按无吊车厂房采用,但上柱的计算长度仍按有吊车厂房采用。
3. 表中有吊车厂房排架柱的上柱在排架方向的计算长度,仅适用于 $H_l/H_u \geq 0.3$ 的情况;当 $H_u/H_l < 0.3$ 时,宜采用 $2.5H_u$。

◆柱截面尺寸的确定

柱截面尺寸通常可根据厂房的高度、跨度、柱距、吊车起重量对柱承载力和刚度的要求等因素来确定,也可参考现有同类型厂房的资料来确定,根据刚度要求,对于柱距 6 m 的厂房柱的截面尺寸可参考表 3.10 确定。

表 3.10 柱截面尺寸参考表(柱距 6 m)

柱的类型	截面尺寸			
	b	h		
		$Q \leqslant 10$ t	10 t $< Q < 30$ t	30 t $\leqslant Q \leqslant 50$ t
有吊车厂房下柱	$\geqslant \dfrac{H_l}{25}$	$\geqslant \dfrac{H_l}{14}$	$\geqslant \dfrac{H_l}{12}$	$\geqslant \dfrac{H_l}{10}$
露天吊车柱	$\geqslant \dfrac{H_l}{25}$	$\geqslant \dfrac{H_l}{10}$	$\geqslant \dfrac{H_l}{8}$	$\geqslant \dfrac{H_l}{7}$
单跨无吊车厂房	$\geqslant \dfrac{H}{30}$	$\geqslant \dfrac{1.5H}{25}$		
多跨无吊车厂房	$\geqslant \dfrac{H}{30}$	$\geqslant \dfrac{1.25H}{25}$		
山墙柱(仅承受风载及自重)	$\geqslant \dfrac{H_b}{40}$	$\geqslant \dfrac{H_L}{25}$		
山墙柱(同时承受连系梁传来墙重)	$\geqslant \dfrac{H_b}{30}$	$\geqslant \dfrac{H_L}{25}$		

注:H_l——从基础顶面至装配式吊车梁底面、现浇式吊车梁顶面的柱下部高度。
    H——从基础顶面算起的柱全高。
    H_b——山墙柱从基础顶面至平面外(柱宽 b 方向)支撑点的距离。

对于承受重级、超重级工作制吊车柱截面高度应按表中 h 乘以 1.1;当柱距为 9 m 或 1.2 m 时,截面高度应分别乘以 1.05 和 1.1,对双肢柱应乘以 1.2。

I 形柱腹板和翼缘的尺寸可参照表 3.11 选用,但翼缘厚度不应小于 100 mm,腹板厚度不应小于 80 mm。当柱处于高湿度或侵蚀性环境时,翼缘厚度和腹板厚度都应适当加大。

表 3.11 I 形截面柱截面尺寸参考表

截面宽度 b_f	300~400	400	500	600	图形
截面高度 h	500~700	700~1 000	1 000~1 500	1500~2000	
腹板厚 b $\dfrac{b}{h_f} \geqslant \dfrac{1}{10} \sim \dfrac{1}{14}$	60	80~100	100~120	120~150	
翼缘厚 h_f	80~100	100~150	150~200	200~250	

◆柱的吊装验算

1. 承载力验算

对于平卧起吊和翻身起吊,柱子吊点通常都设在牛腿的底部。当吊点离开地面时,柱子底端支承于地上,柱子成为带悬臂的外伸梁,计算简图如图 3.45 所示。矩形柱平卧起吊时的截面高度为柱的宽 b;当柱子为 I 形截面时高度取 b_f,这时腹板作用很小,可以忽略不计,截面宽度简化为 $2h_f$。截面内只考虑两翼缘最外边上、下的钢筋作为受力钢筋 A_s 和 A_s'。

2. 裂缝宽度验算

对于裂缝宽度验算,通常可采用控制钢筋应力和纵向钢筋直径的办法控制裂缝宽度。它的钢筋的应力应满足式(3.17)要求:

$$\sigma_{sk} = \frac{M_{ink}}{A_s \eta h_0} \leqslant [\sigma_s] \tag{3.17}$$

式中 M_{ink}——运输吊装阶段出现于柱中的最大弯矩标准值;

η——内力臂系数,$\eta = 0.87$;

$[\sigma_{sk}]$——不需验算裂缝宽度时的钢筋最大允许应力,可由表 3.12 根据柱中所配置的最大钢筋直径 d_{max} 查得。

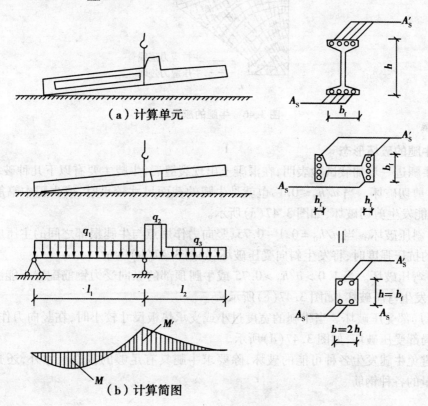

图 3.45 柱起吊图

表 3.12 不需验算裂缝宽度的最大钢筋直径(d_{max})和钢筋应力(σ_{sk})

[ω_{max}] = 0.2 mm		[ω_{max}] = 0.3 mm	
d_{max}/mm	σ_{sk}/(N·mm^{-2})	d_{max}/mm	σ_{sk}/(N·mm^{-2})
10	245	14	280
12	230	16	270

◆牛腿设计

1. 牛腿的应力状态

对牛腿进行加载的试验表明,在混凝土开裂前,牛腿的应力状态处于弹性阶段;其主拉应力迹线集中分布于牛腿顶部一个较窄的区域内,而主压应力迹线则密集分布在竖向力作用点到牛腿根部之间的范围内,在牛腿和上柱相交处具有应力集中现象,如图 3.46 所示。牛腿的这种应力状态,对其设计有着重要的影响。

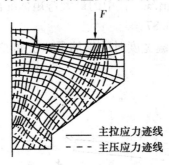

图 3.46 牛腿的应力状态

2. 牛腿的破坏形态

对牛腿进一步加载试验表明,在混凝土出现裂缝后,牛腿主要有以下几种破坏形态:

(1)剪切破坏。当 $a/h_0 \leq 0.1$,也就是牛腿的截面尺寸较小时,或牛腿中箍筋配置过少时,可能发生剪切破坏,如图 3.47(a)所示。

(2)斜压破坏。当 $a/h_0 = 0.1 \sim 0.75$,竖向力作用点与牛腿根部之间的主压应力超过混凝土的抗压强度时,将发生斜向受压破坏,如图 3.47(b)所示。

(3)弯压破坏。当 $1.0 > a/h_0 > 0.75$ 或牛腿顶部的纵向受力钢筋配置不能满足要求时,可能发生弯压破坏,如图 3.47(c)所示。

(4)局部受压破坏。当牛腿的宽度过小或支承垫板尺寸较小时,在竖向力作用下,可能发生局部受压破坏,如图 3.47(d)所示。

为避免牛腿发生各种可能的破坏,除要求牛腿具有足够的截面尺寸外,还必须配置足够数量的各种钢筋。

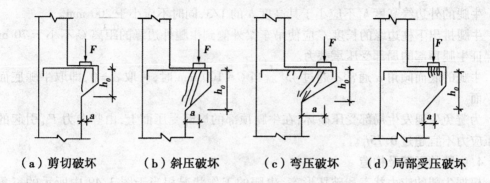

图 3.47 牛腿的破坏形态

3. 牛腿的截面尺寸

牛腿的截面尺寸如图 3.48 所示。

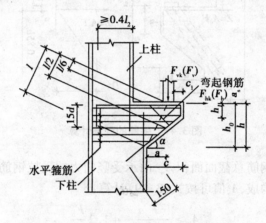

图 3.48 牛腿的截面尺寸和钢筋配置

根据裂缝控制要求,牛腿的截面尺寸应符合式(3.18)要求:

$$F_{vk} \leq \beta \left(1 - 0.5 \frac{F_{hk}}{F_{vk}}\right) \frac{f_{tk} b h_0}{0.5 + \dfrac{a}{h_0}} \tag{3.18}$$

式中 F_{vk}——作用于牛腿顶部按荷载效应标准组合计算的竖向力值;

β——裂缝控制系数,对支承吊车梁的牛腿,取 0.65;对其他牛腿,取 0.8;

F_{hk}——作用于牛腿顶部按荷载效应标准组合计算的水平拉力值;

f_{tk}——混凝土抗拉强度标准值;

b——牛腿的宽度,一般取与柱宽相同;

h_0——牛腿与下柱交接处的垂直截面有效高度,$h_0 = h_0 - a_s + C \times \tan \alpha$,当 $\alpha > 45°$ 时,取 $\alpha = 45°$;

a——竖向力的作用点到下柱边缘的水平距离,应考虑安装偏差增大 20 mm;当考虑 20 mm 的安装偏差后,竖向力的作用点仍位于下柱截面以内时,取 $a = 0$。

牛腿的外边缘高度 h_1 不应小于其高度 h 的 1/3,同时不应小于 200 mm。

牛腿挑出下柱边缘的长度 C 应使吊车梁外侧到牛腿外边缘的距离 C_1 不小于 70 mm,以保证牛腿顶部的局部受压承载力。

牛腿的底面倾角 α 通常不超过 45°。当 $C \leqslant 100$ mm 时,可取 $\alpha = 0$,即取牛腿底面为水平面。

为避免牛腿发生局部受压破坏,在牛腿顶部的局部受压面上,由竖向力 F_{vk} 引起的局部压应力不宜超过 $0.75f_c$。

4. 牛腿的配筋及构造

根据牛腿的应力状态和破坏形态,牛腿的工作状况相当于图 3.49 中所示的三角形桁架,顶部纵向受力钢筋是它的水平拉杆,竖向力作用点与牛腿根部之间的受压混凝土是它的斜向压杆。

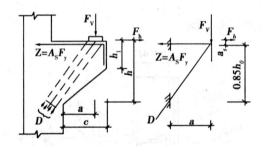

图 3.49 牛腿的配筋计算

牛腿的纵向受力钢筋总截面面积 A_s,由承受竖向力的受拉钢筋截面面积和承受水平拉力的锚筋截面面积构成,A_s 值可按式(3.19)计算:

$$A_s \geqslant \frac{F_v a}{0.85 f_y h_0} + 1.2 \frac{F_h}{f_y} \tag{3.19}$$

式中　F_v——作用于牛腿顶部的竖向力设计值。

F_h——作用于牛腿顶部的水平拉力设计值。

在式(3.19)中,当 $a < 0.3h_0$ 时,取 $a = 0.3h_0$。

牛腿顶部的纵向受力钢筋应采用 HRB335 级或 HRB400 级的钢筋。承受竖向力 F_v 的受拉钢筋配筋率,按牛腿的有效截面计算不应小于 0.2% 及 $0.45f_t/f_y$,也不应大于 0.6%;钢筋的数量不应少于 4 根,直径不应小于 12 mm。

全部纵向受力钢筋应沿牛腿外边缘向下伸入下柱内 150 mm 后截断。伸入上柱的锚固长度,当采用直线锚固时,不应小于受拉钢筋的锚固长度 l_a;当上柱尺寸满足直线锚固要求时,可将钢筋向下弯折,从上柱内边算起的水平段长度,不应小于 $0.45l_a$,向下弯折的竖直段应取 15 d。

当牛腿位于上柱柱顶时,应将牛腿对边的柱外侧纵向受力钢筋,沿柱顶水平弯入牛腿顶部,作为牛腿纵向受拉钢筋使用;当牛腿顶部的纵向受拉钢筋和牛腿对边的柱外侧纵向受力钢筋分别配置时,牛腿顶部的纵向受拉钢筋应向下弯入柱外侧,并保证符合框架顶层端节点处梁上部钢筋与柱外侧钢筋的有关搭接规定。

牛腿应设置水平箍筋。水平箍筋应采用 HPB235 级钢筋,直径应为 6~12 mm,间距应为 100~150 mm,且在牛腿上部 $2h_0/3$ 范围内的水平箍筋总截面面积不应小于承受竖向力的受拉钢筋截面面积的 1/2。

当牛腿的 $a/h_0 \geqslant 0.3$ 时,应增设弯起钢筋。弯起钢筋的种类通常与纵向受力钢筋相同,并应使其与竖向力作用点到牛腿斜边下端点连线的交点位于牛腿上部 1/6~1/2 的范围内,其中,l 为该连线的长度,如图 3.48 所示。弯起钢筋的截面积不宜小于承受竖向力的受拉钢筋截面面积的 1/2,根数不应少于两根,直径不应小于 12 mm。

弯起钢筋沿牛腿外边缘向下伸入下柱内的长度及伸入上柱的锚固长度要求与牛腿的纵向受力钢筋相同。

3.6 钢筋混凝土柱下独立基础设计

【基 础】

◆**柱下独立基础的形式**

单层厂房柱下基础通常采用钢筋混凝土杯形独立基础。施工时将预制钢筋混凝土柱插入基础杯口,并采用高强度细石混凝土在它的四周灌实后,形成整体连接。杯形基础按其外形可分为锥形基础和阶梯形基础两种,如图 3.50(b)、(c)所示。按其受力情况可分为刚性基础和柔性基础两种,如图 3.50(a)、(b)所示。按其埋置深度可分为低杯口基础和高杯口基础两种,如图 3.50(b)、(d)所示。

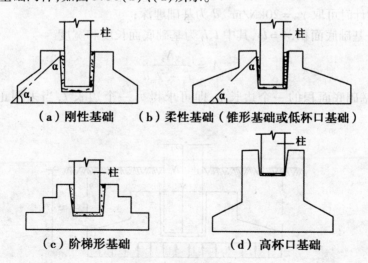

(a)刚性基础　　(b)柔性基础(锥形基础或低杯口基础)

(c)阶梯形基础　　(d)高杯口基础

图 3.50　基础形式

◆ 柱下独立基础设计的内容

为防止基础及其下地基发生破坏或过大的变形,确保上部结构承受的荷载能安全可靠地传给地基,柱下独立基础设计应包括下面几项内容。

(1)按地基承载力确定基础底面尺寸。
(2)按冲切承载力确定基础高度和变阶处的高度。
(3)按基础受弯承载力计算底板钢筋。

【实 务】

◆ 柱下独立基础底面积的确定

基础底面积是根据地基承载力和上部荷载确定的。

1. 轴心受压基础

在上部结构传至基础顶面的轴心力 F_k、基础自重以及基础上部的土重 G_k 的共同作用下,基础底面的压应力呈均匀分布,如图3.51所示。设计时要求基础底面压应力不大于地基承载力特征值 f_a,即

$$P_k = \frac{F_k + G_k}{A} \leqslant f_a \tag{3.20}$$

式中 P_k——相应于荷载效应标准组合时,基础底面处的平均压力值;

f_a——修正后的地基承载力特征值;

F_k——相应于荷载效应标准组合时,上部结构传至基础顶面的竖向力值;

G_k——基础自重和基础上的土重,$G_k = \gamma_m d A$,其中 γ_m 为基础与其上的土的加权平均重度,在设计时可取 $\gamma_m = 20 \text{kN/m}^3$,$d$ 为基础埋深;

A——基础底面积,$A = lb$,其中 l、b 为基础底面长度和宽度。

$$A = \frac{N_k}{f_a - \gamma_m d} \tag{3.21}$$

先选定基础底面积的一个边长 b,即可求得另一个边长 l,当采用正方形时,$l = b = \sqrt{A}$。

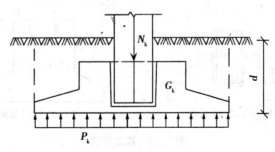

图3.51 基底压力分布图

2. 偏心受压基础

偏心受压基础在轴心力 $F_k + G_k$ 和弯矩 M_k（包括基础顶面剪力对基底所产生的弯矩）共同作用下，假定基础底面压应力按照线性非均匀分布，如图 3.52 所示，则基底边缘处的最大压应力和最小压应力，可按式(3.22)计算：

$$P_{k,\max \atop k,\min} = \frac{F_k + G_k}{A} \pm \frac{M_k}{W} \tag{3.22}$$

式中 M_k——相应于荷载效应标准组合时，作用于基础底面力矩值；

W——基础底面的抵抗矩，$W = bl^2/6$。

令 $e = \dfrac{M_k}{G_k + F_k}$，将 $W = \dfrac{1}{6}l^2 b$ 代入式(3.22)可得：

$$P_{k,\max \atop k,\min} = \frac{F_k + G_k}{lb} \pm \left(1 + \frac{6e}{b}\right) \tag{3.23}$$

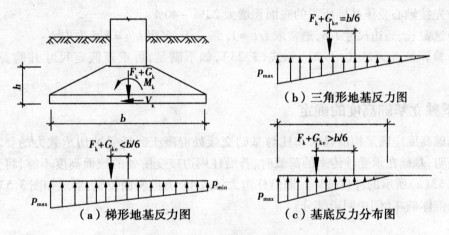

图 3.54 偏心基础计算简图

从式(3.23)可得出：

(1) 当 $1 - \dfrac{6e}{l} > 0$ 时，即 $e < \dfrac{l}{6}$，则 $P_{k,\min} > 0$，这时在基础全部底面积上都作用着向上的地基反力，其图形呈梯形如图 3.52(a)所示。

(2) 当 $e = \dfrac{l}{6}$ 时，$P_{k,\min} = 0$，地基反力图呈三角形，如图 3.52(b)所示。

(3) 当 $e > \dfrac{l}{6}$ 时，$P_{k,\min} < 0$，表明基础底面积的一部分将产生拉力。

实际上，基础与土壤的接触面是不可能受拉的，这个时候基底与地基将脱开，所以应按图 3.52(c)所示基底反力分布图重新计算最大压应力 $P_{k,\max}$ 值。按照平衡条件，地基反力总和应与偏心荷载($F_k + G_k$)大小相等，而地基反力三角形的重心必须与荷载($F_k + G_k$)的作用线重合，因此应力图的三角形底边长应为 $3a$，a 为偏心荷载作用点到基础底面最大压应力边缘的距离。由平衡条件得：

$$F_k + G_k = \frac{1}{2}p_{k,\max} \times 6 \times 3a$$

$$p_{k,\max} = \frac{2(F_k + G_k)}{3la} \tag{3.24}$$

$$a = \frac{l}{2} - e \tag{3.25}$$

在确定偏心受压柱下基础底面尺寸时,应符合下列要求:

$$P_k = \frac{P_{k,\max} + P_{k,\min}}{2} \leqslant f_a \tag{3.26}$$

$$P_{k,\max} \leqslant 1.2f_a \tag{3.27}$$

式(3.27)中将地基承载力特征值提高20%,是由于 $P_{k,\max}$ 只在基础边缘的局部范围内出现,而且 $P_{k,\max}$ 中的大部分是由活荷载而不是恒荷载产生的。

通常采用试算法确定偏心受压基础底面尺寸:
1) 先按轴心受压基础所需的底面积增大20%~40%。
2) 选定长、短边尺寸 l、b,通常取 $l/b = 1.5 \sim 2.0$,多用 $l/b = 1.5$ 左右。
3) 验算是否满足式(3.22)和式(3.23),如不满足,可重新假定尺寸并验算,直到满足。

◆柱下独立基础高度的确定

基础高度应满足构造要求和柱与基础交接处混凝土底板受冲切承载力的要求。经试验表明,基础在承受柱传来的荷载时,若沿柱周边或变阶处的截面高度不够,将会发生如图3.53(a)所示的冲切破坏。即沿柱边大致成45°方向斜面拉裂,形成如图3.53(b)所示截头锥体破坏(图中阴影部分)。

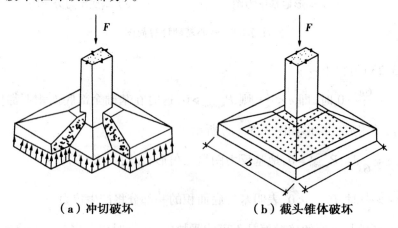

(a) 冲切破坏　　　　　　(b) 截头锥体破坏

图3.53 基础冲切破坏简图

为了保证基础不发生冲切破坏,一定要使冲切面外由地基反力产生的冲切力小于或等于冲切面处混凝土的受冲切承载力。

对矩形截面的矩形基础,在柱和基础交接处和基础变阶处的受冲切承载力可按下列公式计算：

$$F_l \leq 0.7\beta_{hp}f_t a_m h_0 \quad (3.28)$$

$$a_m = \frac{a_t + a_b}{2} \quad (3.29)$$

$$F_l = P_n A_l \quad (3.30)$$

式中　β_{hp}——受冲切承载力截面高度影响系数，当 $h \leq 800$ mm 时，β_{hp} 取 1.0；当 $h \geq 2\,000$ mm 时，β_{hp} 取 0.9，其间按线性内插法取用；

　　　f_t——混凝土轴心抗拉强度设计值；

　　　h_0——基础冲切破坏锥体的有效高度；

　　　a_m——冲切破坏锥体最不利一侧计算长度；

　　　a_t——冲切破坏锥体最不利一侧斜截面上的边长，当计算柱和基础交接处的受冲切承载力时，取柱宽；当计算基础变阶处的受冲切承载力时，取上阶宽；

　　　a_b——冲切破坏锥体最不利一侧斜截面在基础底面积范围内的下边长，当冲切破坏锥体的底面落在基础底面以内，如图 3.54(a)、(b)所示，计算柱和基础交接处的受冲切承载力时，取柱宽加两倍基础有效高度；当计算基础变阶处的受冲切承载力时，取上阶宽加两倍该处的基础有效高度。当冲切破坏锥的底面在 l 方向落在基础底面以外，即 $a+2h_0>l$ 时，如图 3.55 所示，取 $a_b=l$；

　　　P_n——扣除基础自重及其上土重后相应于荷载效应基本组合时的地基土单位面积净反力，对偏心受压基础可取基础边缘处最大地基土单位面积净反力；

　　　A_l——冲切验算时取用的部分基底面积，如图 3.54 中的阴影面积 $ABCDEF$，或图 3.55 中的阴影面积 $ABCD$；

　　　F_l——相应于荷载效应基本组合时作用在 A_l 上的地基土净反力设计值。

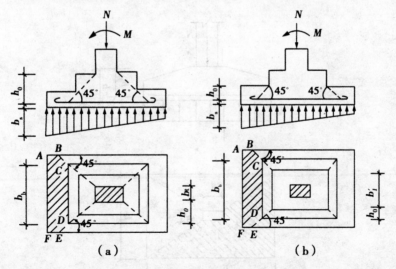

图 3.54　计算阶形基础冲切承载力截面位置

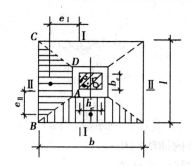

图 3.55　计算阶形基础冲切承载力截面位置

◆柱下独立基础配筋计算

柱下单独基础在上部结构传来的力与地基净反力作用下,将在两个方向发生弯曲变形,可根据固结于柱底的悬臂板进行受弯承载力计算。计算截面通常取柱与基础交接处和基础变阶处的截面,如图 3.56 所示为柱与基础交接处的 I－I 和 II－II 截面。为了使计算简便,可将矩形基础底面沿图 3.56 所示的虚线划分成四个梯形受荷面积,分别计算每个面积的地基净反力对计算截面的弯矩,并取每一方向的弯矩较大值,计算此方向的板底钢筋用量。对图 3.56 所示的 I－I 和 II－II 截面,它们的弯矩 M_I 和 M_{II} 可分别按下列公式计算:

$$M_I = \frac{P_n}{24}(a-a_c)^2(2b+b_c) \tag{3.31}$$

$$M_{II} = \frac{P_n}{24}(b-b_c)^2(2a+a_c) \tag{3.32}$$

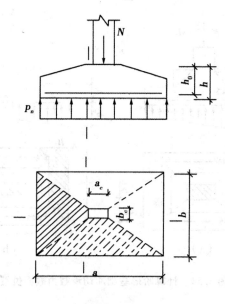

图 3.56　轴心受压基础配筋计算

I–I 和 II–II 截面所需钢筋用量 A_{sI} 和 A_{sII},可分别按下列公式计算:

$$A_{sI} = \frac{M_I}{0.9h_0 f_y} \tag{3.33}$$

$$A_{sII} = \frac{M_{II}}{0.9(h_0-d)f_y} \tag{3.34}$$

基础短边方向的弯矩 M_{II} 较小,其受力钢筋 A_{sII} 置于 A_{sI} 上面,所以式(3.34)中用 h_0 减去钢筋 A_{sI} 直径 d。

对于基础变阶处的计算截面,可用与上面同样方法求得其弯矩及相应的钢筋用量,但此时需将基础的上阶看作为柱,且基础的配筋要按同方向柱与基础的交接处和基础变阶处的较大值进行配置。

◆柱下独立基础构造要求

柱下独立基础外形尺寸和配筋构造如图3.57所示。

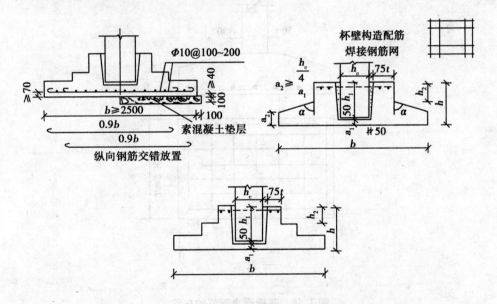

图3.57 独立基础外形尺寸和配筋构造

1. 基础形状

独立基础的底面一般为矩形,长宽比应小于2,基础的截面形状通常可采用对称的阶梯或锥形。

2. 底板配筋

基础底板受力钢筋的最小直径不应小于10 mm,间距不应大于200 mm,也不应小于100 mm。当基础底面边长大于或等于2.5 m时,如图3.58所示,底板受力钢筋的长度可取边长的0.9倍,并应交错布置。

3. 混凝土强度等级

基础的混凝土强度等级不应低于C20;垫层的混凝土强度等级应为C10。

4. 杯口深度

杯口的深度等于柱的插入深度 h_1+50 mm。为了保证预制柱能嵌固在基础中,柱伸入杯口应有足够的深度 h_1;h_1 还应满足柱内受力钢筋锚固长度的要求,并应考虑吊装安装时柱的稳定性。

5. 杯口尺寸 a_1

杯口应大于柱截面边长,它的顶部每边留出 75 mm,底部每边留出 50 mm,以便预制柱安装时进行就位、校正,并二次浇筑细石混凝土。

6. 杯口厚度 a_2

杯底应具有足够的厚度 a_1,以防预制柱在安装时发生杯底冲切破坏。

7. 锥形基础的边缘厚度

通常取 $a_2 \geq 200$ mm,且 $a_2 \geq a_1$ 和 $a_2 \geq h_c/4$(h_c 为预制柱的截面高度);当锥形基础的斜坡处为非支模制作时,坡度角不宜大于 25°,最大不应大于 35°。

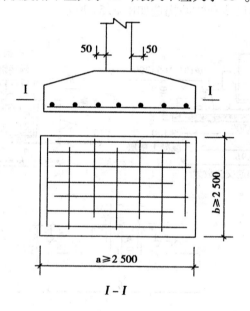

图 3.58 基础受力钢筋的布置

第4章 混凝土框架结构设计

4.1 概 述

【基 础】

◆框架结构的组成

框架结构是由各层横向和纵向梁与柱连接而组成,如图4.1所示。各片框架之间通过楼板相连,使整个结构形成一个空间整体。

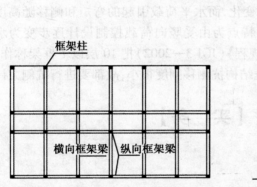

图4.1 框架结构图

框架可以是等跨的或不等跨的、层高相等的或不完全相等的,也可由于某种使用要求而在某层缺柱或某跨缺梁而形成复式框架,如图4.2所示。

框架结构按施工方法不同可分现浇式、装配式和装配整体式三种。

(1)现浇式框架即梁、柱都为现浇钢筋混凝土结构,它完全在现场浇筑而成。因此,现浇式框架的整体性好,抗震性强。因近年来发展泵送混凝土、组合式钢模等新型施工工艺,大大地改善了原来现浇结构费模板、劳动强度大的缺点,所以越来越被广泛采用。

(2)装配式框架的全部构件都为预制,在现场进行构件吊装和节点连接形成整体框架结构。这种框架具有构件定型、省模板、施工机械化程度高的优点,但是其整体性差,节点连接费工、费钢,造价高,不适宜在地震区应用。

(3)装配整体式框架是把预制构件在现场吊装就位后,焊接或绑扎节点区钢筋,浇筑节点混凝土,从而将梁柱楼板连成整体框架结构。装配整体式框架同时具有现浇式框架和装配式框架的优点。但是节点区现场浇筑混凝土施工复杂。

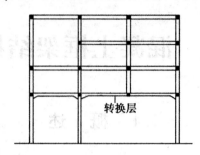

图 4.2 复式框架

◆框架结构的变形特点

框架结构是高次超静定结构,杆件的变形以弯曲为主,梁和柱的弯曲变形使框架结构产生侧移。通常情况下,在水平荷载作用下,梁、柱都有反弯点,侧移曲线表现为剪切型,即下部各层层间变形大,越到上引起的框架层间变形越小。随着房屋高度增大,竖向荷载(主要是自重与使用荷载)与水平荷载(主要是风载与地震作用)也增加;因为竖向荷载引起的内力与变形随高度线性变化,而水平荷载引起的弯矩和侧移随高度随指数变化,所以随着高度的增加,它的受力特点为由受竖向荷载控制设计逐步变为水平荷载控制计。《高层建筑混凝土结构技术规程》(JGJ 3—2002)把 10 层以下框架称作多层框架,10 层及其以上称作高层框架。因框结构抗侧移刚度很小,故都要进行抗侧力计算。

【实　务】

◆框架承重布置方案

柱网及层高尺寸决定了框架梁的跨度和柱的高度。框架体系是由若干平面框架通过连系梁连接而成的空间结构体系。在此体系中,平面框架是基本的承重结构,它可以沿房屋的横向布置,也可以沿房屋的纵向布置,有时甚至可以沿房屋的纵横向混合布置。这三种不同布置方案如下所述:

1. 横向框架承重

在这种布置方案中,主梁沿房屋横向布置,而板和连系梁沿纵向布置,如图4.3所示。通常房屋长向柱列的柱数较多,无论是强度还是刚度都比宽度方向强一些,而房屋的横向(宽度方向)相对比较弱,因此一般多把主要承重框架沿房屋的横向布置,以利于增加房屋的横向刚度。

2. 纵向框架承重

在这种布置方案中,主梁沿房屋纵向布置,板和连系梁沿横向布置,如图4.4所示。因横向连系梁截面高度较小,所以有利于楼层净高的有效利用,设置架空管道方案,开间布置灵活。但由于房屋横向刚度较差,所以只适用于层数不多的房屋,一般民用建筑很少采用这种结构方案。

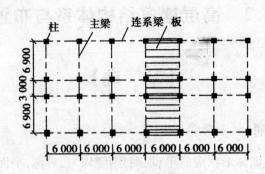

图 4.3 横向框架承重

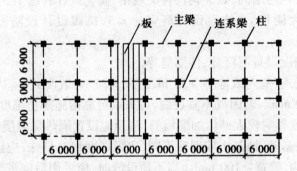

图 4.4 纵向框架承重

3. 纵、横向框架混合承重

在这种布置方案中,主梁沿房屋的横向和纵向布置,如图 4.5 所示。一些厂房因生产设备布置需要,设计双向框架承重。另外,在地震区的多层框架结构,应考虑地震力的作用,设计成双向框架能使房屋在两个方向都具有较大的抗水平力的能力,这种方案一般采用现浇整体式框架。

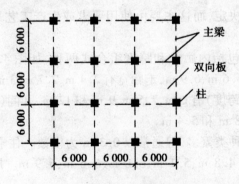

图 4.5 纵、横向框架混合承重

4.2 高层建筑结构体系与布置

【基 础】

◆框架结构布置原则

(1)平面形状和立面体形状应简单、规则,刚度均匀、对称,平面形心尽可能与刚度中心重合。

(2)尽量统一柱网与层高,减少构件种类规格,简化设计和施工。

(3)为避免过大侧移,非抗震设计高宽比≤5,抗震设计设防烈度6度、7度≤4,8度≤3,9度≤2。

(4)根据下列情况设置沉降缝、伸缩缝等。

1)伸缩缝:现浇式,室内或地下>55 m,露天>35 m;装配式,室内或地下>75 m,露天>50 m;缝宽≥50 mm。若因故不宜设缝,可采取可靠措施防止温度变化引起的结构裂缝或破坏。若在温度影响较大部位加配钢筋,屋顶应设置隔热保温层等。

2)沉降缝:如果基础、地基土或埋深不同,房屋高度相差悬殊,应设沉降缝;沉降缝要从基础贯通上部结构,缝宽≥100 mm。当不便设缝时,应采用后浇带等措施,待不均匀沉降完成后,再浇筑混凝土。

【实 务】

◆框架结构布置

1.柱网与层高布置

柱网由开间与进深决定,而这主要由使用要求或生产工艺来决定,并要求符合一定的建筑模数。

工厂车间柱网布置包括内廊式和跨度组合式两种,如图4.6所示。内廊式常用尺寸:进深(跨度)有6 m、6.6 m、6.9 m,走廊宽有2.4 m、2.7 m、3 m,开间(柱距)6 m。跨度组合式柱网尺寸:进深(跨度)有6 m、7.5 m、9 m和12 m,开间(柱距)6 m。层高一般为3.6 m、3.9 m、4.5 m、4.8 m和5.4 m。

民用框架结构柱网种类繁多,但通常以0.3 m为模数。住宅、宾馆进深可用6.3 m、6.6 m、6.9 m,开间可用4.8 m、5.1 m、6.0 m、6.6 m、6.9 m。层高可用3.0 m、3.3 m、3.6 m、3.9 m和4.2 m。

2.承重框架布置

柱网布置之后,用梁分别把柱连接起来,构成一个空间框架。对于平面为矩形的框架结构,把长向称为纵向;把短向称为横向。

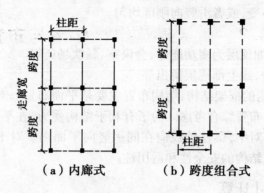

图4.6 柱网布置

(1)横向框架承重方案。在横向布置框架主梁,在纵向布置次梁或连系梁,如图4.7(a)所示。这种方案特点是横向框架往往跨数少,主梁沿横向布置有利于提高结构的横向抗侧刚度。而纵向框架往往跨数多,即便布置次梁或连系梁,其纵向抗侧刚度通常也是足够的。且主梁沿横向布置还有利于室内的采光与通风。

(2)纵向框架承重方案。在纵向布置主梁,在横向布置次梁或连系梁,如图4.7(b)所示。由于楼面荷载由纵向梁传至柱子,所以横向梁的高度较小,有利于设备管线的穿行。当在房屋纵向需要较大空间时,这种方案可获有较高的室内净高,利用纵向框架的刚度还可调整此方向不均匀沉降。

(3)纵、横向框架承重方案。在纵、横两个方向上都布置主梁来承受楼面荷载,如图4.7(c)、(d)所示。当楼面上作用较大荷载,或楼面上开有较大洞口,或当柱网布置为正方形或接近正方形时,一般采用这种承重方案。

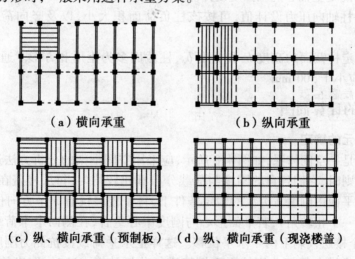

图4.7 承重框架的布置方案

3. 竖向布置

框架结构竖向布置是指确定结构沿竖向的变化情况。框架结构中常见的结构沿竖向布置有几下几种。

(1)沿竖向基本不变,或者沿竖向刚度均匀。
(2)底层大空间。
(3)顶层大空间,如顶层为多功能厅、会议室、餐饮场所等。
(4)上部逐层收进,或上部逐层挑出等。

对竖向布置较规则的框架结构,结构布置主要是平面布置。对结构在竖向不规则的框架,要将平面和竖向布置综合考虑。为了有利于结构受力,在平面上,框架梁应对正接通;竖向框架柱应上下对中,梁柱轴线应在同一竖向平面内。对于缺梁、抽柱的情况,要采取有效的措施,保证结构的安全性和适用性。

◆框架梁柱截面尺寸计算

1. 梁截面尺寸

(1)梁截面高度 h_b
1)现浇式:$h_b = (1/10 \sim 1/12)l$。(l 为梁的跨度)
2)装配式:$h_b = (1/8 \sim 1/10)l$。(l 为梁的跨度)
(2)梁截面宽度 b_b
$b_b = (1/2 \sim 1/3)h_b$,且宜 ≥ 200 mm。

2. 柱截面尺寸

柱截面尺寸的确定方法,一般是根据柱的轴向压力设计估算,建议:

$$\frac{N}{Af_c} \leq (0.9 \sim 0.95) \tag{4.1}$$

式中　A——柱截面面积;
　　　f_c——混凝土轴心抗压强度设计值;
　　　N——柱轴向压力设计值,可按该柱负荷面积大小,以及竖向荷载的经验数据估算。

由 A 可确定柱截面的高度 h_c 和宽度 b_c,柱截面多为矩形和方形。通常 h_c 不应小于 400 mm,b_c 不应小于 300 mm。

◆框架结构的计算简图

1. 计算单元的确定

框架结构是一空间体系,如图 4.8 所示,应采用空间框架的分析方法进行结构计算。当框架比较规则时,它们各自的刚度与荷载分布都比较均匀,每层楼盖在其平面内刚度很大。在楼盖平面内刚度无穷大的假定条件下,每个楼层仅有 3 个方向位移(两个方向的水平位移和一个扭转角);若平面形心与刚度中心重合,在侧向水平荷载作用下,不会产生扭转,每个楼层仅剩下两个水平位移。这样把水平荷载按抗侧力刚度分配后,拿出一片纵向框架或横向框架分别按平面框架进行分析计算。这时,取出的计算单元如图4.8(c)、(d)所示。取出来的平面框架承受图 4.8(b)阴影范围内的竖向荷载和水平荷载。平面框架的竖向荷载则需根据楼盖结构的布置方案来确定。

2. 跨度与层高的确定

在确定框架的计算简图时,梁的跨度取柱轴线之间的距离;而每层柱的高度则取层高。底层的层高是从基础顶面算起到二层楼板顶面的距离,当基础标高没有确定时,可近似取首层层高加1.0 m;其余各层的层高可取相邻两层楼盖板顶面间的距离。

对于倾斜或折线形横梁,当其坡度≤1/8时,可简化为水平直杆。对于不等跨框架,如果各跨相差≤10%,可简化为等跨框架,简化后的跨度取其平均值。

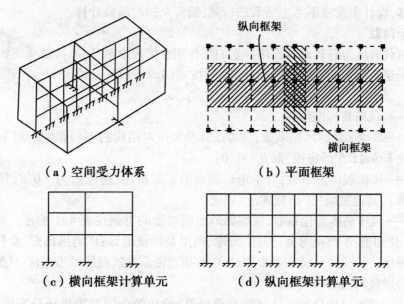

(a) 空间受力体系　　　　(b) 平面框架

(c) 横向框架计算单元　　(d) 纵向框架计算单元

图4.8　框架计算单元的选取

3. 构件截面抗弯刚度的计算

在计算框架梁截面惯性矩时,应考虑楼板的影响。梁端部分因受负弯矩作用,楼板受拉,所以其影响较小;在梁的跨中因受正弯矩作用,楼板受压,所以其影响较大。在设计计算中,通常假定梁的惯性矩沿梁长不变。对现浇楼盖的梁,中框架梁取 $I = 2I_0$,边框架梁取 $I = 1.5I_0$;对装配整体式楼盖的梁,中框架梁取 $I = 1.5I_0$ 边框架梁取 $I = 1.2I_0$;对装配式楼盖的梁,则取 $I = I_0$。这里 I_0 为框架梁截面矩形部分的惯性矩。

4.3 混凝土框架结构的荷载与内力计算

【基　础】

◆ **框架结构的荷载**

多层多跨框架的荷载有竖向荷载与水平荷载。

1. 竖向荷载

竖向荷载分为恒载和活载,其标准值及其组合、折减应符合《建筑结构荷载规范》(以下简称《荷载规范》)的规定。根据设计经验,民用建筑多层框架结构的竖向荷载标准值

(恒+活)平均为 14 kN/m² 左右。对于住宅(轻质墙体)通常为 14~15 kN/m²,墙体较少的其他民用建筑通常为 13~14 kN/m²。这些经验数据,可作为在初步设计阶段估算墙、柱及基础荷载,初定截面尺寸的依据。

一般民用建筑(如住宅楼、办公楼等),其楼面活载只占总竖向荷载的 10%~15%。为简化计算,设计中常常不考虑活载的折减,偏安全的取满载计算。

2. 水平荷载

水平荷载有风荷载和地震作用。它们都作用在梁板水平处,风荷载介绍如下。

垂直于建筑物表面的风荷载标准值 ω_k,按式(4.2)计算

$$\omega_k = \beta_z \mu_s \mu_z \omega_0 \tag{4.2}$$

式中 ω_k——风荷载标准值;

β_z——高度 z 处的风振系数;是考虑脉动风压对结构的不利影响。对于低于 30 m 的或高宽比 $h/b \le 1.5$ 的房屋,取 $\beta_z = 1.0$;

μ_s——风荷载体形系数;对于矩形截面的多层房屋,迎风面为 +0.8(压),背风面为 -0.5(吸),其他截面见《荷载规范》规定;

μ_z——风压高度变化系数,应根据地面粗糙度的类别按表 4.1 确定。地面粗糙度分 A、B、C、D 四类:A 类指海面、海岛、海岸、湖岸及沙漠地区;B 类指田野、乡村、丛林、丘陵以及房屋比较稀疏的乡镇和城市郊区;C 类指有密集建筑群的城市市区;D 类指有密集建筑群且房屋较高的城市市区;

ω_0——基本风压(kN/m²);按《荷载规范》给出的全国基本风压分布图采用,但不得小于 0.30 kN/m²;山区及海岛等特殊地形地区,应乘以相应的调整系数。

表 4.1 风压高度变化系数

离地面或海平面高度/m	地面粗糙类别			
	A	B	C	D
5	1.17	1.00	0.74	0.62
10	1.38	1.00	0.74	0.62
15	1.52	1.14	0.74	0.62
20	1.63	1.25	0.84	0.62
30	1.80	1.42	1.00	0.62

注:超过 30 m 时,详见《荷载规范》。

【实 务】

◆竖向荷载作用下框架结构内力的近似计算

1. 分层法

(1)计算假定。竖向荷载作用下框架结构的受力特点及内力计算假定如下:

1)不考虑框架结构的侧移对其内力的影响。

2)每层梁上的荷载只对本层梁及其上、下柱的内力产生影响,对其他各层梁、柱内力的影响可忽略不计。

应当指出,以上假定中所指的内力不包括柱轴力,是因为某层梁上的荷载对下部各层柱的轴力都有较大影响,不能忽略。

(2)内力计算。根据以上两个假定,计算时就可将各层横梁及其上、下柱所组成的开口框架作为一个独立的计算单元来分层计算。分层计算所得的横梁弯矩便为该层横梁最终的弯矩;而每层柱子分属于上、下两层所共有,因此每一个柱端的弯矩由上、下相邻两层计算所得的弯矩值叠加后取得。

在分层计算时,假定上、下柱的远端是固定的,但实际上该处为弹性支撑,截面会有转角发生,这会使上、下柱远端的实际弯矩值比计算得出的要小。为减小这个误差,可将除底层柱处的其他各层柱的线刚度乘以折减系数0.9,并取它的传递系数为1/3(底层柱不折减,传递系数仍为1/2)。

因分层法计算的近似性,框架节点处的最终弯矩可能不平衡,但一般相差不会很大,如需进一步修正,可对节点的不平衡力矩再进行一次分配。

2. 弯矩二次分配法

弯矩二次分配法的具体计算步骤如下:

(1)按照各杆件的线刚度计算各节点的杆端弯矩分配系数,并计算竖向荷载作用下各跨梁的固端弯矩。

(2)计算框架各节点的不平衡弯矩,并对所有节点的不平衡弯矩同时进行第一次分配(其间不进行弯矩传递)。

(3)将所有杆端的分配弯矩同时向其远端传递(对于刚接框架,传递系数都取1/2)。

(4)将各节点由于传递弯矩而产生的新的不平衡弯矩进行第二次分配,使各节点处于平衡状态。这样,整个弯矩分配和传递过程即宣告结束。

(5)将各杆端的固端弯矩、分配弯矩和传递弯矩叠加,即得各杆端弯矩。

◆水平荷载作用下框架结构内力的近似计算

1. 反弯点法

为简化计算,通常将作用在框架上的水平风荷载化为节点水平集中力,其弯矩如图4.9所示。显然,如果能确定各柱反弯点的位置及其剪力,则框架内力很容易求得。所以,多层框架在水平荷载作用下内力分析的主要任务是:

(1)确定各柱中反弯点的位置。

(2)确定各柱中反弯点处的剪力。

为此,作以下假定:

1)将水平荷载化为节点水平集中荷载。

2)框架底层各柱的反弯点在距柱底的2/3高度处,上层各柱的反弯点位置在层高的中点。

3)不考虑框架横梁的轴向变形,不考虑节点的转角。认为梁、柱线刚度比i_b/i_c很大。根据第3)假定得:同层各柱顶的侧移均相等,各柱剪力与柱的抗侧移刚度D_{ij}成正比。

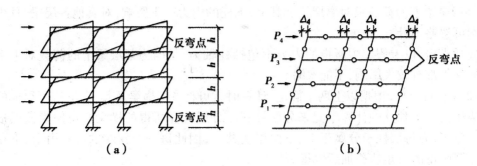

图4.9 多层框架反弯点法计算示意图

抗侧移刚度 D_{ij} 表示当柱顶产生单位水平侧移时($\Delta = 1$),在顶部所需施加的水平集中力,如图 4.10 所示,由结构力学知

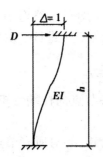

图4.10 抗侧移刚度

$$D_{ij} = 12i_{ij}/h^2 \tag{4.3}$$

式中　D_{ij}——第 i 层第 j 根柱的抗侧移刚度;

　　　i_{ij}——第 i 层第 j 根柱的线刚度。

则各柱所分配的剪力为:

$$V_{ij} = \frac{D_{ij}}{\sum_{j=1}^{m} } V_i \tag{4.4}$$

$$V_i = \sum_{k=1}^{n} F_i \tag{4.5}$$

式中　F_i——作用第 i 层顶节点的水平集中荷载;

　　　V_i——第 i 层楼层剪力。

反弯点法计算步骤如下:

①求各柱剪力 V_{ij}。

$$V_{ij} = \frac{D_{ij}}{\sum_{j=1}^{m} } V_i \tag{4.6}$$

a. 当同一层内各柱高度 $h_{ij} = h_i$(等高)时:

$$V_{ij} = \frac{i_{ij}}{\sum_{j=1}^{m} i_{ij}} V_i \qquad (4.7)$$

b. 当同一层内各柱高度、截面都相同(i_{ij}相同)时：

$$V_{ij} = \frac{1}{m} V_i \qquad (4.8)$$

②求柱端弯矩。

a. 底层，柱上端：

$$M = V_{ij} \times \frac{1}{3} h_{ij} \qquad (4.9)$$

b. 柱下端：

$$M = V_{ij} \times \frac{2}{3} h_{ij} \qquad (4.10)$$

c. 其他楼层，柱上、下端均为：

$$M = V_{ij} \times \frac{1}{2} h_{ij} \qquad (4.11)$$

③求梁端弯矩。

a. 边节点如图 4.11(a)所示。

$$M = M_上 + M_下 \qquad (4.12)$$

b. 中间节点如图 4.11(b)所示。

$$\left. \begin{array}{l} M_左 = (M_上 + M_下) \dfrac{i_左}{i_左 + i_右} \\ M_右 = (M_上 + M_下) \dfrac{i_右}{i_左 + i_右} \end{array} \right\} \qquad (4.13)$$

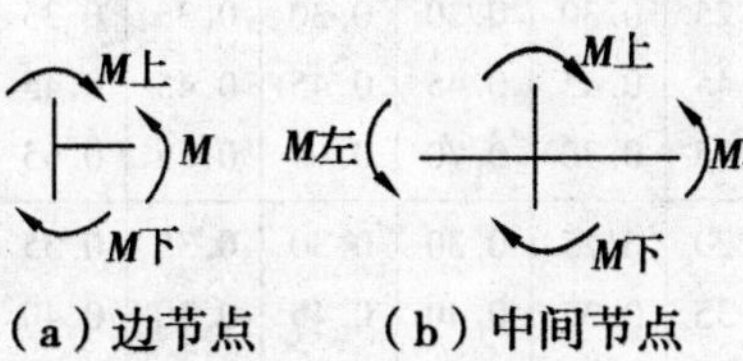

(a) 边节点　　(b) 中间节点

图 4.11　节点弯矩

反弯点法适用于梁、柱线刚度比较大($i_b/i_c \geqslant 3$)的规则框架。

2. D 值法

D 值法又称改进反弯点法。这种方法是在反弯点法的基础上，近似地考虑了框架节点转动对柱的抗侧移刚度与反弯点高度位置的影响。精度高于反弯点法，适用于风荷载和水平地震作用下的多、高层框架内力的简化计算。

(1)柱抗侧移刚度 D 值的修正。柱的侧移刚度不只受柱本身的线刚度影响，还与上、下梁的线刚度和上下层柱的高度有关，计算时将柱的侧移刚度乘以修正系数 a_c，即

$$D_{ij} = a_c 12 i_{ij}/h^2 \qquad (4.14)$$

式中　a_c——考虑节点转动对柱抗侧移刚度的影响系数。根据柱所在位置、支撑条件和

上下层梁的线刚度,查表4.3计算得到。

由表4.3求出 a_c 后,代入式(4.14)中,就可求得修正后的柱侧移刚度。

(2)柱的反弯点高度的修正。当横梁线刚度与柱线刚度之比不很大时,柱的两端转角较大,特别是最上层和最下几层更是如此。所以柱的反弯点位置不一定在柱的中点,它决定于柱上下两端的转角。当上端转动大于下端时,反弯点偏于柱下端;相反,则偏于柱上端。各层柱反弯点高度可用统一的公式计算,即

$$y_h = (y_0 + y_1 + y_2 + y_3) \tag{4.15}$$

式中 y_h ——反弯点高度;

y_0 ——标准反弯点高度比;

y_1 ——考虑梁线刚度不同的修正;

y_2, y_3 ——考虑层高变化的修正;

下面对 $y_0 \sim y_3$ 进行简要说明:

1)标准反弯点高度比 y_0:标准反弯点高度比 y_0 主要考虑梁柱线刚度比和楼层位置的影响,它可按梁柱相对线刚度比(见表4.3)、框架总层数 m、该柱所在层数 n、荷载作用形式,从表4.2查得。它表示各层梁、柱线刚度及层高都相同的规则框架的反弯点位置。

表4.2 规则框架承受均布水平力作用时标准反弯点的高度比 y_0 值

m	n \ $\bar{K}$	0.1	0.2	0.3	0.4	0.5	0.6	0.7	0.8	0.9	1.0	2.0	3.0	4.0	5.0
1	1	0.80	0.75	0.70	0.65	0.65	0.60	0.60	0.60	0.60	0.55	0.55	0.55	0.55	0.55
2	2	0.45	0.40	0.35	0.35	0.35	0.35	0.40	0.40	0.40	0.40	0.45	0.45	0.45	0.45
	1	0.95	0.80	0.75	0.70	0.65	0.65	0.65	0.60	0.60	0.60	0.55	0.55	0.55	0.50
3	3	0.15	0.20	0.20	0.25	0.30	0.30	0.30	0.35	0.35	0.35	0.40	0.45	0.45	0.45
	2	0.55	0.50	0.45	0.45	0.45	0.45	0.45	0.45	0.45	0.45	0.50	0.50	0.50	0.50
	1	1.00	0.85	0.80	0.75	0.70	0.70	0.65	0.65	0.65	0.60	0.55	0.55	0.55	0.55
4	4	−0.05	0.05	0.15	0.20	0.25	0.30	0.30	0.35	0.35	0.35	0.40	0.40	0.45	0.45
	3	0.25	0.30	0.30	0.35	0.35	0.40	0.40	0.40	0.40	0.45	0.45	0.50	0.50	0.50
	2	0.65	0.55	0.50	0.50	0.45	0.45	0.45	0.45	0.45	0.45	0.50	0.50	0.50	0.50
	1	1.10	0.90	0.80	0.75	0.70	0.70	0.65	0.65	0.65	0.60	0.55	0.55	0.55	0.55
5	5	−0.20	0.00	0.15	0.20	0.25	0.30	0.30	0.30	0.35	0.35	0.40	0.45	0.45	0.45
	4	0.10	0.20	0.25	0.30	0.35	0.35	0.40	0.40	0.40	0.40	0.45	0.45	0.45	0.50
	3	0.40	0.40	0.40	0.40	0.40	0.45	0.45	0.45	0.45	0.45	0.50	0.50	0.50	0.50
	2	0.65	0.55	0.50	0.50	0.50	0.50	0.50	0.50	0.50	0.50	0.50	0.50	0.50	0.50
	1	1.20	0.95	0.80	0.75	0.75	0.70	0.70	0.65	0.65	0.65	0.55	0.55	0.55	0.55
6	6	−0.30	0.00	0.10	0.20	0.25	0.25	0.30	0.30	0.35	0.35	0.40	0.45	0.45	0.45
	5	0.00	0.20	0.25	0.30	0.35	0.35	0.40	0.40	0.40	0.40	0.45	0.45	0.50	0.50
	4	0.20	0.30	0.35	0.35	0.40	0.40	0.40	0.45	0.45	0.45	0.45	0.50	0.50	0.50
	3	0.40	0.40	0.40	0.45	0.45	0.45	0.45	0.45	0.45	0.45	0.50	0.50	0.50	0.50
	2	0.70	0.60	0.55	0.50	0.50	0.50	0.50	0.50	0.50	0.50	0.50	0.50	0.50	0.50
	1	1.20	0.95	0.85	0.80	0.75	0.70	0.70	0.65	0.65	0.65	0.55	0.55	0.55	0.55

续表 4.2

m	n \ $\overline{K}$	0.1	0.2	0.3	0.4	0.5	0.6	0.7	0.8	0.9	1.0	2.0	3.0	4.0	5.0
7	7	-0.35	-0.05	1.10	0.20	0.20	0.25	0.30	0.30	0.35	0.35	0.40	0.45	0.45	0.45
	6	-0.10	0.15	0.25	0.30	0.35	0.35	0.35	0.40	0.40	0.40	0.45	0.45	0.50	0.50
	5	0.10	0.25	0.30	0.35	0.40	0.40	0.40	0.45	0.45	0.45	0.45	0.50	0.50	0.50
	4	0.30	0.35	0.40	0.40	0.40	0.45	0.45	0.45	0.45	0.45	0.50	0.50	0.50	0.50
	3	0.50	0.45	0.45	0.45	0.45	0.45	0.45	0.45	0.45	0.45	0.50	0.50	0.50	0.50
	2	0.75	0.60	0.55	0.50	0.50	0.50	0.50	0.50	0.50	0.50	0.50	0.50	0.50	0.50
	1	0.20	0.95	0.85	0.80	0.75	0.70	0.70	0.65	0.65	0.65	0.55	0.55	0.55	0.55
8	8	-0.35	-0.15	0.10	0.15	0.25	0.25	0.30	0.30	0.35	0.35	0.40	0.45	0.45	0.45
	7	-0.10	0.15	0.25	0.30	0.35	0.35	0.40	0.40	0.40	0.40	0.45	0.50	0.50	0.50
	6	0.05	0.25	0.30	0.35	0.40	0.40	0.40	0.45	0.45	0.45	0.45	0.50	0.50	0.50
	5	0.20	0.30	0.30	0.40	0.40	0.45	0.45	0.45	0.45	0.45	0.50	0.50	0.50	0.50
	4	0.35	0.40	0.40	0.45	0.45	0.45	0.45	0.45	0.45	0.45	0.50	0.50	0.50	0.50
	3	0.50	0.45	0.45	0.45	0.45	0.45	0.45	0.45	0.50	0.50	0.50	0.50	0.50	0.50
	2	0.75	0.60	0.55	0.55	0.50	0.50	0.50	0.50	0.50	0.50	0.50	0.50	0.50	0.50
	1	1.20	0.00	0.85	0.80	0.75	0.70	0.70	0.65	0.65	0.65	0.55	0.55	0.55	0.55
9	9	-0.40	-0.06	0.10	0.20	0.25	0.25	0.30	0.30	0.35	0.35	0.45	0.45	0.45	0.45
	8	-0.15	0.15	0.25	0.30	0.35	0.35	0.35	0.40	0.40	0.40	0.45	0.50	0.50	0.50
	7	0.05	0.25	0.30	0.35	0.40	0.40	0.40	0.45	0.45	0.45	0.45	0.50	0.50	0.50
	6	0.15	0.30	0.35	0.40	0.40	0.45	0.45	0.45	0.45	0.45	0.50	0.50	0.50	0.50
	5	0.25	0.35	0.40	0.40	0.45	0.45	0.45	0.45	0.45	0.45	0.50	0.50	0.50	0.50
	4	0.40	0.40	0.40	0.45	0.45	0.45	0.45	0.45	0.45	0.45	0.50	0.50	0.50	0.50
	3	0.55	0.45	0.45	0.45	0.45	0.45	0.45	0.45	0.50	0.50	0.50	0.50	0.50	0.50
	2	0.80	0.65	0.55	0.55	0.50	0.50	0.50	0.50	0.50	0.50	0.50	0.50	0.50	0.50
	1	1.20	0.00	0.85	0.80	0.75	0.70	0.70	0.65	0.65	0.65	0.55	0.55	0.55	0.55
10	10	-0.40	-0.05	0.10	0.20	0.25	0.30	0.30	0.30	0.35	0.35	0.40	0.45	0.45	0.45
	9	-0.15	0.15	0.25	0.30	0.35	0.35	0.40	0.40	0.40	0.40	0.45	0.50	0.50	0.50
	8	0.00	0.25	0.30	0.35	0.40	0.40	0.40	0.45	0.45	0.45	0.45	0.50	0.50	0.50
	7	0.10	0.30	0.35	0.40	0.40	0.45	0.45	0.45	0.45	0.45	0.50	0.50	0.50	0.50
	6	0.20	0.35	0.40	0.40	0.45	0.45	0.45	0.45	0.45	0.45	0.50	0.50	0.50	0.50
	5	0.30	0.40	0.40	0.45	0.45	0.45	0.45	0.45	0.45	0.45	0.50	0.50	0.50	0.50
	4	0.40	0.40	0.45	0.45	0.45	0.45	0.45	0.45	0.45	0.45	0.50	0.50	0.50	0.50
	3	0.55	0.50	0.45	0.45	0.45	0.50	0.50	0.50	0.50	0.50	0.50	0.50	0.50	0.50
	2	0.80	0.65	0.55	0.55	0.55	0.50	0.50	0.50	0.50	0.50	0.50	0.50	0.50	0.50
	1	1.30	0.00	0.85	0.80	0.75	0.70	0.70	0.65	0.65	0.65	0.60	0.55	0.55	0.55

续表4.2

m	$\overline{K}$ \ n	0.1	0.2	0.3	0.4	0.5	0.6	0.7	0.8	0.9	1.0	2.0	3.0	4.0	5.0
11	11	-0.40	0.05	0.10	0.20	0.25	0.30	0.30	0.30	0.35	0.35	0.40	0.40	0.40	0.40
	10	-0.15	0.15	0.25	0.30	0.35	0.35	0.40	0.40	0.40	0.40	0.45	0.45	0.50	0.50
	9	0.00	0.25	0.30	0.35	0.40	0.40	0.40	0.45	0.45	0.45	0.45	0.50	0.50	0.50
	8	0.10	0.30	0.35	0.40	0.40	0.45	0.45	0.45	0.45	0.45	0.50	0.50	0.50	0.50
	7	0.20	0.35	0.40	0.45	0.45	0.45	0.45	0.45	0.45	0.45	0.50	0.50	0.50	0.50
	6	0.25	0.35	0.40	0.45	0.45	0.45	0.45	0.45	0.45	0.45	0.50	0.50	0.50	0.50
	5	0.35	0.40	0.40	0.45	0.45	0.45	0.45	0.45	0.45	0.50	0.50	0.50	0.50	0.50
	4	0.40	0.45	0.45	0.45	0.45	0.45	0.50	0.50	0.50	0.50	0.50	0.50	0.50	0.50
	3	0.55	0.50	0.50	0.50	0.50	0.50	0.50	0.50	0.50	0.50	0.50	0.50	0.50	0.50
	2	0.80	0.65	0.60	0.55	0.55	0.50	0.50	0.50	0.50	0.50	0.50	0.50	0.50	0.50
	1	1.30	1.00	0.85	0.80	0.75	0.70	0.70	0.65	0.65	0.65	0.60	0.60	0.60	0.60
12以上	1	-0.40	-0.05	0.10	0.20	0.25	0.30	0.30	0.35	0.35	0.40	0.45	0.45	0.45	
	2	-0.15	0.15	0.25	0.30	0.35	0.35	0.40	0.40	0.40	0.45	0.45	0.50	0.50	
	3	0.00	0.25	0.30	0.35	0.40	0.40	0.45	0.45	0.45	0.50	0.50	0.50	0.50	
	4	0.10	0.30	0.35	0.40	0.40	0.45	0.45	0.45	0.45	0.50	0.50	0.50	0.50	
	5	0.20	0.35	0.40	0.40	0.45	0.45	0.45	0.45	0.45	0.50	0.50	0.50	0.50	
	6	0.25	0.35	0.40	0.45	0.45	0.45	0.45	0.45	0.45	0.50	0.50	0.50	0.50	
	7	0.30	0.40	0.40	0.45	0.45	0.45	0.45	0.45	0.50	0.50	0.50	0.50	0.50	
	8	0.35	0.40	0.45	0.45	0.45	0.45	0.45	0.50	0.50	0.50	0.50	0.50	0.50	
		0.40	0.40	0.45	0.45	0.45	0.45	0.50	0.50	0.50	0.50	0.50	0.50	0.50	
	4	0.45	0.45	0.45	0.45	0.50	0.50	0.50	0.50	0.50	0.50	0.50	0.50	0.50	
	3	0.60	0.50	0.50	0.50	0.50	0.50	0.50	0.50	0.50	0.50	0.50	0.50	0.50	
	2	0.80	0.65	0.60	0.55	0.55	0.50	0.50	0.50	0.50	0.50	0.50	0.50	0.50	
	1	0.30	1.00	0.85	0.80	0.75	0.50	0.70	0.65	0.65	0.65	0.55	0.55	0.55	0.55

注：

$$\overline{K} = \frac{i_1 + i_2 + i_3 + i_4}{2i} \quad \begin{array}{c|c} i_1 & i_2 \\ \hline \multicolumn{2}{c}{i} \\ \hline i_3 & i_4 \end{array}$$

表4.3 节点转动影响系数 a_c

位置	简图	$\overline{K}$	α_c
一般层	$\begin{array}{c\|c} i_1 & i_2 \\ \hline \multicolumn{2}{c}{i_c} \\ \hline i_3 & i_4 \end{array}$	$\overline{K} = \dfrac{i_1 + i_2 + i_3 + i_4}{2i_c}$	$\alpha_c = \dfrac{\overline{K}}{2 + \overline{K}}$
底层固接	$\begin{array}{c\|c} i_5 & i_6 \\ \hline \multicolumn{2}{c}{i_c} \end{array}$	$\overline{K} = \dfrac{i_5 + i_6}{i_c}$	$\alpha_c = \dfrac{0.5 + \overline{K}}{2 + \overline{K}}$

注：对于边柱，取 $i_1 \setminus i_3 \setminus i_5$（或 $i_2 \setminus i_4 \setminus i_6$）为零。

2)上、下横梁线刚度不同时的修正值 y_1：某层柱上、下横梁的线刚度比不同时，反弯点位置会相对于标准反弯点发生移动，其修正值为 y_1。y_1 可根据上、下层横梁线刚度比 I 及 $\bar{K}$ 从表4.4中查得。对底层柱，当没有基础梁时，可不考虑这项修正。

表4.4　上下层横梁线刚度比对 y_0 的修正值 y_2 和 y_3

I \ $\bar{K}$	0.1	0.2	0.3	0.4	0.5	0.6	0.7	0.8	0.9	1.0	2.0	3.0	4.0	5.0
0.4	0.55	0.40	0.30	0.25	0.20	0.20	0.20	0.15	0.15	0.15	0.05	0.05	0.05	0.05
0.5	0.45	0.30	0.20	0.20	0.15	0.15	0.15	0.10	0.10	0.10	0.05	0.05	0.05	0.05
0.6	0.30	0.20	0.15	0.15	0.10	0.10	0.10	0.10	0.05	0.05	0.05	0	0	0
0.7	0.20	0.15	0.10	0.10	0.10	0.05	0.05	0.05	0.05	0.05	0	0	0	0
0.8	0.15	0.10	0.05	0.05	0.05	0.05	0.05	0.05	0.05	0	0	0	0	0
0.9	0.05	0.05	0.05	0.05	0	0	0	0	0	0	0	0	0	0

注：$I = \dfrac{i_1 + i_2}{i_3 + i_4}$，当 $i_1 + i_2 > i_3 + i_4$ 时，则 I 取倒数，即 $I = \dfrac{i_3 + i_4}{i_1 + i_2}$，并且 y_1 值取负号"－"。

$$\bar{K} = \frac{i_1 + i_2 + i_3 + i_4}{2i}$$

$$\begin{array}{c|c} i_1 & i_2 \\ \hline & i \\ \hline i_3 & i_4 \end{array}$$

3)层高变化的修正值 y_2 和 y_3：当柱所在楼层的上、下楼层高有变化时，反弯点也会偏离标准反弯点位置。如果上层较高，反弯点将从标准反弯点上移 $y_2 h$；如果下层较高，反弯点则向下移动 $y_3 h$（此时 y_3 为负值）。y_2，y_3 可从表4.5中查得。

对顶层柱不考虑 y_2 点位置 $y h$ 及柱的侧移刚度 D 以后，框架结构在水平荷载作用下的内力计算与反弯点法完全相同。

表4.5　上下层高变化对 y_a 的修正值 y_2 和 y_3

α_2	α_3 \ $\bar{K}$	0.1	0.2	0.3	0.4	0.5	0.6	0.7	0.8	0.9	1.0	2.0	3.0	4.0	5.0
2.0		0.25	0.15	0.15	0.10	0.10	0.10	0.10	0.10	0.05	0.05	0.05	0.05	0.0	0.0
1.8		0.20	0.15	0.10	0.10	0.10	0.05	0.05	0.05	0.05	0.05	0.05	0.0	0.0	0.0
1.6	0.4	0.15	0.10	0.10	0.05	0.05	0.05	0.05	0.05	0.05	0.05	0.0	0.0	0.0	0.0
1.4	0.6	0.10	0.05	0.05	0.05	0.05	0.05	0.05	0.05	0.05	0.05	0.0	0.0	0.0	0.0
1.2	0.8	0.05	0.05	0.05	0.0	0.0	0.0	0.0	0.0	0.0	0.0	0.0	0.0	0.0	0.0
1.0	1.0	0.0	0.0	0.0	0.0	0.0	0.0	0.0	0.0	0.0	0.0	0.0	0.0	0.0	0.0
0.8	1.2	-0.05	-0.05	-0.05	0.0	0.0	0.0	0.0	0.0	0.0	0.0	0.0	0.0	0.0	0.0
0.6	1.4	-0.10	-0.05	-0.05	-0.05	-0.05	-0.05	-0.05	-0.05	-0.05	-0.05	0.0	0.0	0.0	0.0
0.4	1.6	-0.15	-0.10	-0.05	-0.05	-0.05	-0.05	-0.05	-0.05	-0.05	-0.05	0.0	0.0	0.0	0.0
	1.8	-0.20	-0.15	-0.10	-0.10	-0.05	-0.05	-0.05	-0.05	-0.05	-0.05	0.0	0.0	0.0	0.0
	2.0	-0.25	-0.15	-0.15	-0.1	-0.05	-0.05	-0.05	-0.05	-0.05	-0.05	0.0	0.0	0.0	0.0

注:y_2 按照 $\overline{K}$ 及 a_2 求得,上层较高时为正值。
y_3 按照 $\overline{K}$ 及 a_3 求得。

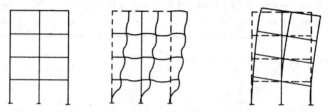

◆框架结构侧移计算及限值

1. 侧移近似计算

框架在水平荷载作用下的侧移由总体剪切变形和总体弯曲变形两部分组成,如图 4.12 所示。

（a）正常情况　（b）总体弯曲变形情况　（c）总体剪切变形情况

图 4.12　框架在水平荷载作用下变形

(1)总体剪切变形是由楼层剪力引起的梁、柱弯曲变形而使框架产生的侧移,侧移曲线与梁的剪切变形曲线相似,所以称这种变形为总体剪切变形。

(2)总体弯曲变形是因为框架两侧柱的轴向力引起柱伸长或缩短使框架产生的变形,其侧移曲线与梁的弯曲变形曲线相似,所以称为总体弯曲变形。

对于一般框架,其侧移主要是由梁柱的弯曲变形引起的。柱的轴向变形所引起的侧移值甚微,可忽略不计。所以,多层框架的侧移仅考虑梁柱弯曲变形,其侧移可用 D 值法计算。

层间位移是指 i 层柱上、下节点的相对位移,根据 D 值法的定义,其计算公式如下:

$$\Delta u_i = \frac{V_{ik}}{\sum_{j=1}^{n} D_{ij}} \tag{4.16}$$

式中　Δu_i——按弹性方法计算的 i 层层间位移;

　　　n——计算层总柱数;

　　　V_{ik}——第 i 层楼层剪力的标准值;

　　　$\sum_{j=1}^{n} D_{ij}$——第 i 层所有柱的抗侧移刚度 D_{ij} 值之和。

顶点侧移 Δ 为层间侧移之和,即 $\Delta = \sum_{j=1}^{m} \Delta u_i$, m 为总层数。

2. 侧移限值

在风荷载作用下的侧移限值如下:

(1) 层间相对侧移限值：

$$\frac{\Delta u_i}{h_i} \leqslant \frac{1}{550}(采用砌体填充墙时) \quad (4.17)$$

$$\frac{\Delta u_i}{h_i} \leqslant \frac{1}{450}(采用轻质隔墙时) \quad (4.18)$$

(2) 顶点侧移 Δ 的限值：

$$\Delta/H \leqslant 1/550(采用轻质隔墙时) \quad (4.19)$$

$$\Delta/H \leqslant 1/650(采用砌体填充墙时) \quad (4.20)$$

式中　H——房屋总高度；
　　　h_i——第 i 层层高。

顶点侧移过大将影响正常使用，严重时会引起整体失稳破坏，所以较层间侧移限制严格；层间侧移会引起填充墙开裂和内部装修破坏，但属局部损坏，所以限制较宽。

4.4 混凝土框架的内力组合与构件设计

【基　础】

◆**框架结构的内力组合**

框架结构内力组合的目的是为求出构件的某些控制截面的最不利内力，以便确定构件截面的配筋。

1. 控制截面和最不利内力

(1) 框架梁。框架梁的控制截面是两端支座(柱内边)截面与跨中截面。跨中截面的最不利内力是最大正弯矩和有可能出现的负弯矩；支座截面的最不利内力是最大的负弯矩和最大的剪力或有可能出现的正弯矩。

在框架内力分析时，梁的支座弯矩是柱轴线处的弯矩值，截面配筋计算时应取控制截面(柱边)处的弯矩值。

(2) 框架柱。框架柱的控制截面取上、下两个端截面。其最不利内力有四种内力组合：

1) 最大正弯矩 $+M_{max}$ 及相应的 N,V。
2) 最大负弯矩 $-M_{max}$ 及相应的 N,V。
3) 最大轴向力 N_{max} 及相应的 M,V。
4) 最小轴向力 N_{min} 及相应的 M,V。

在最不利内力组合时，对风荷载应考虑左风与右风；对于活荷载原则上应考虑其最不利位置的布置。

2. 活荷载的布置

活荷载的作用位置是可变的，对于每一根构件的不同截面或同一截面的不同种类组合,相应的有不同的活荷载最不利布置。因此,在工程设计中,有三种处理方法。

(1)最不利活荷载位置法。此方法与在楼盖连续梁、板计算中所采用的方法类似,即对于每一控制截面,直接由影响线来确定其最不利的活荷载位置,然后进行内力分析。此方法,虽然能直接求出某截面在活荷载作用下的最大内力,但计算工作量很大,通常不采用。

(2)逐跨施荷法。此方法是将活荷载逐跨单独地作用在该跨上,分别计算框架内力,然后根据所指定的控制截面,叠加不利内力。这种方法对各种活荷载作用情况下的框架内力计算简单、明了,计算工作量少于前者。目前,电算程序一般采用这种方法。但对于手算,因较繁,所以很少采用。

(3)满布荷载法。当活荷载产生的内力远小于恒载产生的内力时可采用这种方法。此方法是将活荷载同时作用于框架梁上,不考虑活荷载的不利位置。这种简化计算与考虑活荷载不利位置计算结果相比较表明,支座截面内力比较接近,精度一般能满足工程要求;但跨中弯矩却明显偏小,应予调整。为此,这种方法对跨中弯矩乘以 1.1~1.3 的调整系数,予以加大,手算一般采用满布荷载法进行计算。

3. 梁端弯矩调幅

钢筋混凝土结构,除了必须满足承载能力极限状态和正常使用极限状态的有关条件外,还应具备必要的塑性变形能力。在竖向荷载作用下应考虑梁端塑性变形内力重分布,对梁端负弯矩调幅,将梁端负弯矩乘以调幅系数,可避免框架梁支座截面负弯矩钢筋配置过多而不便于施工。

调幅系数如下:

装配整体式框架:$\beta = 0.7 \sim 0.8$。

现浇整体式框架:$\beta = 0.8 \sim 0.9$。

梁端负弯矩减少后,应按平衡条件计算调幅后的梁跨中弯矩。因为水平荷载作用下产生的弯矩不参加调幅,所以弯矩调幅应在内力组合前进行。

4. 荷载效应组合

作用于多层多跨框架上的各种荷载同时达到最大值的可能性不大,所以在计算各种荷载引起的结构最不利内力的组合时,可将某些荷载值适当降低。

对于一般框架结构,按荷载效应基本组合进行承载力计算时,它的荷载效应组合设计值 S 可采用《建筑结构荷载规范》中的简化公式。对于非地震区无吊车荷载的多层框架,可有下面三种荷载组合形式:

(1)恒荷载 + 活荷载。

(2)恒荷载 + 风荷载。

(3)恒荷载 + 0.85(活荷载 + 风荷载)。

第4章 混凝土框架结构设计

【实 务】

◆框架梁的截面设计

1. 截面设计

(1)支座截面相对受压区高度 $\xi \leq 0.35$,用来保证支座截面具有一定的塑性转动能力。

(2)梁跨中截面正弯矩设计值应不小于竖向荷载作用下按简支梁计算跨中弯矩设计值的50%。

2. 截面配筋构造

(1)纵向受力钢筋。

1)沿梁全长顶面和底面应最少各配置两根纵向配筋,且钢筋直径不应小于12 mm。

2)纵向受拉钢筋的配筋率,不应小于0.2%和 $0.45 f_t/f_y$;并取两者中的较大值。

(2)箍筋。

1)应沿梁长设置箍筋。

2)截面高度大于800 mm 的梁,它的箍筋直径不得小于8 mm;其余截面高度的梁不应小于6 mm。

3)当梁的剪力设计值大于 $0.7 f_t b h_0$ 时,其箍筋配筋率应符合式(4.21)要求:

$$\rho_{sv} = 0.24 f_t/f_{yv} \tag{4.21}$$

4)在受力钢筋搭接长度范围内,箍筋间距应加密,箍筋直径不应小于搭接钢筋直径的0.25倍;当为受拉时,箍筋间距不宜大于搭接钢筋较小直径的5倍,且不宜大于100 mm;当为受压时,箍筋间距不宜大于搭接钢筋较小直径的10倍,且不宜大于200 mm。当受压钢筋直径大于25 mm 时,应在搭接接头两端面外100 mm 范围内各设置两个箍筋。

◆框架柱的截面设计

1. 柱的计算长度

(1)一般多层房屋框架结构。

1)现浇楼盖:

①底层柱: $l_0 = 1.0H$。

②其余各层柱: $l_0 = 1.25H$。

2)装配式楼盖:

①底层柱: $l_0 = 1.25H$。

②其余各层柱: $l_0 = 1.5H$。

式中 H——层高。

这类框架包括下面几种情况:

1)无任何墙体的空旷框架结构,其中包括墙体可能拆除的框架结构。

2) 虽有围护墙与内部纵、横隔墙,但墙体是由轻质材料组成的。
3) 仅在一侧设有刚性的墙,其余部分无抗侧力刚性墙。
4) 刚性隔墙之间距离过大,如现浇楼盖房屋中大于3倍房屋宽度;配式楼盖房屋中大于2.5倍房屋宽度。

(2) 无侧移的框架结构。具有非轻质隔墙的多层房屋,当为三跨及三跨以上或两跨且房屋的总宽度不小于房屋高度的1/3时,其各层柱的计算长度可采用:
1) 现浇楼盖:$l_0 = 0.7H$。
2) 装配式楼盖:$l_0 = 1.0H$。

2. 截面配筋构造

(1) 柱的纵向受力钢筋应采用对称配筋,全部纵向受力钢筋的配筋率不应小于0.6%;全部纵向钢筋配筋率不宜大于5%。纵向钢筋的间距不应大于350 mm;纵向钢筋净距不应小于50 mm。

(2) 柱的周边箍筋应为封闭式,箍筋间距不应大于构件截面的短边尺寸与最小纵向受力钢筋直径的15倍;箍筋直径不应小于最大纵向钢筋直径的1/4,同时不应小于6 mm;当柱中全部纵向受力钢筋的配筋率超过3%时,箍筋直径不应小于8 mm,箍筋间距不应大于最小纵向钢筋直径的10倍,同时不应大于200 mm;箍筋末端应做成135°弯钩且弯钩末端平直段不应小于10倍箍筋直径。

(3) 当柱截面的短边尺寸大于400 mm,且各边纵向钢筋超过3根时,或当柱截面短边尺寸不大于400 mm,但各边纵筋超过4根时,应设置复合箍筋。

4.5 混凝土框架结构的构造要求

【基 础】

◆**一般要求**

(1) 钢筋混凝土框架的混凝土强度等级应不低于C20,节点区的混凝土强度等级应不低于柱子的混凝土强度等级;在装配整体式框架中,后浇节点的混凝土等级应比预制柱的混凝土强度等级提高一级;纵向钢筋应采用HPB235级钢和HRB335级钢筋,箍筋通常采用HPB235级钢筋。

(2) 梁柱混凝土保护层最小厚度应视框架所处环境条件确定。

(3) 框架梁柱的截面尺寸(尤其是柱)最终应按房屋的侧移验算是否满足规范要求来确定。现浇框架结构按前述方法初估的梁柱截面尺寸,侧移验算通常能满足要求。

(4) 框架梁柱应分别满足受弯构件和受压构件的构造要求,地震区的框架还应满足抗震设计的要求。

(5) 框架柱通常采用对称配筋,柱中全部纵向受力钢筋的配筋率在有抗震设防要求时不应超过3%,无抗震设防要求时不应超过5%,也不应小于0.6%(按全截面面积计算)。

第4章 混凝土框架结构设计

【实 务】

◆装配整体式框架节点构造

装配整体式框架节点构造因施工方法的不同而不同。如果采用工具式非承重柱模,如图4.13所示,预制主梁的梁端通常伸入柱内70 mm,纵向连梁用点焊与事先焊在柱纵向受力钢筋上的小角钢连接。

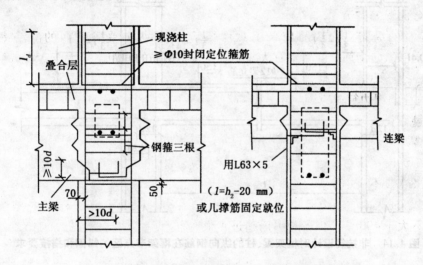

图4.13 预制梁、现浇柱节点(用工具式非承重柱模)

◆现浇框架结构节点钢筋的连接和锚固

构件连接是框架设计的一个重要组成部分。只有通过构件之间的相互连接,才能使结构成为一个整体。现浇框架的连接主要考虑梁与柱、柱与柱之间的连接问题。现浇框架的梁柱连接节点都做成刚性节点。在节点处,柱的纵向钢筋应连续穿过,梁的纵向钢筋应有足够的锚固长度。

(1)受力钢筋的连接接头应设置在构件受力较小部位;抗震设计时,应避开梁端、柱端箍筋加密区范围。钢筋连接可采用机械连接、绑扎搭接或焊接的方法。

(2)非抗震设计时,受拉钢筋的最小锚固长度取l_a,受拉钢筋绑扎搭接的搭接长度应符合《混凝土结构设计规范》(GB 50010—2002)9.4节的规定。

(3)非抗震设计时,框架梁、柱的纵向钢筋在框架节点区的锚固和搭接,应符合下列要求,如图4.14所示。

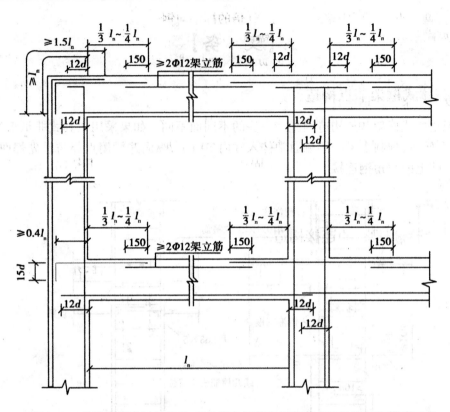

图 4.14 非抗震设计时框架梁、柱的纵向钢筋在框架节点区的锚固和搭接要求

1) 顶层中节点柱纵向钢筋与边节点柱内侧纵向钢筋应伸至柱顶;当从梁底边计算的直线锚固长度不小于 l_a 时,可不必水平弯折,否则应向柱内或梁、板内水平弯折;当充分利用柱纵向钢筋的抗拉强度时,它的锚固段弯折前的竖直投影长度不应小于 $0.5l_a$,弯折后的水平投影长度不应小于 12 倍的柱纵向钢筋直径。

2) 顶层端节点处,梁上部纵向钢筋截面积 A_s 应符合下列规定:

$$A_s \leqslant \frac{0.35\beta_c f_c b_b h_0}{f_y} \tag{4.22}$$

式中 A_s——顶层端节点处梁上部计算所需纵向钢筋截面积;

b_b——梁腹板宽度;

h_0——梁截面有效高度。

在节点内应设水平箍筋,箍筋的构造要求与柱中一样,但其间距不大于 250 mm。对四边都有梁与之连接的中间节点,节点内可只设沿周边的矩形箍筋。当顶层端节点内梁设有上部纵向钢筋与柱内侧纵向钢筋的搭接接头时,节点水平箍筋应满足钢筋搭接范围内对箍筋的要求。

顶层端节点在梁宽范围以内的柱外侧纵向钢筋可与梁上部纵向钢筋相搭接,搭接长度不小于 $1.5l_a$;在梁宽范围以外的柱外侧纵向钢筋可伸入现浇板内,其伸入长度和伸入梁内的相同。当柱外侧纵向钢筋的配筋率大于 1.2% 时,伸入梁内的柱纵向钢筋应分两批截断,其截断点之间的距离不应小于20倍的柱纵向钢筋直径。

3)梁上部纵向钢筋伸入端节点的锚固长度,直线锚固时不应小于l_a,同时伸过柱中心线的长度不应小于5倍的梁纵向钢筋直径;当柱截面尺寸不足时,梁上部纵向钢筋应伸到节点对边并向下弯折,锚固段弯折前的水平投影长度不应小于$0.4l_a$,弯折后的竖直投影长度应取梁纵向钢筋直径的15倍。

4)当计算中不利用梁下部纵向钢筋的强度时,其伸入节点内的锚固长度应取不小于12倍的梁纵向钢筋直径。当计算中充分利用梁下部钢筋的抗拉强度时,梁下部纵向钢筋可采用直线方式或向上90°弯折方式锚固在节点内,当直线锚固时,其锚固长度不应小于l_a;当弯折锚固时,锚固段的水平投影长度不应小于$0.4l_a$,竖直投影长度应取15倍的梁纵向钢筋直径。

◆**框架梁与预制梁板的连接构造**

预制板通常为槽形板或圆孔板。在板缝之间用细石混凝土灌缝,并配必要的连接钢筋;也可在板上浇不低于C20的钢筋混凝土叠合楼面,其厚度不小于40 mm,内配$\Phi 4@150$mm或$\Phi 6@250$ mm的双层钢筋网。预制板搁置在墙上的最小长度为30 mm,且板端伸出的锚固钢筋长度不应小于100 mm,如图4.15所示。

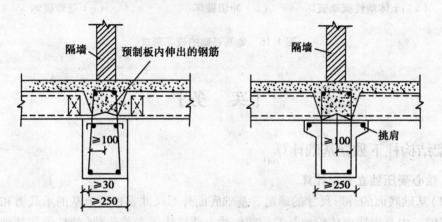

图4.15 预制板与框架的连接

4.6 框架结构柱下独立基础设计

【基 础】

◆**柱下独立基础**

柱下独立基础用于框架层数不多,地基土均匀、柱距较大的情况。根据施工方法可分为预制柱下独立基础和现浇柱下独立基础两种。

(1)预制柱下独立基础常用于装配式框架结构与混凝土单层厂房柱,且一般为偏心受压。

(2)现浇柱下独立基础多用于多层现浇框架结构,当以恒载为主时,多层框架结构的中间柱可视为轴心受压。

◆框架结构柱下独立基础设计要求

框架结构柱下混凝土独立基础设计要求要解决问题有两个:一是基础底面积的大小;二是基础的强度与刚度问题。若底面积太小,会引起土体塑性流动破坏,如图4.16(a)所示。若基础抗冲切(抗剪)强度不足,会引起冲切破坏,如图4.16(b)所示;还有可能发生配筋不足引起的受弯破坏,如图4.16(c)所示。

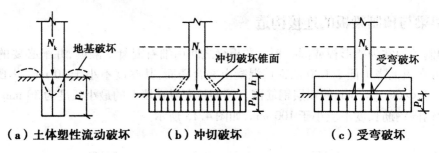

图4.16 地基基础的破坏形式

【实 务】

◆框架结构柱下独立基础计算

1.轴心受压独立基础计算

(1)基础底面的外形尺寸的确定。基础底面外形尺寸是根据地基的承载力和变形条件确定的。由基础底面传给地基的荷载包括上部结构传来的荷载(如柱子和基础梁传来的荷载)和基础及基础上回填土层的自重两部分。若在上述荷载作用下基底压应力为均匀分布,如图4.17所示,则这种基础称为轴心受压基础,基底压应力设计值可按式(4.23)计算:

$$P = N/A + G/A \tag{4.23}$$

式中 N——柱传至基础顶面的轴心压力设计值;

A——基础底面面积,$A = a \times b$。其中a,b为基底的长和宽;

G——基础自重设计值和基础上的土重标准值,设计时可按$G = \gamma_m \times d \times A$简化计算,其中$\gamma_m$为基础及其上回填土的平均容重,设计时可取$\gamma_m = 20 \text{ kN/m}^3$;$d$为基底埋置深度;$A$为基础底面面积。

将$G = \gamma_m A d$代入式(4.23)可得

$$p = N/A + \gamma_m \times d \tag{4.24}$$

《建筑地基基础设计规范》(GB 50007—2002)(以下简称《地基规范》)规定,轴心受压基础在荷载设计值作用下,基底压应力应满足条件

$$p \leqslant f_a \tag{4.25}$$

式中 f——经深度和宽度修正后的地基允许承载力设计值,单位 kN/m^2。

将式(4.25)代入式(4.24),即可导出基底面积的计算公式:

$$A \geqslant N/(f_a - \gamma_m \times d) \tag{4.26}$$

轴心受压柱下基础的底面应采用正方形或长宽比较接近的矩形。由上述地基承载力条件确定的基底外形尺寸,原则上还需经过地基的变形验算,满足《地基规范》要求,才可进一步计算。

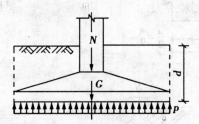

图4.17 轴心受压柱下独立基础计算简图

(2)基础高度的确定。柱下独立基础的高度需要满足构造要求和抗冲切承载力要求。设计中常常先由构造要求和设计经验初步确定基础高度,然后进行抗冲切承载力验算。

柱下独立基础在向下的轴心压力和向上的均布地基土净反力 p_n 作用下,会发生图4.18所示的破坏,也就是当破坏锥面以内的柱下部分时,发生向下的移动趋势,而当破坏锥面以外的基础部分时,发生向上移动趋势。这种破坏属于混凝土剪应变(或剪应力)达到其极限值的冲切破坏,考察其原因是破坏锥面以外四周土壤净反力的合力(冲切荷载)大于四个破坏锥面上的抗冲切力的合力,如果按一个抗冲切面考虑,冲切荷载设计值:

$$F_1 = p_n A_1 \tag{4.20}$$

式中 F_1——冲切荷载设计值;

p_n——在荷载设计值作用下基础底面单位面积上的净反力,$p_n = N/A$,其中 N 为上部结构传至基顶的轴向压力设计值;

A_1——考虑冲切荷载时取用的多边形面积(如图4.18中的阴影面积 $ABCDEF$)。

对于矩形截面柱的矩形基础,如果假设破坏锥面与基础底面的夹角为45°,由图的几何关系可得:

$$A_1 = (a/2 - a_c/2 - h_0) \times b - (b/2 - b_c/2 - h_0)^2 \tag{4.28}$$

基础宽度小于冲切锥体底边宽时,由图4.18(d)得:

$$A_1 = (a/2 - b_c/2 - h_0) \times b \tag{4.29}$$

矩形截面柱的基础一般不设置抗剪的箍筋和弯起钢筋,其抗冲切的承载力与冲切破坏锥面的面积以及混凝土抗拉强度有关,为了保证不发生冲切破坏,一定要使冲切面处的地基净反力产生的冲切力 F_1 小于或等于冲切面处的混凝土抗冲切强度,即

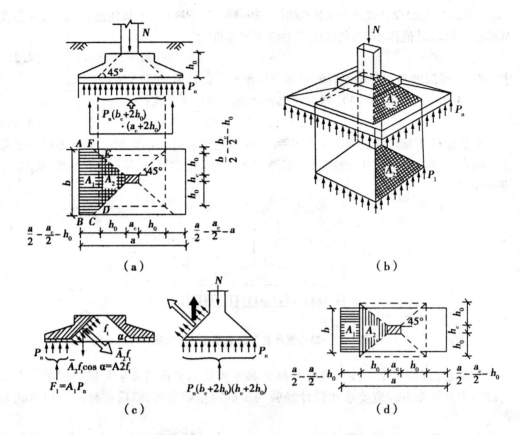

图4.18 轴心受压独立基础沿柱脚冲切破坏的模式

对图4.18(a)的情况：

$$F_1 \leq 0.7\beta_h f_t b_m h_0 \tag{4.30}$$

式中 f_t——混凝土抗拉设计强度。

$$b_m = (b_t + b_b)/2 \tag{4.31}$$

对图4.18(d)的情况：

$$F_1 \leq 0.7\beta_h f_t [b_b h_0 - (h_1 + b_t/2 - b_b/2)^2] \tag{4.32}$$

式中 β_h——截面高度影响系数；

b_t, b_b——冲切破坏锥体上、下短边长。

按式(4.30)或式(4.32)即可验算初定的基础高度是否足够，若不满足，应调整基础高度，直到满足要求为止。基础高度确定之后，便可分阶。当 $h > 1\,000$ mm 时，分为三阶；当 h 为 500～1 000 mm 时，分为两阶；当 $h < 500$ mm 时，则只作一阶。

当然在基础的变阶处也可能发生冲切破坏，这时只需将前述各公式中的尺寸变换一下便可，即将基础的上阶看作柱的根部，如图4.19所示。

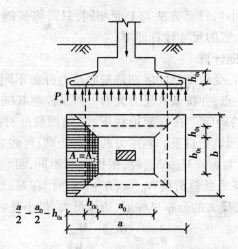

图 4.19　轴心受压独立基础变阶处的冲切破坏模式

(3)基础底面配筋计算。基础在上部结构传来的荷载和地基土净反力的共同作用下,可将基础作图 4.20 所示虚线的分割,把每一个单元都作为固定在柱边的"悬臂板",而彼此没有关联,则基础内两个方向的配筋可按下式计算：

$$A_{sⅠ} = M_Ⅰ/(0.9f_y h_{0Ⅰ}) \tag{4.33}$$
$$A_{sⅡ} = M_Ⅱ/(0.9f_y h_{0Ⅱ}) \tag{4.34}$$

式中　$M_Ⅰ,M_Ⅱ$——计算截面 $Ⅰ-Ⅰ$ 和 $Ⅱ-Ⅱ$ 的设计弯矩值,按式(4.35),式(4.36)计算；

　　　$h_{0Ⅰ},h_{0Ⅱ}$——截面 $Ⅰ-Ⅰ$ 和 $Ⅱ-Ⅱ$ 的有效高度,两个方向相差一钢筋直径 d,0.9 为内力臂系数。

$$M_Ⅰ = p_n(a - a_c)^2 \times (2b + b_c)/24 \tag{4.35}$$
$$M_Ⅱ = p_n(b - b_c)^2 \times (2a + a_c)/24 \tag{4.36}$$

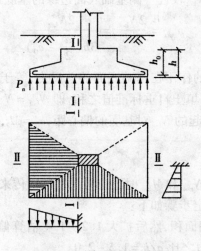

图 4.20　基础配筋计算图

对变阶基础还需计算变阶处所需配筋的数量(此处"悬臂板"的跨度虽有减小,但截面的有效高度也大大减小),计算方法与上面相同,只需将基础的上阶看作柱,并按下阶的有效高度与上阶的长、宽的尺寸计算即可。

2. 偏心受压独立基础计算

偏心受压基础与轴心受压基础的区别是基底反力分布不同,所以在确定基础底面积与配筋时,需要考虑这一点,并按基底反力大的一侧来控制基础高度与配筋。

(1)基础底面尺寸的确定。在框架边柱下,基础顶面处有柱传来的轴力、弯矩及剪力,另外,还有基础梁上回填土自重。利用力的平移法则,可将它们简化为作用在基底的偏心压力 N_{bot},其偏心距为 $e_0 = M_{bot}/N_{bot}$ 时,根据 e_0 的不同,可将基底反力划分为如图 4.21 所示的三种情况,当基底处总荷载 $N_{bot} = (N+G)$ 作用在基础底面核心范围以内时,则基底全部为压应力;基底反力的分布呈梯形,边缘最大、最小基底反力分别为:

$$p_{max} = \frac{N_{bot}}{A} + \frac{M_{bot}}{W} \tag{4.37}$$

$$p_{max} = \frac{N_{bot}}{A} - \frac{M_{bot}}{W} \tag{4.38}$$

式中 W——基础底面的截面抵抗矩,对矩形截面 $W = ba^2/6$,以 m^3 计;

M_{bot}——荷载设计值引起的作用于基底的总弯矩,它等于柱传至基础顶面的弯矩 M 与相应的剪力 V 乘以基础高度 h 之和,即 $M_{bot} = M \pm Vh$。

当 N_{bot} 正好作用于底面核心边缘上时(即 $e_0 = a/6$),距 N_{bot} 较远一侧基础边缘的地基反力为零,基底反力呈三角形分布,距 N_{bot} 较近一侧基础边缘的基底反力 p_{max} 仍可根据式(4.37)计算。

当 $e_0 > a/6$ 时,距 N_{bot} 较远一侧边缘将与地基脱开,基底反力呈三角形分布。按照基底反力合力作用点与 N_{bot} 的作用点相重合的条件,可以求得基底反力分布的长度(基础与地基接触的长度)$s = 3c$,其中 c 为 N_{bot} 合力作用点到基底反力较大边缘的距离,$c = a/2 - e_0$,由静力平衡条件可得距 N_{bot} 较近一侧基础底面边缘的基底最大支承应力:

$$p_{max} = \frac{2N_{bot}}{3cb} = \frac{2N_{bot}}{3b(\frac{a}{2} - e_0)} \tag{4.39}$$

式中 N_{bot}——荷载值引起的作用在基础底面的总反力,等于柱传来的压力设计值 N 与基础自重设计值及其上部回填土自重标准值之和,即 $N_{bot} = N + G$;

e_0——荷载设计值引起的 N_{bot} 对基底的偏心距,$e_0 = M_{bot}/N_{bot}$;

a——基底的长边长;

b——基底的短边长。

若设置基础梁,在计算 N_{bot} 和 M_{bot} 时还应考虑基础梁传来的荷载。偏心荷载作用时,基础底面积多为矩形,其确定步骤如下:

1)先按轴心受压计算底面积,然后扩大 1.2~1.4 估算偏心荷载作用时的基础底面积 $A = a \times b$,基础底面长短边之比 $a/b = 1.5~2.0$。

2)验算基础底面压应力,要求:

$$p_{max} \leqslant 1.2f \tag{4.40}$$

$$p = \frac{p_{max} + p_{min}}{2} \leqslant f \tag{4.41}$$

(2)基础高度的确定。确定偏心受压基础的高度,其方法原则上同轴心受压基础一样,仍可按式(4.30)进行抗冲切验算。不同的是,在式(4.27)中 F_l,应考虑基底反力不均匀分布的影响,这时,F_l 可按下式计算:

$$F_l = p_{nmax} A_l \tag{4.42}$$

式中 p_{nmax}——在荷载设计值(不包括基础及其上回填土自重)作用下基底的最大净压应力,如图 4.21 所示;

A_l——计算冲切荷载时所取用的基底面积,仍按式(4.28),式(4.29)计算。

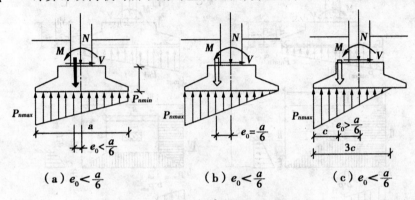

图 4.21 偏心受压独立基础的地基反力

变阶处的抗冲切验算可按以上方法进行,只需把基础上阶当做柱子考虑,如图 4.22 所示。

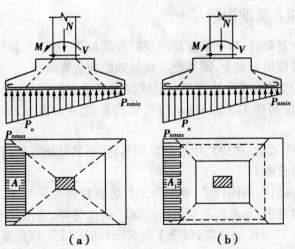

图 4.22 偏心受压基础沿柱边或变阶处的抗冲切计算简图

(3)基础底面配筋计算。偏心受压基础基底配筋计算的方法原则上同轴心受压的一样,只是控制截面上的弯矩(M_I 与 M_{II})的计算稍有不同,在式(4.35)、(4.36)中,地基土

净反力 p_n 也要考虑不均匀分布的影响。在计算时,式(4.35)中的地基净反力按下式计算:

$$p_n = \frac{p_{n\max} + p_{n\min}}{2} \tag{4.43}$$

式中 p_n——截面(柱边)处的地基净反力,如图4.22所示。

基础变阶处如图4.23所示的配筋计算也与轴心受压基础相同,只是在计算 M_I 与 M_{II} 时,要分别用式(4.42)来求 p_n。

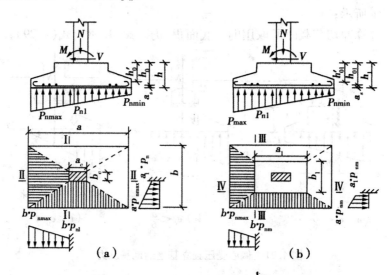

图4.23 偏心受压独立基础基底配筋计算简图

◆框架结构柱下独立基础构造

在设计柱下独立基础时,为了满足预制柱的安装施工、基础与柱的牢固结合的要求,保证上部结构的正常使用与安全,需要先了解基础的构造要求:

(1)轴心受压基础底面应设计成正方形或接近于正方形;偏心受压基础底面应设计成矩形,a/b 的值应控制在1.5左右(a 为基础的长边,b 为基础的短边),最大不超过2.0。

(2)对于现浇柱下基础,锚固柱中的纵向钢筋,要求其基础有效高度 h_0 大于或等于柱纵向受力钢筋的锚固长度 l_a。

对于预制柱下基础,为嵌固柱子,要求柱子有足够的插入深度 H_1;并且为抵抗在吊装过程中柱对杯底板的冲击,要求杯底有足够的厚度 a_1。另外,为使柱子和基础结合牢固,柱与杯底之间应留有50 mm的空隙,以便于浇筑细石混凝土。因此基础高度

$$h \geq H_1 + a_1 + 50 \tag{4.44}$$

杯形基础的杯口深度、杯底厚度及杯壁厚度应满足表4.6和表4.7的要求,同时也应满足图4.24的各项尺寸要求。

第4章 混凝土框架结构设计

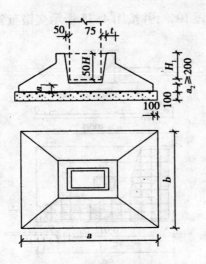

图4.24 杯形基础构造图

表4.6 柱的插入深度 H_1 单位:mm

矩形或工字形截面柱				双肢柱
$h<500$	$500 \leq h \leq 1\,000$	$800 \leq h \leq 1\,000$	$h>1\,000$	
$H_1=(0.1-1.2)h$	$H_1=h$	$H_1=0.9h$ $H_1 \geq 800$	$H_1=0.84h$ $H_1 \geq 1000$	$H_1=(1/3 \sim 2/3)h$ $H_1=(1.5 \sim 1.8)b$

注:1. h 为柱截面长边, b 为短边。
 2. 柱为轴心或小偏心受压时, H 可适当减小;当 $e_0>2h$, H_1 应适当加大。

表4.7 基础的杯底厚度和杯壁厚度   单位:mm

柱截面长边尺寸 h	杯底厚度 a_1	杯壁厚度 t
$h<500$	≥ 150	$150 \sim 200$
$500 \leq h < 800$	≥ 200	≥ 200
$800 \leq h < 1\,000$	≥ 200	≥ 300
$1\,000 \leq h < 1\,500$	≥ 250	≥ 350
$1\,500 \leq h < 2\,000$	≥ 300	≥ 400

注:1. 双肢柱的 a_1 值可适当加大。
 2. 当有基础梁时,基础梁下的杯壁厚度应满足其支承宽度的要求。

(3)凝土强度等级≥C15,一般采用 C15~C20。

(4)当基础设在比较干燥、土质较好的土层上时,可以不设垫层,这时基础配筋的保护层厚度应不小于70 mm;当基础设在湿、软土层上时,应设置厚度不小于100 mm 的素混凝土垫层,垫层混凝土常采用 C5~C7.5。这时受力筋保护层厚度应不小于40 mm。

(5)受力筋通常采用 HPB235 级钢筋或 HRB335 级钢筋,它的直径不应小于8 mm,间距不应大于200 mm,但也不应小于100 mm。当基础底面尺寸大于或等于3 m 时,为了节约钢材,受力筋的长度可缩短10%,并按图4.25所示交错布置。

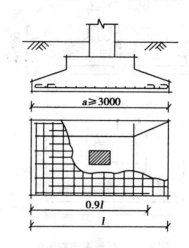

图4.25 当基础底面长度≥3 m时受力钢筋的布置方式

(6)对于现浇筑下独立基础,为施工方便,常常在基础顶面留施工缝。所以需在基础中插筋,如图4.26所示,其直径和根数与底层柱中的纵向受力钢筋完全一致。与柱中四角的钢筋相连接的插筋,向下要伸到基础底面的钢筋网处,并弯长度为75 mm的直钩,其余插筋伸入基础的长度至少也要满足锚固长度的要求。插筋向上伸出基础顶面则需要足够的搭接长度。根据设计经验表明,柱中纵向受力筋在8根以内时,可做一次搭接,当钢筋超过8根时,则应分两次搭接。插筋的直径、根数及搭接长度关系重大,在施工过程中要十分谨慎,不可弄错。

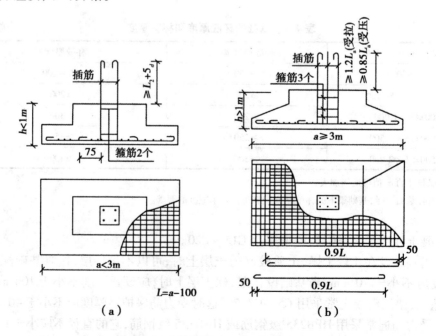

图4.26 现浇筑下独立基础的构造要求

第5章 高层建筑结构设计

5.1 概 述

【基 础】

◆**高层建筑结构的受力特点**

高层建筑结构与多层建筑结构的受力特点主要区别是侧向力成为影响结构内力和结构变形的主要因素。随着建筑高度的增大,水平荷载效应逐渐增大。柱内轴力随着层数的增加而增大,这样,可近似地认为轴力与层数呈线性关系;在水平向的均布荷载作用下,在结构底部所产生的弯矩与结构高度成平方的关系;结构顶部的侧向位移与高度的四次方成正比的关系。上述弯矩和侧向位移往往成为决定结构方案、结构布置和构件截面尺寸的控制因素,即

$$N = \omega H = f(H) \tag{5.1}$$

$$M = \frac{1}{2}qH^2 = f(H^2) \tag{5.2}$$

$$\Delta = \frac{qH^4}{8EI} = f(H^4) \tag{5.3}$$

式中 ω——分摊到每米高度上的竖向荷载;
q——水平均布荷载;
H——建筑高度;
EI——结构总体抗弯刚度。

◆**常用的高层建筑结构体系及其特点**

国内常用的钢筋混凝土高层建筑结构体系有:

1. 框架结构

框架结构以梁、柱等线形杆件组成的骨架作为主要抵抗外荷载的结构,如图 5.1(a)所示。由于其布置灵活、使用方便,所以适应于非地震区的多层和层数不多的高层建筑。在地震区有时也采用,但由于其抗震能力相对较低、刚度较小,所以当采用砌体作隔墙时,墙体在地震中容易破坏。

2. 剪力墙结构

剪力墙结构是由纵向、横向钢筋混凝土墙体组成的抗侧力体系,如图 5.1(b)所示。

这种结构刚度大,空间整体性好,用钢量较省,还可以避免在室内露出梁柱,便于房间使用。但由于在剪力墙结构内难以布置大房间,使用不是十分灵活,所以只适用于高层住宅和旅馆。剪力墙结构的抗震性能很好,所以又把剪力墙称为"抗震墙"。还应当指出,由于剪力墙除承担水平剪力以外还承担竖向荷载,所以在国外也把它称为"结构墙"。

3. 框架-剪力墙结构

在框架结构中适当布置剪力墙即组成框架-剪力墙结构,如图5.1(c)所示。此结构既具有框架结构在使用上的灵活性,又具有较强的抗震能力和较好的刚度,因此在公共建筑和旅馆建筑中有广泛的应用。

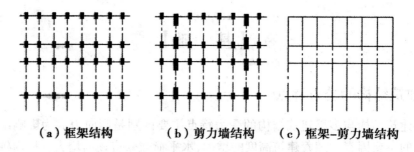

(a)框架结构　　(b)剪力墙结构　　(c)框架-剪力墙结构

图5.1　高层建筑结构体系

4. 筒体结构

随着房屋楼层数、高度的增加及抗震设防要求的提高,上述基于平面工作状态的框架和剪力墙所组成的高层建筑结构体系便不能满足要求了。此时,应使剪力墙构成空间薄壁筒体,成为竖向悬壁箱形梁;或者使框架的柱子密集,梁的刚度加强,成为框筒。而这种以一个或多个筒体作为主要抵抗水平力的结构称为筒体结构,如图5.2所示。

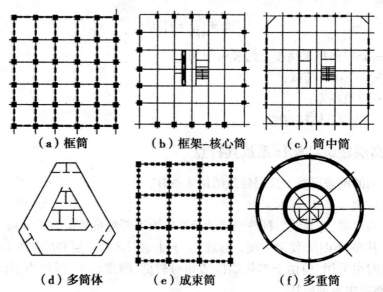

(a)框筒　　(b)框架-核心筒　　(c)筒中筒

(d)多筒体　　(e)成束筒　　(f)多重筒

图5.2　筒体结构

上面四种结构体系是目前国内的高层建筑常用的结构体系。

在应用框架结构的基础上,又发展了板柱-剪力墙结构和巨型结构两种结构体系。

5. 板柱-剪力墙结构

在这种体系内,楼板是无梁板。由于板柱框架比梁柱框架更柔,必须在两个主轴方向布置剪力墙,即板柱-剪力墙结构。

6. 巨型结构

巨型结构如图 5.3 所示,由若干巨柱(大截面或箱形截面)和巨梁(每隔若干个楼层设置一根,截面有一至二层楼高)或转换层大梁组成第一级结构,承受主要的水平与竖向荷载;普通的楼层梁柱为第二级结构,主要将楼面重量以及承受的水平力传递到第一级结构上去。因此,这种结构又称为多重结构体系。如深圳的亚洲大酒店和新华大厦均采用这种结构。

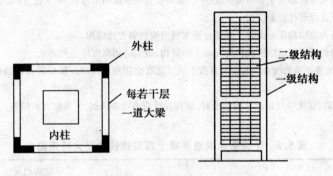

图 5.3 巨型结构

【实 务】

◆抗侧力结构体系的选择

选择结构体系通常应考虑房屋的高度和用途两个主要因素。

由于不同结构体系的承载力和刚度不同,所以其适用的高度范围也不同。一般说来,框架结构适用于设防烈度低、多层房屋及层数较少的高层房屋;而框架-剪力墙结构和剪力墙结构可适用于各种高度的房屋;在层数很多或设防烈度高时,可以采用筒体结构、混合结构等。

钢筋混凝土高层建筑结构根据最大的适用高度和高宽比不同,《高层建筑混凝土结构技术规程》将其分为 A 级和 B 级两级。B 级高度高层建筑结构的最大适用高度和高宽比可以比 A 级适当放宽,但是应遵守规程规定的更严格的计算和构造措施,且需经过专家的审查复核,各种体系适用的房屋最大高度见表 5.1 和表 5.2。

表5.1　A级高度钢筋混凝土高层建筑的最大适用高度　　　　　　　　　　　　　　单位:m

结构体系		非抗震设计	抗震设防烈度			
			6度	7度	8度	9度
框架		70	60	55	45	25
框架-剪力墙		140	130	120	100	50
剪力墙	全部落地剪力墙	150	140	120	100	60
	部分框支剪力墙	130	120	100	80	不应采用
筒体	框架-核心筒	160	150	130	100	70
	筒中筒	200	180	150	120	80
板柱-剪力墙		70	40	35	30	不应采用

注:1.房屋高度指室外地面至主要屋面高度,不包括局部突出屋面的电梯机房、水箱、构架等高度。
　　2.表中框架不含异形柱框架结构。
　　3.部分框支剪力墙结构指地面以上有部分框支剪力墙的剪力墙结构。
　　4.平面和竖向均不规则的结构或Ⅳ类场地上的结构,最大适用高度应适当降低。
　　5.甲类建筑,抗震设防烈度6、7、8度时宜按本地区抗震设防烈度提高一度后符合本表的要求,9度时应专门研究。
　　6.9度抗震设防,房屋高度超过本表数值时,结构设计应有可靠依据,并采取有效措施。

表5.2　B级高度钢筋混凝土高层建筑的最大适用高度　　　　　　　　　　　　　　单位:m

结构体系		非抗震设计	抗震设防烈度		
			6度	7度	8度
框架-剪力墙		170	160	140	120
剪力墙	全部落地剪力墙	180	170	150	130
	部分框支剪力墙	150	140	120	100
筒体	框架-核心筒	220	210	180	140
	筒中筒	300	280	230	170

注:1.房屋高度指室外地面至主要屋面高度,不包括局部突出屋面的电梯机房、水箱、构架等高度。
　　2.部分框支剪力墙结构指地面以上有部分框支剪力墙的剪力墙结构。
　　3.平面和竖向均不规则的建筑或位于Ⅳ类场地的建筑,表中数值应适当降低。
　　4.甲类建筑,抗震设防烈度6、7度时宜按本地区设防烈度提高一度后符合本表的要求,8度时应专门研究。
　　5.当房屋高度超过表中数值时,结构设计应有可靠依据,并采取有效措施。

目前,国内高层建筑大体上可分为住宅、旅馆、公共性建筑和部分工业建筑,按其不同用途可参照表5.3选择结构体系。住宅建筑通常考虑采用剪力墙结构,因为住宅本身要求很多的分隔墙,采用剪力墙结构可以同时作非承重隔墙,用钢量也比框剪结构少,而且室内无外露梁柱,比较受用户欢迎;某些情况下(如用框架轻板结构)也可以用框架-剪力墙结构。

表 5.3 适宜采用的结构体系

用途	房屋高度	
	50 m 以下	50 m 以上
住宅	剪力墙、(框架-剪力墙)	剪力墙、(框架-剪力墙)
旅馆	剪力墙、框架-剪力墙、(框架)	剪力墙、框架-剪力墙、筒体
公共建筑	框架-剪力墙、(框架)	框架-剪力墙、筒体

注:带括号表示少用;多层住宅一般采用框架结构。

5.2 高层建筑结构体系结构布置

【基 础】

◆ **平面不规则结构**

平面不规则结构的不规则类型可分为扭转不规则、凸凹不规则和楼板局部不连续三种。其相应规定详见表 5.4。

表 5.4 平面不规则的类型

不规则类型	定义
扭转不规则	楼层的最大弹性水平位移(或层间位移),大于该楼层两端弹性水平位移(或层间位移)平均值的 1.2 倍
凸凹不规则	结构平面凹进的一侧尺寸,大于相应投影方向总尺寸的 30%
楼板局部不连续	楼板的尺寸和平面刚度急剧变化,例如有效楼板宽度小于该层楼板典型宽度的 50%,或开洞面积大于该层楼面面积的 30%,或较大的楼层错层

◆ **竖向不规则结构**

建筑结构竖向不规则结构的不规则类型可分为侧向刚度不规则、竖向抗侧力构件不连续和楼层承载力突变三种类型,相应的定义详见表 5.5。

表 5.5 竖向不规则的类型

不规则类型	定义
侧向刚度不规则	该层的侧向刚度小于相邻上一层的 70%,或小于其上相邻 3 个楼层侧向刚度平均值的 80%;除顶层外,局部收进的水平向尺寸大于相邻下一层的 25%
竖向抗侧力构件不连续	竖向抗侧力构件(柱、抗震墙、抗震支撑)的内力由水平转换构件(梁、桁架等)向下传递
楼层承载力突变	抗侧力结构的层间受剪承载力小于相邻上一楼层的 80%

◆ 变形缝

变形缝包括沉降缝、伸缩缝及防震缝三种。在高层建筑中,为防止结构因温度变化和混凝土收缩而产生裂缝,通常隔一定距离用伸缩缝(温度-收缩缝)分开;在塔楼和裙房之间,由于沉降不同,常常设沉降缝分开;建筑物各部分层数、质量、刚度差异过大,或有错层时,也可采用防震缝分开。伸缩缝(温度-收缩缝)、沉降缝及防震缝将高层建筑划分为若干个结构独立的部分,成为独立的结构单元。

【实 务】

◆ 结构平面布置

高层建筑根据其外形的不同可以分为板式和塔式两大类。塔式建筑其平面长宽比 L/B 较小,是高层建筑的主要外形。如圆形、正多边形、方形、L/B 不大的长边形以及井字形、Y形等,塔式建筑比较容易实现结构在两个平面方向的动力特性相近;板式高层建筑在实际应用相对较少,其平面 L/B 相对较大,为了避免短边方向结构的抗侧刚度较小的问题,相应的抗侧力结构单元布置比较多,有时也可结合建筑平面将其做成折线或曲线形。高层结构平面布置应考虑以下问题:

(1)高层建筑的开间、进深尺寸和构件类型规格应尽量少,以利于建筑工业化。

(2)应尽量采用风压较小的形状,并注意考虑邻近高层房屋对该房屋风压分布的影响,如表面有竖向线条的高层房屋可增加5%风压,群体高层可增加50%的风压。

(3)有抗震设防要求的高层结构,其平面布置应力求简单、规整、均匀和对称,长宽比不应过大并尽量减小偏心扭转的影响。以往大量宏观震害表明,布置不对称、刚度不均匀的结构会产生难以计算和处理的地震力(如应力集中、扭曲等),从而引起严重后果。在抗震结构中,结构体型、布置和构造措施的好坏有时比计算精确与否更能直接影响结构的安全。建筑物平面尺寸过长(如板式建筑),在短边方向不仅侧向变形加大,而且会产生两端不同步的地震运动。由于较长的楼板在平面内既有扭转又有挠曲,与理论计算结果误差较大,所以平面长度 L 不应过大,突出部分也应尽量小,以接近塔式结构(对抗震有利的平面形式)。结构的承载力、刚度及质量分布、对称,质量中心与刚度中心应尽可能重合,并尽量增大结构的抗扭刚度。结构具有良好的整体性是高层建筑结构平面布置的关键。

(4)结构单元两端和拐角处受力复杂并且是温度效应敏感处,设置的楼电梯间会消弱其刚度,所以应尽量避免在端部与拐角处设置楼电梯间,若必须设置应采用加强措施。

◆ 结构竖向布置

高层结构竖向除应满足高宽比限值外,还要考虑以下几个问题:

(1)有抗震设防要求的建筑物,结构竖向布置要做到刚度均匀而连续,防止刚度突变和薄弱层造成震害。构件截面要从下至上逐渐减小,当某层刚度小于上层时,应不小于上层刚度的 70% 和其上相邻连续 3 层平均刚度的 80%。结构竖向体型要力求规则、均匀，避免有过大的外挑和内收，以防出现承载力沿高度分布不均匀的结构。满足上述要求的建筑结构可按竖向规则结构进行抗震分析。

（2）高层建筑应设地下室，有一定埋深的地下室，可以保证上部结构的稳定，可以充分利用地下室空间，同时地基承载力还可得到补偿。

◆ **平面不规则结构布置**

建筑平面的长宽比不应过大，一般应小于 b，以防因两端相距太远，振动不同步，产生扭转等复杂的振动而使结构受到损害。为了保证楼板平面内刚度较大，使楼板平面内不产生较大的振动变形，建筑平面的突出部分长度 l 应尽可能小。平面凹进时，应保证楼板宽度 B 足够大。Z 形平面则应保证重叠部分 l' 足够长。此外，因为在凹角附近，楼板容易产生应力集中，所以要加强楼板的配筋。平面各部分尺寸（如图 5.3 所示）宜满足表 5.6 的要求。

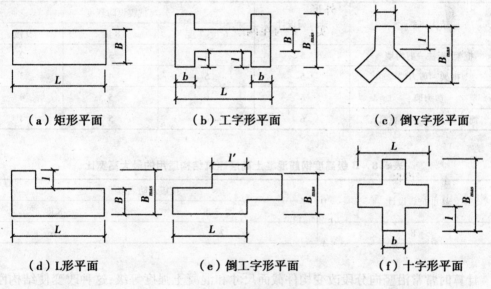

（a）矩形平面　　　（b）工字形平面　　　（c）倒Y字形平面

（d）L形平面　　　（e）倒工字形平面　　　（f）十字形平面

图 5.3　结构平面布置

在设计中，L/B 的数值 6、7 度设防时最好不超过 4；8、9 度设防时最好不超过 3。平面突出部分长度 l/b 的数值最好不超过 1.0。当平面突出部分长度 $l/b \leqslant 1$ 且 $L/B_{max} \leqslant 0.3$、质量和刚度分布比较均匀对称时，可以按规则结构进行抗震设计，见表 5.6。

表 5.6　平面尺寸 L、l、l'

设防烈度	L/B	L/B_{max}	l/b	l'/B_{max}
6、7 度	≤6.00	≤0.35	≤2.00	≥1.00
8、9 度	≤5.00	≤0.30	≤1.50	≥1.00

在规则平面中，若结构平面刚度不对称，仍然会产生扭转。因此，在布置抗侧力结构

时,应使结构均匀分布,令荷载作用线通过结构刚度中心,来减少扭转的影响。特别是布置刚度较大的楼电梯间时,更要注意保证其结构对称性。但有时从建筑功能方面考虑,在平面拐角部位和端部布置电梯间,则应采用剪力墙和筒体等加强措施。

框架-筒体结构和筒中筒结构更应选取双向对称的规则平面,如矩形、正多边形、正方形、圆形,当采用矩形平面时,L/B 不宜大于 1.5。若采用了复杂的平面而不能满足表 5.6 的要求,则应进行更细致的抗震验算,并采取相应的加强措施。

◆ 竖向不规则结构布置

抗震设防的建筑结构竖向布置应使体型规则、均匀,避免有较大的外挑和内收,结构的承载力和刚度应从下至上逐渐地减小。高层建筑结构的高宽比 H/B 不宜过大,如图 5.4 所示,宜控制在 5~6 以下,通常应满足表 5.7 或表 5.8 的要求,宽度比大于 5 的高层建筑应进行整体稳定验算和倾覆验算。

表 5.7　A 级高度钢筋混凝土高层建筑结构适用的最大高宽比

结构体系	非抗震设计	抗震设防烈度		
		6 度、7 度	8 度	9 度
框架、板柱-剪力墙	5	4	3	2
框架-剪力墙	5	5	4	3
剪力墙	6	6	5	4
筒中筒、框架-核心筒	6	6	5	4

表 5.8　B 级高度钢筋混凝土高层建筑结构适用的最大高宽比

非抗震设计	抗震设防烈度	
	6 度、7 度	8 度
8	7	6

计算时常常沿竖向分段改变构件截面尺寸和混凝土强度等级,这种改变使结构刚度从下至上递减。从施工角度来看,分段改变不应太多,但从结构受力角度来看,分段改变却应多而均匀。在实际工程设计中,通常沿竖向变化不超过 4 段。每次改变,梁、柱尺寸减少 100~150 mm,墙厚减少 50 mm,混凝土强度降低一个等级,而且一般尺寸改变与强度改变要错开楼层布置,以防楼层刚度产生较大突变。沿竖向出现刚度突变还有以下两个原因:

(1)结构的竖向体型突变。由于竖向体型突变而使刚度变化,一般有以下几种情况:

1)建筑顶部内收形成塔楼:顶部小塔楼由于鞭梢效应而放大地震作用,即塔楼的质量和刚度越小,则地震作用放大越明显。在可能的情况下,应采用台阶形逐渐内收的立面。

2)楼层外挑内收:由于结构刚度和质量变化大,在地震作用下易形成较薄弱环节。所以,《高层建筑混凝土结构技术规程》规定,抗震设计时,当结构上部楼层收进部分到室

外地面的高度 H_1 与房屋高度的比大于 0.2 时,上部楼层收进后的水平尺寸 B_1 不应小于下部楼层水平尺寸 B 的 0.75 倍,如图 5.4 所示。

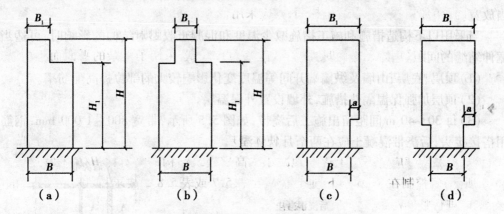

图 5.4　结构竖向收进和外挑示意图

(2)结构体系的变化。抗侧力结构布置改变在以下情况下发生。

1)剪力墙结构或框筒结构的底部大空间需要,底层或底部若干层剪力墙不落地,可能产生刚度突变。此时应尽量增加其他落地剪力墙、柱和筒体的截面尺寸,并适当提高相应楼层混凝土等级,尽量使刚度的变化减少。

2)中部楼层部分剪力墙中断。若建筑功能要求必须取消中间楼层的部分墙体,则取消的墙不得超过 1/2,其余墙体应加强配筋。

3)顶层应设置空旷的大空间,取消部分剪力墙或内柱。因顶层刚度削弱,高振型影响会使地震力加大。顶层取消的剪力墙不得超过 1/2。框架取消内柱后,全部剪力应由外柱箍筋承受,顶层柱子应全长加密配箍。

◆ 伸缩缝设置

通常,高层建筑可不计算温度和收缩产生的内力,但当房屋较长时,温度变化与收缩会使结构开裂。当结构未采取可靠措施时,应设置伸缩缝(温度 – 收缩缝)将除基础以外的上部结构断开,避免出现裂缝,伸缩缝的间距不应超过表 5.9 的要求。

表 5.9　伸缩缝的最大间距

结构体系	施工方法	最大间距/m
框架结构	现浇	55
剪力墙结构	现浇	45

注:1. 框架 – 剪力墙的伸缩缝间距可根据结构的具体布置情况取表中框架结构与剪力墙结构之间的数值。
　　2. 当屋面无保温或隔热措施、混凝土的收缩较大或室内结构因施工外露时间较长时,伸缩缝间距应适当减小。
　　3. 位于气候干燥地区、夏季炎热且暴雨频繁地区的结构,伸缩缝的间距宜适当减小。

当屋面无隔热或保温措施时,或位于气候干燥地区、夏季炎热并且暴雨频繁地区的结构,可适当减少伸缩缝的距离。当混凝土的收缩较大或室内结构由于施工而外露时间较长时,伸缩缝的距离也应减小。反之,当有充分依据,采取措施时,伸缩缝间距可以适当放宽。

当采用以下构造措施和施工措施减少温度和混凝土收缩对结构的影响时,可适当放宽伸缩缝的间距。

(1)顶层、底层、山墙及纵墙端开间等温度变化影响较大的部位提高配筋率。

(2)顶层加强保温隔热措施,外墙设置外保温层。

(3)每 30~40 m 间距留出施工后浇带,如图 5.5 所示,带宽 800~1 000 mm,钢筋采用搭接接头,后浇带混凝土应在两个月后浇灌。

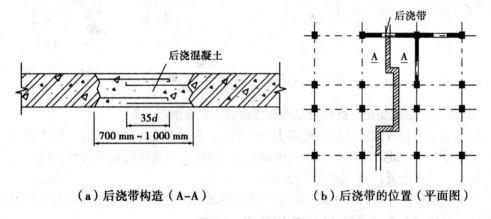

(a)后浇带构造(A-A)   (b)后浇带的位置(平面图)

图 5.5 施工后浇带

(4)顶部楼层改用刚度较小的结构形式或顶部设局部温度缝,将结构划分成长度较短的区段。

(5)采用收缩小的水泥、减少水泥用量、在混凝土中加入适量的外加剂。

(6)提高每层楼板的构造配筋率或采用无黏结预应力结构。

后浇带是一项常用的重要措施。设置后浇带以后,施工过程中混凝土可以自由收缩,进而大大减少了收缩应力。混凝土的抗拉强度可以大部分用来抵抗温度应力,提高结构抵抗温度变化的能力。

后浇带的填充材料可以采用掺外加剂的膨胀混凝土,或采用高一个等级的普通混凝土。后浇混凝土施工时的温度尽量接近主体混凝土施工时的温度。

后浇带应通过建筑物的整个横截面,分开全部墙、梁以及楼板,使得两边都可以自由收缩,在同一平面内搭接。通常情况下,后浇带可设在框架梁与楼板的 1/3 跨处;设在剪力墙洞口上方连梁在跨中或内外墙连接处。

为克服后浇带要求 2 个月后灌缝、钢筋要先断开、预留缝的清理工作十分麻烦,并需清理后打毛的缺陷。近年来工程中发展采用了膨胀加强带,它的原理是,在超长结构混凝土收缩(或拉应力)最大的部位设置膨胀加强带,如图 5.6 所示,在其内浇注掺有 UEA、ZY 及 AEA 等混凝土膨胀剂的补偿收缩混凝土,以补偿混凝土的收缩,控制混凝土的裂缝。

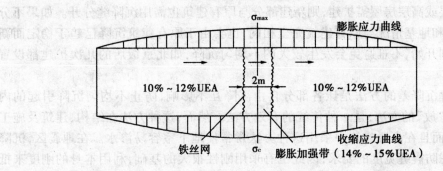

图 5.6　有防水要求的 UEA 无缝设计示意图(立面)

◆沉降缝设置

当房屋由于高度和荷载不同,或即使相同但地基有差异而可能导致房屋产生过大的不均匀沉降时,会将基础、地面、墙体、楼面以及屋面拉裂。此时,应设置沉降缝从基础到屋顶将整个房屋分开,减弱不均匀沉降的不利影响。沉降缝的宽度一般不应小于 50 mm。例如北京民航大楼由于Ⅰ、Ⅱ、Ⅲ段房屋高度差异大而设置的沉降缝位置,如图 5.7 所示。沉降缝可利用挑梁、搁置预制板或预制梁的方法做成,如图 5.8 所示。

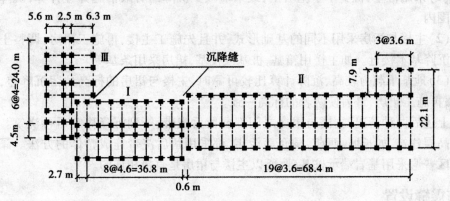

图 5.7　沉降缝位置

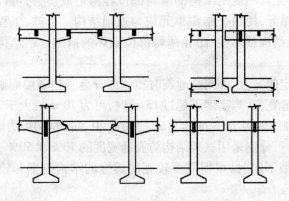

图 5.8　沉降缝的一般设置方法

如果多层或高层房屋需扩建,则新建部分与原有建筑也需用沉降缝分开。如果不分开,即便荷载和地基情况与原有建筑完全相同,也会由于原有建筑沉降已趋于稳定而新建部分却刚刚开始,不难避免会发生较大的不均匀沉降,如北京饭店的几次扩建都设置了沉降缝。

上面处理沉降差的方法是让各部分自由沉降互不影响,防止不均匀沉降引起的内力,可以称为"放"的方法,是一种传统的有效方法。然而,这种方法在结构、建筑及施工上都较复杂,而且在高层建筑中采用这种方法常常使地下室容易渗水。在地震区,沉降缝宽还要考虑防震缝宽度的要求,因此也有采用刚性很大的基础,利用本身的刚度来抵抗沉降差,而不设缝,即为"抗"的方法。这种方法材料消耗较多,不经济,只应在一定的情况下使用。

目前,高层建筑趋向于采用以上两种极端之间的方法,即调整各部分沉降差,在施工过程中留临时的后浇段,等到沉降大致稳定之后再连成整体,不设永久性的沉降缝,即为"调"的方法。采用这种所谓"调"的方法,高层建筑主楼与裙房之间在一定条件下可以不设沉降缝,从而解决了设计和施工中的一系列问题。

高层建筑主楼和裙房之间,层数和荷载都相差很大,通常在符合下列条件之一时,可不设沉降缝:

(1)采用桩基,桩支承于基岩上;或采取减少沉降的有效措施并经计算,沉降差在允许范围内。

(2)主楼与裙房采用不同的基础形式,并且先施工主楼,再施工裙房,调整土压力使后期沉降基本接近。如主楼用箱基、桩基或筏基,裙房采用条基等。

(3)地基承载力较高、沉降计算比较可靠时,主楼与裙房的标高预留沉降差,先施工主楼,再施工裙房,最后使两者的标高一致。

上述后两种情况,主楼与裙房之间都要留后浇带,等到沉降稳定后再浇筑。北京的一些高层建筑,如长城、西苑、昆仑等饭店,都采用留后浇带连成整体的方法。深圳和广州地区普遍采用基岩端承桩基础,所以主楼与裙房是直接相连的。

◆ **防震缝设置**

在地震作用下,尤其不规则结构的薄弱部位容易造成震害,可以用防震缝将其划分成若干独立的抗震单元,使各个结构单元成为规则结构。目前,工程设计更倾向于不设防震缝,而采取加强结构整体性、防止薄弱部位破坏的措施。钢结构房屋建筑通常不设防震缝。

防震缝应有一定的宽度,否则在地震时相邻部分会互相碰撞而破坏。钢筋混凝土框架结构房屋的防震缝宽度,当高度不超过15 m时,可为70 mm;大于15 m时,6度、7度、8度和9度分别每增加5 m、4 m、3 m和2 m,应加宽20 mm;框架剪力墙结构与剪力墙结构房屋的防震缝宽度,可分别采用框架结构防震缝宽度的70%和50%,但都不小于70 mm。防震缝两侧结构类型不同时,根据需要较宽防震缝的结构类型和较低房屋高度来确定缝宽。

5.3 高层建筑结构风荷载

【基　础】

◆ **风荷载**

风荷载是当空气流动形成的风遇到建筑物时，就在建筑物表面产生压力和吸力的作用。风的作用是不规则的，风压随着风速和风向的紊乱变化而不停地改变。实际上，风荷载是随时间而波动的动力荷载，但房屋设计中通常把它看成静荷载，在设计抗侧力结构、维护构件和考虑人们的舒适度时都要用到风荷载。首先，要确定建筑物表面单位面积上的风荷载标准值，然后计算建筑物表面的风荷载。对于高度较大并且比较柔软的高层建筑，要考虑动力效应影响，适当的加大风荷载数值。

大多数建筑(高度 300 m 以下)可按照荷载规范规定的方法来计算风荷载值，少数建筑(高度大、对风荷载敏感或有特殊情况者)还要通过风洞试验来确定风荷载，以补充规范的不足。

【实　务】

◆ **单位面积上的风荷载标准值**

风在建筑物中产生的风压仍然按《荷载规范》的公式(5.4)计算：

$$\omega_k = \beta_z \mu_s \mu_z \omega_0 \tag{5.4}$$

式中　ω_0——基本风压；
　　　μ_s——风载体型系数；
　　　μ_z——风压高度变化系数；
　　　β_z——风振系数。

1. 基本风压 ω_0

基本风压 ω_0 是按当地五十年一遇、10 m 高度上的 10 min 平均风压值来确定的。《荷载规范》已给出了全国各主要城市的基本风压值，包括重现期，$n = 10, 50, 100$ 对应的风压值。如北京市五十年一遇和一百年一遇的基本风压值 ω_0 分别是 0.45 kN/m² 和 0.50 kN/m²；广州市相应的基本风压值为 0.50 kN/m² 和 0.60 kN/m²。

对于高层建筑，风荷载是主要荷载之一，因此，一般高层建筑设计的基本风压应按五十年一遇的风压取用。对于特别重要的高层建筑及对风荷载敏感的高层建筑，则应按一百年一遇的基本风压值采用。是否对风荷载敏感，主要决定于高层建筑自身的动力反应特性，但目前还没有定量的划分标准。为保证风荷载计算不过小，房层高度大于 60 m 的高层建筑可按一百年一遇的风压值采用；高度不大于 60 m 的高层建筑，应视实际情况确定其重现期是否提高。

2. 风载体型系数 μ_s

风载体型系数 μ_s 是指风作用在建筑物表面上所引起的实际压力（或吸力）与来风的速度压的比值，μ_s 描述了建筑物表面在稳定风压作用下静态压力的分布规律，主要与建筑物的体型和尺度相关，也与周围环境和地面粗糙度相关。

现行《荷载规范》表 7.3.1 给出了 38 项不同类型的建筑物和各类结构的体型系数。为了方便高层建筑应用，我国《高层建筑混凝土结构技术规程》对其作了简化，给出了以下便于高层建筑结构设计的风荷载体型系数的一般规定。

计算主体结构的风荷载效应时，μ_s 可按下列规定采用：

(1) 圆形平面建筑取 0.8。

(2) 正多边形及截角三角形平面建筑，由下式计算：

$$\mu_s = 0.8 + \frac{1.2}{\sqrt{n}}$$

式中 n——多边形的边数。

(3) 高宽比 H/B 不大于 4 的矩形、方形、十字形平面建筑取 1.3。

(4) 下列建筑取 1.4。

1) V 形、Y 形、双十字形、弧形、井字形平面建筑。

2) L 形、槽形和高宽比 H/B 大于 4 的十字形平面建筑。

3) 宽比 H/B 大于 4，长宽比 L/B 不大于 1.5 的矩形、鼓形平面建筑。

(5) 在需要更细致进行风荷载计算的场合，风载体型系数可按《高层建筑混凝土结构技术规程》附录 A 采用，或根据风洞试验确定。

对于多个或群集的高层建筑，应考虑风力相互干扰的群体效应。通常可将单独建筑物的风载体型系数 μ_s 乘以相互干扰增大系数，这个系数可参考类似条件的试验资料确定，必要时应通过风洞试验得出。对于高度大于 200 m，以及房屋高度大于 150 m 的平面不规则、环境复杂、立面开洞复杂的高层建筑，则应通过风洞试验确定其风载体型系数。

复杂体型高层建筑在进行内力和位移计算时，正反两个方向风荷载的绝对值可按两个方向中的较大值采用。

3. 风压高度变化系数 μ_z

风速大小与高度有关，由地面沿高度随指数函数曲线逐渐增大，上层风速受地面影响小、风速较稳定。风速与地貌和环境有关，不同的地面粗糙度使风速沿高度增大的梯度不同。通常来说，地面越粗糙，风的阻力越大，风速越小。《荷载规范》（GB 50009—2001）将地面粗糙度分为 A、B、C、D 四类。

(1) A 类指近海海面、海岛、海岸、湖岸及沙漠地区。

(2) B 类指田野、乡村、丛林、丘陵以及房屋比较稀疏的乡镇和城市郊区。

(3) C 类指有密集建筑群的城市市区。

(4) D 类指有密集建筑群且房屋较高的城市市区。

《荷载规范》给出了各类地区风压随高度变化系数，见表 5.9。位于山峰和山坡地的高层建筑，它的风压高度系数还要进行修正，修正内容可从《荷载规范》查阅。建在山上或河岸附近的建筑物，它的离地高度应从山脚或水面算起。

表 5.9 风压高度变化系数 μ_z

离地面或海平面高度 /m	地面粗糙度类别			
	A	B	C	D
5	1.17	1.00	0.74	0.62
10	1.38	1.00	0.74	0.62
15	1.52	1.14	0.74	0.62
20	1.63	1.25	0.84	0.62
30	1.80	1.42	1.00	0.62
40	1.92	1.56	1.13	0.73
50	2.03	1.67	1.25	0.84
60	2.12	1.77	1.35	0.93
70	2.20	1.86	1.45	1.02
80	2.27	1.95	1.54	1.11
90	2.34	2.02	1.62	1.19
100	2.40	2.09	1.70	1.27
150	2.64	2.38	2.03	1.61
200	2.83	2.61	2.30	1.92
250	2.99	2.80	2.54	2.19
300	3.12	2.97	2.75	2.45
350	3.12	3.12	2.94	2.68
400	3.12	3.12	3.12	2.91
≥450	3.12	3.12	3.12	3.12

4. 顺风向风振和风振系数 β_z

如上所述，基本风压 ω_0 是由 10 min 内平均风速确定的风压值。然而实际上风速是脉动的，存在着高频的脉动部分；另外，结构由于其自身的刚度，即自振频率的不同，对脉动风产生的顺风向反应也不同。对一般房屋，由于整体刚度较大，所以受脉动风的影响较小，而对高层建筑及其他高柔结构则不能忽略风荷载的脉动的影响。由此，《荷载规范》规定对于高度大于 30 m 且高宽比大于 1.5 的房屋结构，以及基本自振周期 T_1 大于 0.25 s 的塔架、桅杆、烟囱等高耸结构应采用风振系数来考虑风压脉动的影响。风振系数 β_z 应当考虑风的脉动和及建筑物刚度（或自振频率）两方面的影响。

我国《荷载规范》和《高层建筑混凝土结构技术规程》关于高层建筑的风振系数 β_z 按下式计算：

$$\beta_z = 1 + \frac{\varphi_z \xi v}{\mu_z}　\quad (5.5)$$

式中　φ_z ——振型系数，可根据结构动力计算确定，计算时可只考虑受力方向基本振型的影响;对于质量和刚度沿高度分布较为均匀的弯剪型结构,也可近似采用振型计算点距室外地面高度 z 与房屋高度 H 的比值,即采用:

$$\varphi_z = \frac{z}{H}$$

式中 ξ——脉动增大系数,可按表 5.10 采用;
ν——脉动影响系数,外形、质量沿高度比较均匀的结构可按表 5.11 采用;
μ_z——风压高度变化系数,见《荷载规范》。

表 5.10 脉动增大系数 ξ(B 类粗糙度地区)

$w_0 T_1^2/(\text{kN} \cdot \text{s}^2 \cdot \text{m}^{-2})$	0.01	0.02	0.04	0.06	0.08	0.10	0.20	0.40	0.60
钢结构	1.47	1.57	1.69	1.77	1.83	1.88	2.04	2.24	2.36
有填充墙的房屋钢结构	1.26	1.32	1.39	1.44	1.47	1.50	1.61	1.73	1.81
混凝土及砌体结构	1.11	1.14	1.17	1.19	1.21	1.23	1.28	1.34	1.38
$w_0 T_1^2/(\text{kN} \cdot \text{s}^2 \cdot \text{m}^{-2})$	0.80	1.00	2.00	4.00	6.00	8.00	10.00	20.00	30.00
钢结构	2.46	2.53	2.80	3.09	3.28	3.42	3.54	3.91	4.14
有填充墙的房屋钢结构	1.88	1.93	2.10	2.30	2.43	2.52	2.60	2.85	3.01
混凝土及砌体结构	1.42	1.44	1.54	1.65	1.72	1.77	1.82	1.96	2.06

注:A,C,D 类粗糙地区按当地的基本风压分别乘以 1.38、0.62、0.32 后代入。

表 5.11 高层建筑的脉动影响系数 ν

H/B	粗糙度类别	房屋总高度 H/m							
		≤30	50	100	150	200	250	300	350
<0.5	A	0.44	0.42	0.33	0.27	0.24	0.21	0.19	0.17
	B	0.42	0.41	0.33	0.28	0.25	0.22	0.20	0.18
	C	0.40	0.40	0.34	0.29	0.27	0.23	0.22	0.20
	D	0.36	0.37	0.34	0.30	0.27	0.25	0.27	0.22
1.0	A	0.48	0.47	0.41	0.35	0.31	0.27	0.26	0.24
	B	0.46	0.46	0.42	0.36	0.36	0.29	0.27	0.26
	C	0.43	0.44	0.42	0.37	0.34	0.31	0.29	0.28
	D	0.39	0.42	0.42	0.38	0.36	0.33	0.32	0.31
2.0	A	0.50	0.51	0.46	0.42	0.38	0.35	0.33	0.31
	B	0.48	0.50	0.47	0.42	0.40	0.36	0.35	0.33
	C	0.45	0.49	0.48	0.44	0.43	0.38	0.38	0.36
	D	0.41	0.46	0.48	0.46	0.44	0.42	0.42	0.39
3.0	A	0.53	0.51	0.49	0.45	0.42	0.38	0.38	0.36
	B	0.51	0.50	0.49	0.45	0.43	0.40	0.40	0.38
	C	0.48	0.49	0.49	0.48	0.46	0.43	0.43	0.41
	D	0.43	0.46	0.49	0.49	0.48	0.46	0.46	0.45

续表 5.11

H/B	粗糙度类别	房屋总高度 H/m							
		≤30	50	100	150	200	250	300	350
5.0	A	0.52	0.53	0.51	0.49	0.46	0.44	0.41	0.39
	B	0.50	0.53	0.52	0.50	0.48	0.45	0.44	0.42
	C	0.47	0.50	0.52	0.52	0.50	0.48	0.47	0.45
	D	0.43	0.48	0.52	0.53	0.53	0.52	0.51	0.50
8.0	A	0.53	0.54	0.53	0.51	0.48	0.46	0.43	0.42
	B	0.51	0.53	0.54	0.52	0.50	0.49	0.46	0.44
	C	0.48	0.51	0.54	0.53	0.52	0.52	0.50	0.48
	D	0.43	0.48	0.54	0.53	0.55	0.55	0.54	0.53

◆总体风荷载与局部荷载

建筑物各表面承受风作用力的合力,是沿高度变化的分布荷载即为总体风荷载,用于计算抗侧力结构的侧移及各构件内力。计算方法是首先计算得到某高度处风荷载标准值,然后计算该高度处各个受风面上风荷载的合力值(各受风面上的风荷载与该表面垂直,投影后求合力)。也可按下式直接计算:

$$W = \beta_z \mu_z \omega_0 (\mu_{s1} B_1 \cos \alpha_1 + \mu_{s2} B_2 \cos \alpha_2 + \cdots + \mu_{sn} B_n \cos \alpha_n) \tag{5.6}$$

式中 n——建筑外围表面数;

B_i——第 i 个表面的宽度;

μ_{si}——第 i 个表面的风载体型系数;

α_i——第 i 个表面法线与总风荷载作用方向的夹角。

要注意每个表面体型系数的正负号,也就是注意每个表面是风压力还是风吸力,以便在求合力时作矢量相加。注意由上式计算得到的 W 是线荷载,单位为 kN/m。

各表面风力的合力作用点,也就是总体风荷载的作用点。设计时,将沿高度分布的总体风荷载的线荷载换算成集中作用在各楼层位置的集中荷载,再计算结构的内力和位移。

局部风荷载用于计算结构局部构件或围护构件或围护构件与主体的连接,如水平悬挑构件、幕墙构件及其连接件等,其单位面积上的荷载标准值的计算公式仍采用式(5.5),但采用局部风荷载体型系数,对于檐口、遮阳板、阳台、雨篷等突出构件的上浮力,取 $\mu_s \geq -2.0$。设计建筑幕墙时,风荷载根据国家现行幕墙设计标准的规定采用。

对封闭式建筑物,内表面也会有压力或吸力,可分别按外表面风压的正、负情况取 -0.2 或 $+0.2$。

◆高层建筑结构荷载实例

有一栋 10 层高现浇框架-剪力墙结构的办公楼,其平面图如图 5.9 所示,剖面图如图 5.10 所示。假设当地基本风压为 0.6 kN/m²,地面粗糙度为 A 类。

要求:以表格形式写出,在图示风向作用下,建筑物各楼层风振系数计算结果。

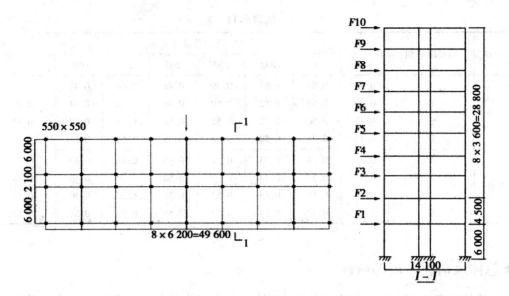

图 5.9 平面图

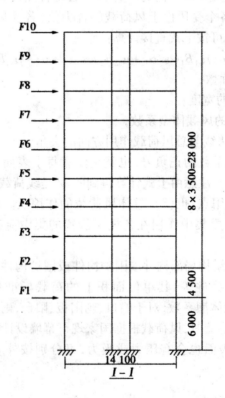

图 5.10 剖面图

【解】

$T_1/s = 0.06 \times N = 0.06 \times 10 = 0.6$

因为 $\omega_0 = 0.60 \text{kN/m}^2$，地面粗糙度为 A 类。

所以 $\omega_0 \times T_1^2 = 1.38 \times 0.60 \times 0.6^2 = 0.298$，由表 5.10 可计算得 $\xi = 1.309$。

因为 $B = 14.65$。

所以 $H/B = 38.5/14.65 = 2.628$；A 类地面，$\nu = 0.500$。

根据 A 类地面粗糙度和离地高度 H_i，查表 5.9 可得相应的 μ_z 值。

所以，各楼层位置处的风振系数计算结果见表 5.12。

表 5.12　各楼层风振系数计算结果

楼层	楼面距地面高度/m	φ_z	ξ	ν	μ_z	β_z
1	6.0	0.156	1.309	0.500	1.21	1.084
2	10.5	0.273			1.39	1.129
3	14.0	0.364			1.41	1.169
4	17.5	0.455			1.58	1.188
5	21.0	0.545			1.65	1.216
6	24.5	0.636			1.71	1.243
7	28.0	0.727			1.77	1.269
8	31.5	0.818			1.82	1.294
9	35.0	0.909			1.86	1.320
10	38.5	1.000			1.90	1.344

5.4　高层建筑结构设计要求与计算原则

【基　础】

◆ **多高层建筑结构设计要求**

与一般结构设计相同，多高层建筑结构设计应当保证在荷载作用下结构有足够的承载能力和刚度，以保证结构的安全和正常使用。

在使用荷载及风荷载作用下，结构应处于弹性阶段或仅有微小的裂缝出现。结构应满足承载能力的要求，及水平位移限值的要求。

在地震作用下，原则上应满足三个水准抗震设防目标的要求；其具体做法，规范采用了二阶段设计法。现行《建筑抗震设计规范》要求用小震下的地震作用等效荷载，用弹性静力方法计算地震作用效应（内力和位移），并将其同恒荷载及其他荷载效应组合，用验算承载力及限制位移的方式进行第一水准设防。在中震下,结构进入弹塑性阶段,通常不再进行地震作用的分析计算(某些特殊情况除外),而是从构造上采取措施保证构件有足够延性,也就是第二水准设防。以上属于第一阶段设计,要求对大多数结构进行分析计算。第二阶段设计是通过罕遇地震作用下结构薄弱层(部位)弹塑性变形验算,并采取相应的构造措施,来满足第三水准要求,保证结构在大震中不倒。

◆ 多高层建筑结构计算的一般原则与简化假定

1. 荷载沿主轴方向作用

实际荷载及水平地震作用方向是随意的、不定的。但是在结构计算中往往假设水平力 P_x、P_y,作用于结构布置平面图中的主轴方向,如图 5.11 所示,而对互相正交的两个主轴 x 方向和 y 方向分别进行内力分析。在矩形平面中,主轴分别与矩形两条边平行。

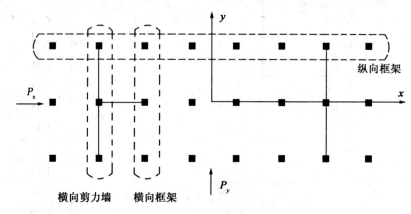

图 5.11 荷载作用方向

2. 平面结构假定

采用简化或手算方法计算荷载与作用效应时,允许将多高层建筑结构划分成若干个平面结构,考虑它们空间协同工作来计算。

目前,最广泛应用的框架结构、框架-剪力墙结构及剪力墙结构,在按照这个假定下进行简化计算时,可以把整个结构看作由若干片(或榀)抗侧力结构即平面框架、平面剪力墙所组成。在正交布置时,可以认为每一个方向的水平力只由本方向的各片抗侧力结构承担,其与荷载方向垂直的抗侧力结构在计算中不考虑,如图 5.11 所示。当抗侧力结构与主轴斜交时,在简化计算中可将柱和剪力墙的刚度转换到主轴方向再进行计算。

3. 假定楼板在自身平面内刚度无穷大

各个平面抗侧力结构之间通过楼板联系而形成空间工作。楼板在其自身平面内刚度很大,可看作刚度无限大的平板,而楼板平面外的刚度很小,可以忽略不计。

按这一假定,图 5.12 中的结构,在横向(y 方向)把结构简化成 4 榀框架、2 片双肢墙,也就是该结构具有 6 片平面抗侧力结构,它们借助于无限刚性的楼板联系而共同抵抗 y 方向的水平力。当结构无扭转时各片结构的每层楼板标高处的侧移应该相等,如图 5.13 所示。当结构有扭转时,楼盖只作刚体转动,因此各片结构的侧移值呈直线关系。

同理,在纵向(x方向)把结构视为由2片纯框架(两边,每片有5跨)和2片含剪力墙的框架组成。

4. 水平力按位移协调的原则分配

经过荷载和地震作用计算后,每一楼层水平力是已知的,但每片框架、每片墙受到的力是多少尚未知。若简单地按柱距或剪力墙间距分配,必然会使刚度大的、起主要作用的结构分配得少,刚度小的结构分配得多,偏于不安全。

在不考虑结构扭转时,因为楼板在平面内的刚度可视为无穷大,所以同一楼层上水平位移相同。所以,水平力的分配与各片抗侧力结构的刚度有关,刚度越大的结构单元分配到的水平力越大。

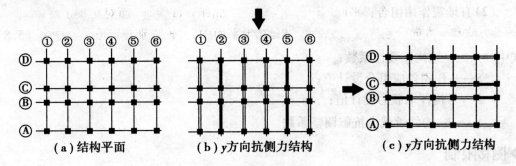

图 5.12　高层建筑结构的简化计算图形

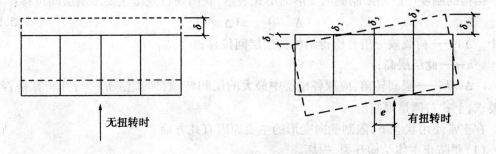

图 5.13　楼板无限刚性假定

5. 结构计算采用弹性分析方法

我国混凝土结构设计规范都采用弹性内力分析、弹塑性截面配筋的设计方法,也就是不考虑钢筋混凝土结构材料的弹塑性性质和开裂对内力分布的影响。所以,高层建筑结构也用弹性分析方法计算,只在部分情况下考虑弹塑性性能影响。

在内力和位移计算中,所有的构件都可采用弹性刚度,在框架-剪力墙结构中,连梁的刚度可折减,折减系数不应小于 0.55。

6. 等效刚度原则

若结构在某一组水平荷载作用下其顶点位移为 u,而另一个竖向悬臂弯曲梁在相同水平荷载作用下也有相同的顶点水平位移,就可以认为此悬臂梁与结构有相同的刚度,把此悬臂梁的刚度(用符号 EI_{eq} 或 EI_d 表示)称为原结构的等效刚度。等效刚度与原结构顶点位移有关,所以实质上是用位移的大小来间接表达结构的刚度。

【实　务】

◆承载能力计算

按承载能力极限状态设计要求,结构构件承载力计算的一般表达式为:
(1)无地震作用组合:
$$\gamma_0 S \leq R \tag{5.7}$$
(2)有地震作用组合:
$$S \leq R/\gamma_{RE} \tag{5.8}$$

式中　γ_0——结构重要性系数;
　　　S——作用效应组合设计值;
　　　R——构件承载力设计值;
　　　γ_{RE}——构件承载力抗震调整系数。

◆侧移限制

1.使用阶段层间位移限制

结构的刚度可以用限制侧向变形的形式表达,我国现行规范主要限制层间位移:
$$(\Delta u/h)_{max} \leq [\Delta u/h] \tag{5.9}$$

式中　Δu——荷载效应组合所得结构楼层层间位移;
　　　h——此层层高;
　　　$\Delta u/h$——层间转角,应取各楼层中最大的层间转角,即$(\Delta u/h)_{max}$,并验算是否满足要求,上式右侧是限制值。

在正常使用状态下,限制侧向变形的主要原因有几方面。
(1)要防止主体结构开裂、损坏。
(2)防止填充墙及装修开裂、损坏。
(3)过大的侧向变形会使人有不舒适感,影响正常使用。
(4)过大的侧移会使结构产生附加内力($P-\Delta$效应)。在正常使用状态下(风荷载和小震作用)$\Delta u/h$的限值按表5.13选用。

表 5.13 正常使用情况下的 $\Delta u/h$ 的限制值

材料	结构高度	结构类型	限制值
钢筋混凝土结构	1)不大于 150 m	框架	1/550
		框架-剪力墙、框架-核心筒	1/800
		剪力墙、筒中筒	1/1 000
		框支层	1/1 000
	2)不小于 250 m	各种类型结构	1/500
钢结构		各种类型结构	1/300

注:高度在 150~250 m 之间的钢筋混凝土高层建筑,限制值按 1)、2)两类限制值插入计算。

2. 防止倒塌层间位移限制

罕遇地震作用下,为避免结构倒塌,要限制结构的最大弹塑性层间侧移。罕遇地震作用下 $\Delta u/h$ 的限值按表 5.14 选用。

表 5.14 罕遇地震作用下的弹塑性层间位移 $\Delta u/h$ 的限制值

材料	结构类型	限制值
钢筋混凝土结构	框架	1/50
	框架-剪力墙、框架-核心筒	1/100
	剪力墙、筒中筒	1/120
	框支层	1/120
钢结构	各种类型结构	1/50

◆舒适度要求

高层建筑物在风荷载作用下将产生振动,过大的振动加速度会使居住在高楼内的人们感觉不舒适,甚至不能忍受。国外研究人员研究了人的舒适程度与振动加速度之间的关系,两者的关系见表 5.15,表中 g 为重力加速度。我国现行标准《高层建筑混凝土技术规程》要求高度超过 150 m 的高层建筑混凝土结构应具备更好的使用条件,并满足舒适度的要求,根据现行国家标准《建筑结构荷载规范》(GB 50009—2001)规定的 10 年一遇的风荷载取值计算,或根据专门风洞试验确定的结构顶点最大加速度 α_{max} 不应超过表 5.16 的限值。

表 5.15 舒适度与振动加速度的关系

不舒适的程度	建筑物的加速度/g
无感觉	<0.005
有感觉	0.005~0.015
扰人	0.015~0.05
十分扰人	0.05~0.15
不能忍受	>0.15

表 5.16 结构顶点最大加速度限值 α_{max}

使用功能	$\alpha_{max}/(m \cdot s^{-2})$
住宅、公寓	0.15
办公、旅馆	0.25

◆稳定和抗倾覆

1. 结构整体稳定验算

无侧移时通常不会发生整体失稳(高层结构刚度较大,现浇楼板作为横向隔板,整体性较强);有侧移时水平荷载会产生重力二阶效应($P-\Delta$效应)$P-\Delta$效应过大时会造成结构发生整体失稳破坏。

2. 高层钢筋混凝土结构的稳定验算

剪力墙、框架-剪力墙、筒体结构应符合式(5.10)要求,框架结构应符合式(5.11)要求,式中 n 为结构总层数,否则将认为结构不满足整体稳定性要求。

$$EJ_d \geq 1.4H^2 \sum_{i=1}^{n} G_i (i=1,2,\cdots,n) \tag{5.10}$$

$$D_i \geq 10 \sum_{j=i}^{n} G_i/h_i (i=1,2,\cdots,n) \tag{5.11}$$

当剪力墙、框架-剪力墙、筒体结构符合式(5.12)的要求,或者框架结构符合式(5.13)的要求,认为结构满足稳定性要求,且可不考虑重力二阶效应对其的影响。

$$EJ_d \geq 2.7H^2 \sum_{i=1}^{n} G_i (i=1,2,\cdots,n) \tag{5.12}$$

$$D_i \geq 20 \sum_{j=i}^{n} G_i/h_i (i=1,2,\cdots,n) \tag{5.13}$$

剪力墙、框架-剪力墙、筒体结构符合式(5.14)的条件或框架结构符合式(5.15)的条件时,可以认为结构满足稳定性要求,但应考虑重力二阶效应对水平力作用下结构内力及位移的不利影响。高层建筑结构重力二阶效应可采用弹性方法计算,也可以采用对没有考虑重力二阶效应的计算结果乘以增大系数的方法近似考虑。

$$2.7H^2 \sum_{i=1}^{n} G_i > EJ_d > 1.4H^2 \sum_{i=1}^{n} G_i \quad (i=1,2,\cdots,n) \tag{5.14}$$

$$20 \sum_{j=i}^{n} G_i/h_i > D_i > 10 \sum_{j=i}^{n} G_i/h_i \quad (i=1,2,\cdots,n) \tag{5.15}$$

式中 EJ_d——结构一个主轴方向的弹性等效抗侧刚度;

D_i——第 i 楼层的弹性等效抗侧刚度;

H——房屋高度;

h_i——第 i 楼层层高;

G_i, G_j——第 i,j 层重力荷载设计值。

5.5 混凝土剪力墙结构设计

【基 础】

◆ **剪力墙的分类**

1. 一般剪力墙与短肢剪力墙

一般剪力墙：$h_w/b_w > 8$。

短肢剪力墙：$h_w/b_w = 5 \sim 8$。

式中 h_w/b_w——墙肢截面的高宽比。

2. 小墙肢和框架柱

小墙肢：$3 < h_w/b_w < 5$。

框架柱：$h_w/b_w \leq 3$。

设计中应尽量避免出现小墙肢，是由于在这种情况下即使将配筋加强，在反复荷载作用下也比大墙肢早开裂早破坏。当 h_w/b_w 不大于 3 时，应按框架柱进行截面设计，且 h_w 不应小于 500 mm。这两种情况都应符合后述的专门的构造要求。

3. 翼墙和端柱

翼墙：$l_f/b_f \geq 3$。

端柱：$3b_f > l_f \geq 0.5b_w$。

式中 $l_f 、b_f$——翼墙的一边伸出长度及其厚度，如图 5.14 所示；

b_w——剪力墙的厚度。也可以说，作为端柱，它的截面边长不小于墙厚的 2 倍。

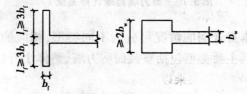

图 5.14 翼墙及端柱

◆ **剪力墙计算采用的基本假定**

为了简化计算，剪力墙在水平荷载作用下计算时，作以下假定。

(1)楼板在其自身平面内的刚度极大，可将其看作刚度无限大的刚性楼盖。

(2)因为剪力墙在其自身平面内的刚度很大，而在其平面外的刚度又极小，可忽略不计，所以可以把空间结构简化作平面结构处理，也就是剪力墙只承受在其自身平面内的水平荷载。

由于上述两个假定，剪力墙结构承受的水平荷载作用可根据各片剪力墙的等效抗弯刚度分配给各片剪力墙,然后分别进行内力和位移计算。如图5.15(a)所示的剪力墙可分别按图5.15(b)、(c)的剪力墙考虑。

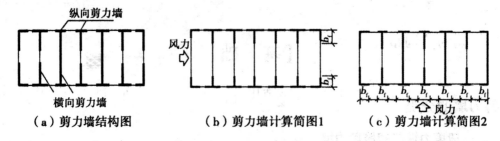

(a)剪力墙结构图　　(b)剪力墙计算简图1　　(c)剪力墙计算简图2

图5.15　剪力墙结构计算截面

根据有关规范,计算剪力墙结构的内力及位移时,可以考虑纵、横墙的共同工作,纵墙的一部分或横墙的一部分可分别作为横墙或纵墙的有效翼缘,如图5.16所示。现浇剪力墙有效翼缘宽度b_f可按表5.17所列各项最小值取用。装配整体式剪力墙有效翼缘的宽度应将表中数值适当折减后采用。

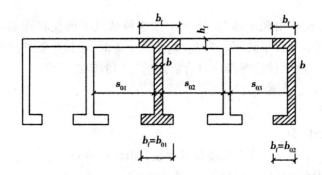

图5.16　剪力墙翼缘计算宽度b_f

各片剪力墙根据其本身开洞的情况可分为不同类型,相应的受力特点、计算简图和计算方法也各不相同。其主要类型包括整截面剪力墙、整体小开口剪力墙、双肢墙(多肢墙)和壁式框架等几种。

表5.17　剪力墙的有效翼缘宽度b_f

考虑方式	截面形式	
	T(或I)形截面	L形截面
按剪力墙的间距离s_0考虑	$b+\dfrac{s_{01}}{2}+\dfrac{s_{02}}{2}$	$b+\dfrac{s_{03}}{2}$
按翼缘厚度h_f考虑	$b+12h_f$	$b+6h_f$
按门窗洞净宽b_0考虑	b_{01}	b_{02}

【实 务】

◆ 剪力墙的结构布置

1. 高宽比限制

钢筋混凝土高层剪力墙结构的最大适用高度和高宽比应满足水平荷载作用下的整体抗倾覆稳定性要求,并应使设计经济合理。A级和B级高度剪力墙的最大适用高度要分别满足表5.18和表5.19的要求。

表5.18 A级高度钢筋混凝土剪力墙的最大适用高度

项目	非抗震设计/m	6度设防/m	7度设防/m	8度设防/m	9度设防/m
全部落地剪力墙	150	140	120	100	60
部分宽肢剪力墙	130	120	100	80	不应使用

表5.19 A级高度钢筋混凝土剪力墙的最大适用高度

项目	非抗震设计/m	6度设防/m	7度设防/m	8度设防/m
全部落地剪力墙	180	170	150	130
部分宽肢剪力墙	150	140	120	100

A级和B级高度钢筋混凝土剪力墙结构的最大高宽比限值应分别满足表5.20和表5.21的要求。

表5.20 A级高度钢筋混凝土剪力墙结构的最大高宽比

项目	非抗震设计	6度、7度设防	8度设防	9度设防
高宽比限值	6	6	5	4

表5.21 B级高度钢筋混凝土剪力墙结构的最大高宽比

项目	非抗震设计	6度、7度设防	8度设防
高宽比限值	8	7	6

2. 结构平面布置

(1)在剪力墙结构中,剪力墙应沿主轴方向或其他方向双向布置。一般情况下,采用矩形、T形、L形平面时,剪力墙沿两个正交的主轴方向布置;三角形及Y形平面可沿3个方向布置;正多边形、弧形和圆形平面,则可沿径向及环向布置。抗震设计的剪力墙结构,应避免只有单向有墙的结构布置形式。剪力墙墙肢截面应简单、规则,剪力墙结构的侧向刚度不宜过大。侧向刚度过大,将使结构周期过短,地震作用大,很不经济。此外,长度过大的剪力墙易形成中高墙或矮墙,由受剪承载力控制破坏状态,使延性变形能力减弱,不利于抗震。

(2)高层建筑结构不宜采用全部为短肢剪力墙的剪力墙结构(短肢剪力墙是指墙肢截面高度与厚度之比为 5~8 的剪力墙,通常剪力墙是指墙肢截面高度与厚度之比大于 8 的剪力墙)。短肢剪力墙较多时,应布置成筒体(或一般剪力墙),形成短肢剪力墙与筒体(或一般剪力墙)共同抵抗水平力的剪力墙结构,并应符合以下规定:

1)其最大适用高度应比表 5.18 中剪力墙结构的规定值适当降低,且 7 度与 8 度抗震设计时,分别不应大于 100 m 与 60 m。

2)在抗震设计时,筒体和一般剪力墙承受的第一振型底部地震倾覆力矩不应小于结构总底部地震倾覆力矩的 50%。

3)在抗震设计时,各层短肢剪力墙在重力荷载代表值作用下产生的轴力设计值的轴压比,抗震等级为一级、二级、三级时分别不应大于 0.5、0.6 及 0.7;对于无翼缘或端柱的一字形短肢剪力墙,其轴压比限值应相应降低 0.1。

4)短肢剪力墙截面厚度不应小于 200 mm。

5)7 度和 8 度抗震设计时,短肢剪力墙应设置翼缘。一字形短肢剪力墙平面外不布置与之单侧相交的楼面梁。

(3)剪力墙的门窗洞口应上下对齐、成列布置,形成明确的墙肢和连梁。避免使墙肢刚度相差悬殊的洞口设置。抗震设计时,抗震等级为一级、二级和三级的剪力墙底部和加强部位不应采用错洞墙;一级、二级、三级抗震等级的剪力墙都不宜采用叠合错洞墙。

(4)同一轴线上的连续剪力墙过长时,应该用楼板或细弱的连梁分为若干个墙段,每一个墙段相当于一片独立剪力墙,其墙段的高度比应不小于 2。每一墙肢的宽度不应大于 8 m,以保证墙肢受弯承载力控制,而且靠近中和轴的竖向分布钢筋在破坏时能充分发挥其强度。

(5)剪力墙结构中,若剪力墙的数量太多,会使结构刚度和重量太大,不仅材料用量增加,而且地震力也增大,使上部结构的基础设计变得困难。

通常,采用大开间剪力墙(间距为 6.0~7.2 m)比小开间剪力墙(间距为 3.0~3.9 m)的效果更好。例如,高层住宅的小开间剪力墙的墙截面面积约占楼面面积的 8%~10%,而大开间剪力墙可降至 6%~7%,降低了材料用量,而且增大了建筑物的使用面积。

判断剪力墙结构刚度是否合理可以按结构基本自振周期来考虑,应使剪力墙结构的基本自振周期控制在 $(0.05~0.06)n$(n 为层数)。当周期过短或地震力过大时,应加以调整。调整结构刚度有以下几种方法:

1)适当减小剪力墙的厚度。

2)降低连梁高度。

3)增大门窗洞口宽度。

4)对较长的墙肢设置施工洞,分为两个墙肢,以防墙肢吸收过多的地震剪力而不能提供相应的抗剪承载力。墙肢长度超过 8 m 时,通常都应由施工洞口划分为小墙肢。墙会由施工洞分开后,若建筑上不需要,可以用砖墙填充。

3. 结构竖向布置

(1)普通剪力墙结构的剪力墙应在整个建筑上竖向连续,上应到顶,下应到底,中间楼层不要中断。如果剪力墙不连续,会使结构刚度突变,对抗震非常不利。

顶层取消部分剪力墙而设置大房间时,其余的剪力墙应在构造上予以加强。底层取消部分剪力墙时,应设置转换楼层,并按专门规定进行结构设计。为防止刚度突变,剪力墙的厚度应随阶段变化,每次厚度减少 50~100 mm,使剪力墙的刚度均匀连续改变。厚度改变和混凝土强度等级的改变应错开楼层。

(2)为减少上下剪力墙结构的偏心,通常情况下,厚度应两侧同时内收。外墙为保持外墙面平整,可以只在内侧单面内收;电梯井因安装要求,可以只在外侧单面内收。

(3)剪力墙的洞应上下对齐、成列布置,使剪力墙形成明确的墙肢和连梁。成列开洞的规则剪力墙传力直接,受力明确,地震中不易因复杂应力而产生严重震害,如图 5.17 (a)所示;错洞墙洞口上下不对齐,如图 5.17(b)所示,受力复杂,洞口边易产生显著的应力集中,因此配筋量增大,而且常易发生严重震害。

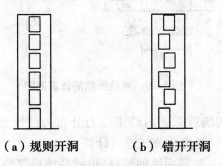

(a)规则开洞　　(b)错开开洞

图 5.17　剪力墙的洞口

(4)剪力墙相邻洞口之间以及洞口与墙边缘之间要避免出现,如图 5.18 所示的小墙肢。试验表明:墙肢宽度与厚度之比小于 3 的小墙肢在反复荷载作用下,会比大墙肢易开裂、易破坏,即便加强配筋,也难以防止小墙肢的早期破坏。在设计剪力墙时,墙肢宽度不应小于 $3b_w$(b_w 为墙厚),且不应小于 500 mm。

(5)采用刀把形剪力墙如图 5.19 所示,将使剪力墙受力复杂,而且竖向地震作用会对其产生较大的影响。

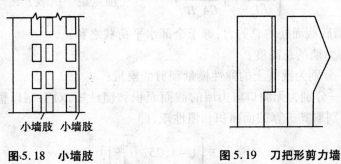

图 5.18　小墙肢　　　　　　图 5.19　刀把形剪力墙

(6)抗震设计时,通常剪力墙结构底部加强部位的高度可取墙肢总高度的 1/8 和底部两层总高度两者中的较大者。当剪力墙高度大于 150 m 时,其底部加强部位的高度可取墙肢总高度的 1/10。部分框支剪力墙结构底部加强部位的高度可取框支层以上两层的高度及墙肢总高度的1/8中两者中的较大值。

◆剪力墙的内力与位移计算

1. 整截面墙的内力和位移计算

(1)内力计算。在水平荷载作用下,整截面墙可看作上端自由,下端固定的竖向悬臂梁构件,如图5.20所示。

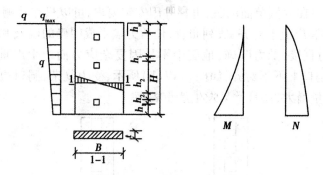

图5.20 整截面墙的计算简图

在侧向荷载作用下的墙肢截面内的正应力分布为线性分布。截面变形后可保持平截面,所以其内力可采用材料力学公式进行计算。

(2)位移和等效刚度。整截面墙的侧移,也就是墙顶部的水平位移,可按材料力学公式进行计算。因剪力墙的截面高度大,所以在计算位移时,应考虑弯曲变形,并同时考虑剪切变形的影响。其顶部位移公式为:

$$u = \begin{cases} \dfrac{V_0 H^3}{8EI_w}(1 + \dfrac{4\mu EI_w}{GA_w H^2}) & \text{(均布荷载)} \\ \dfrac{11}{60}\dfrac{V_0 H^3}{EI_w}(1 + \dfrac{3.64\mu EI_w}{GA_w H^2}) & \text{(倒三角形荷载)} \\ \dfrac{V_0 H^3}{3EI_w}(1 + \dfrac{3\mu EI_w}{GA_w H^2}) & \text{(顶点集中荷载)} \end{cases} \quad (5.16)$$

式中 V_0——墙底截面处的总剪力,等于全部水平荷载之和;

H——剪力墙的总高度;

E,G——分别为混凝土的弹性模量和剪变模量;

A_w, I_w——分别为无洞口剪力墙的截面面积和惯性矩;对有洞口整截面墙,因洞口的削弱影响,分别取其折算截面面积和惯性矩,即

$$A_w = \left[1 - 1.25\sqrt{\dfrac{A_{0p}}{A_f}}\right]A \quad (5.17)$$

$$I_w = \dfrac{\sum I_i h_i}{\sum h_i} \quad (5.18)$$

式中 A——墙截面毛面积,对矩形截面取 $A = Bt$;

B,t——分别为墙截面的宽度和厚度;

A_f,A_{0p}——墙面总面积和洞口面积;

I_i,h_i——将剪力墙沿高度分为无洞口段和有洞口段后,分别为第 i 段的惯性矩(有洞口处应扣除洞口)和高度,如图 5.20 所示;

μ——剪应力分布不均匀系数,矩形截面取 $\mu=1.2$;I 形截面取 $\mu=$ 墙全截面面积除以腹板截面面积;T 形截面剪应力不均匀系数 μ 的取值见表 5.22。

表 5.22 T 形截面剪应力不均匀系数 μ

h_w/t \ b_f/t	2	4	6	8	10	12
2	1.383	1.496	1.521	1.511	1.483	1.445
4	1.441	1.876	2.287	2.682	3.061	3.424
6	1.362	1.097	2.033	2.367	2.698	3.026
8	1.313	1.572	1.838	2.106	2.374	2.641
10	1.283	1.489	1.707	1.927	2.148	2.370
12	1.264	1.432	1.614	1.800	1.988	2.178
15	1.245	1.374	1.519	1.669	1.820	1.973
20	1.228	1.317	1.422	1.534	1.648	1.763
30	1.214	1.264	1.328	1.399	1.473	1.549
40	1.208	1.240	1.284	1.334	1.387	1.442

注:b_f 为翼缘宽度;t 为剪力墙厚度;h_w 为剪力墙截面高度。

将顶部位移公式代入前面的等效刚度有关公式,即可得到整截面墙的等效刚度计算公式为:

$$EI_{eq} = \begin{cases} EI_w/(1+\dfrac{4\mu EI_w}{GA_w H^2}) & (均布荷载) \\ EI_{eq} = EI_w/(1+\dfrac{3.64\mu EI_w}{GA_w H^2}) & (倒三角形荷载) \\ EI_w/(1+\dfrac{3\mu EI_w}{GA_w H^2}) & (顶点集中荷载) \end{cases} \quad (5.19)$$

为简化计算,《高层建筑混凝土结构技术规程》将以上三式写成统一公式,并以 $G=0.4E$ 代入,可得到整截面墙的等效刚度计算公式为:

$$EI_{eq} = \dfrac{EI_w}{1+\dfrac{9\mu I_w}{A_w H^2}} \quad (5.20)$$

引入等效刚度 EI_{eq},可把剪切变形与弯曲变形综合成弯曲变形的表达形式,则顶部位移公式可进一步写成下列形式:

$$u = \begin{cases} \dfrac{V_0 H^3}{8EI_{eq}} & \text{(均布荷载)} \\ \dfrac{11}{60} \dfrac{V_0 H^3}{EI_{eq}} & \text{(倒三角形荷载)} \\ \dfrac{V_0 H^3}{3EI_{eq}} & \text{(顶点集中荷载)} \end{cases} \quad (5.21)$$

2. 整体小开口墙的内力和位移计算

试验研究及平面有限元法分析表明,剪力墙洞口较小的整体小开口墙,它的截面的应力分布基本上接近于直线,且截面变形后大体上仍然保持平截面,洞口对整截面工作性能影响较小。整个墙在绕组合截面形心轴产生整体弯曲的同时,各墙肢还绕各自截面形心轴产生局部弯曲,局部弯曲弯矩通常不超过总弯矩的15%,且沿墙肢竖向不出现反弯点。所以,其内力可仍按材料力学公式计算,再考虑局部弯曲的影响稍作修整。

(1)内力计算。先将整体小开口墙看作一个上端自由、下端固定的竖向悬臂构件,如图 5.21 所示。计算出标高 z 处(第 i 楼层)截面的总弯矩 M_i 及总剪力 V_i,再进行计算各墙肢的内力。

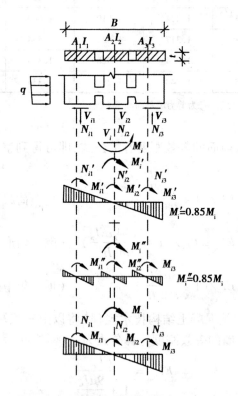

图 5.21 整体小开口截面墙的计算简图

1)墙肢的弯矩:将总弯矩 M_i 分为两部分,一部分为产生整体弯曲的弯矩 M'_i,可取 $M'_i = 0.85 M_i$;另一部分为产生局部弯曲的局部弯矩 M''_i,可取 $M''_i = 0.15 M_i$,如图 5.22 所示。

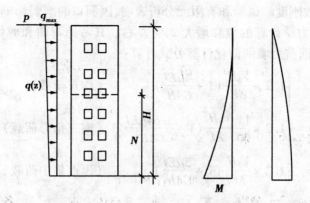

图 5.22 整体小开口截面墙墙肢内力图

第 j 墙肢承受的全部弯矩可按下式计算：

$$M_{ij} = M'_{ij} + M''_{ij} = (0.85\frac{I_j}{I} + 0.15\frac{I_j}{\sum I_j}M_i) \tag{5.22}$$

式中 I_j——第 j 墙肢的截面惯性矩；
I——剪力墙组合截面的惯性矩。

2) 墙肢的剪力：第 j 墙肢的剪力可近似按式 (5.23) 进行计算：

$$V_{ij} = \frac{1}{2}(\frac{A_j}{\sum A_j} + \frac{I_j}{\sum I_j})V_i \tag{5.23}$$

式中 A_j——第 j 墙肢的截面面积。

3) 墙肢的轴力：因局部弯曲并不在各墙肢中产生轴力，所以各墙肢的轴力等于整体弯曲在各墙肢中所产生正应力的合力，如图 5.22 所示，即

$$N_{ij} = \overline{\sigma_{ij}}A_j \tag{5.24}$$

式中 $\overline{\sigma_{ij}}$——第 j 墙肢截面上正应力的平均值，等于该墙肢截面形心处的正应力，可按下式计算：

$$\overline{\sigma_{ij}} = \frac{M'_i}{I}y_j = 0.85\frac{M_i}{I}y_j$$

则第 j 墙肢的轴力为：

$$N_{ij} = 0.85\frac{M_i}{I}y_jA_j \tag{5.25}$$

式中 y_j——第 j 墙肢形心轴至组合截面形心轴的距离。

当剪力墙符合整体小开口墙的条件，又有个别细小墙肢时，细小墙肢会产生显著的局部弯曲，使墙肢弯矩增大。这时，细小墙肢截面弯矩应再附加一个局部弯矩，即

$$M_{ij} = M_{ij0} + \Delta M_{ij} = M_{ij0} + V_{ij}\frac{h_0}{2} \tag{5.26}$$

式中 M_{ij0}——按整体小开口墙计算的墙肢弯矩，按式 (5.22) 计算；
h_0——洞口高度。

(2) 位移和等效刚度。试验和有限元分析表明，因洞口的削弱影响，所以整体小开口墙的位移比按材料力学计算的位移增大 20% 左右。其考虑弯曲和剪切变形后的顶点位移公式仍可按整截面剪力墙的简化计算公式计算：

$$u = \begin{cases} 1.2 \times \dfrac{V_0 H^3}{8EI}\left(1 + \dfrac{4\mu EI}{GAH^2}\right) & \text{（均布荷载）} \\ 1.2 \times \dfrac{11}{60}\dfrac{V_0 H^3}{EI}\left(1 + \dfrac{3.64\mu EI}{GAH^2}\right) & \text{（倒三角形荷载）} \\ 1.2 \times \dfrac{V_0 H^3}{3EI}\left(1 + \dfrac{3\mu EI}{GAH^2}\right) & \text{（顶点集中荷载）} \end{cases} \quad (5.27)$$

式中 A——截面总面积，且 $A = \sum A_j$。

其等效刚度可按下式计算：

$$EI_{eq} = \dfrac{0.8EI}{1 + \dfrac{9\mu I}{AH^2}} \quad (5.28)$$

式中 A,I——组合截面的截面总面积和组合惯性矩。

◆剪力墙的连梁设计计算

剪力墙中的连梁受弯矩、剪力及轴力的共同作用，但因轴力较小往往忽略而按受弯构件设计。

1. 连梁抗弯承载力计算

当连梁跨高比大于 2.5 时，可按普通受弯构件的抗弯承载力公式进行计算。

连梁通常都是采用对称配筋（$A_s = A'_s$），可以采用以下简化公式计算：

$$M \leq f_y A_s (H_{b0} - a'_s) \quad (5.29)$$

式中 A_s——受力纵向钢筋面积；

$(H_{b0} - a'_s)$——上、下受力钢筋重心之间的距离。公式等号右边所得抗弯承载力近似值与实测结果接近。有地震作用组合时，式右边应除以 γ_{RE}。

当连梁高度较大时，应当配置腰筋，如图 5.23 所示。

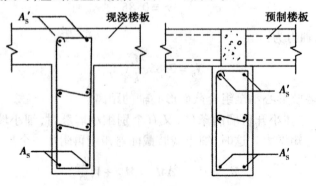

图 5.23 连梁截面配筋

2. 连梁受剪承载力计算

大多数连梁跨高比较小。在住宅和旅馆等建筑中采用剪力墙结构时,连梁跨高比可能小于2.5,有时会接近于1。它的受力性能和一般竖向荷载下的深梁不同,在水平荷载下梁两端作用着符号相反的弯矩,剪切变形大,容易出现剪切斜裂缝。尤其是在反复荷载作用下,斜裂缝很快扩展到全对角线上,造成剪切破坏,如图5.24所示。所以,有地震作用时,连梁抗震承载力降低,其中,跨高比小于2.5的连梁抗剪承载力更低。

(a)连梁变形　　　　　　　　(b)连梁裂缝

图5.24 连梁变形和裂缝

(1)连梁受剪最小截面尺寸控制。国内外有关试验研究分析表明,连梁截面内平均剪应力大小对连梁破坏性能影响较大,特别在小跨高比情况下。因此,应按以下公式控制截面最小尺寸,以限制截面平均剪应力不过大、斜裂缝过早出现或混凝土过早破裂。

1)无地震作用组合时:

$$V_b \leq 0.25\beta_c f_c b_b h_{b0} \tag{5.30}$$

2)有地震作用组合时:

①跨高比 $l_n/h_b > 2.5$ 时:

$$V_b \leq \frac{1}{\gamma_{RE}}(0.20\beta_c f_c b_b h_{b0}) \tag{5.31}$$

②跨高比 $l_n/h_b \leq 2.5$ 时:

$$V_b \leq \frac{1}{\gamma_{RE}}(0.15\beta_c f_c b_b h_{b0}) \tag{5.32}$$

式中　V_b——进行调整增大后的连梁剪力设计值;
　　　b_b、h_{b0}——连梁截面宽度和有效高度;
　　　β_c——混凝土强度影响系数。

(2)连梁受剪承载力计算。连梁受剪承载力按下列公式计算:

1)无地震作用组合时:

$$V_b \leq 0.15 f_t b_b h_{b0} + f_{yv}\frac{A_{sv}}{S}h_{b0} \tag{5.33}$$

2)有地震作用组合时:①当跨高比 $l_n/h_b > 2.5$ 时:

$$V_b \leq \frac{1}{\gamma_{RE}}(0.42 f_t b_b h_{b0} + 0.8 f_{yv}\frac{A_{sv}}{S}h_{b0}) \tag{5.34}$$

②当跨高比 $l_n/h_b \leq 2.5$ 时:

$$V_b \leq \frac{1}{\gamma_{RE}}(0.38 f_t b_b h_{b0} + 0.7 f_{yv} \frac{A_{sv}}{S} h_{b0}) \tag{5.35}$$

(3) 连梁的剪力设计值 V_b。连梁的剪力设计值 V_b 按下列规定计算：

1) 无地震作用组合和有地震作用组合的四级抗震等级时，应取考虑水平风荷载或水平地震作用组合的剪力设计值。

2) 有地震作用组合的一、二及三级抗震等级时，为了实现连梁的"强剪弱弯"，推迟剪切破坏，提高延性，连梁的剪力设计值应按下式进行增大调整：

$$V_b = \eta_{vb} \frac{M_b^l + M_b^r}{l_n} + V_{Gb} \tag{5.36}$$

3) 9度抗震设计时，要求用连梁实际抗弯配筋反算该增大系数，这种情况下还应符合：

$$V_b = 1.1 \frac{M_{bua}^l + M_{bua}^r}{l_n} + V_{Gb} \tag{5.37}$$

式中 M_b^l, M_b^r ——分别为梁左、右端顺时针或反时针方向考虑地震作用组合的弯矩设计值；对一级抗震等级且两端都为负弯矩时，绝对值较小一端的弯矩应取零；

M_{bua}^l, M_{bua}^r ——分别为连梁左、右端顺时针或反时针方向实配的受弯承载力所对应的弯矩值，应按实配钢筋面积（计入受压钢筋）和材料强度标准值并考虑承载力抗震调整系数计算；

l_n ——连梁的净跨；

V_{Gb} ——在重力荷载代表值（9度抗震设计时还应包括竖向地震作用标准值）作用下，按简支梁计算的梁端截面剪力设计值；

η_{vb} ——连梁剪力增大系数，一级取1.3，二级取1.2，三级取1.1。

(4) 连梁截面抗剪验算不够时可采取的措施。高层建筑结构构件都采用弹性刚度参与整体分析，但抗震设计的剪力墙和框架-剪力墙结构中的连梁刚度相对墙体较小，而承受的弯矩和剪力很大，配筋设计难以满足抗剪要求。此时，可以采用下面一些应对措施。

1) 减小连梁截面高度：这时可减小连梁两端输入弯矩，从而减小剪力输入。相反，增加连梁截面高度固然增加了抗剪截面面积，但会吸收更多的剪力。经分析表明，减小截面高度或增加截面宽度比后者更有效。

2) 对连梁梁端弯矩和剪力进行塑性调幅，降低弯矩和剪力设计值，连梁梁端弯矩塑性调幅可采用以下两种方法。

① 连梁刚度折减法是将连梁弹性刚度乘以折减系数以后再进行内力及位移计算。

② 连梁弯矩和剪力调幅法是在内力和位移计算（刚度没折减）以后将连梁弯矩组合值乘以折减系数。

塑性调幅的目的是在不影响其承受竖向荷载能力的前提下，允许其适当开裂（刚度降低），而把内力转移到墙体上。通常，折减系数不应小于0.5。设防烈度低时可少折减一些，设防烈度高时可多折减一些，可采用下列取值。

a. 8、9度时：0.5。

b. 6、7 度时:0.7。

折减系数太小时不能保证梁承受竖向荷载的能力。

无论用哪种方法,连梁调幅后的弯矩、剪力设计值不应低于使用状况下的值,也不宜低于设防烈度低一度的地震作用组合所得的弯矩设计值,以防在正常使用条件下或较小的地震作用下连梁上出现裂缝。采用上述折减系数,通常可保证达到这个目的。另外,还应注意,在内力计算时刚度已经被折减,其后所得内力的调幅范围应当限制或不再继续调整;当部分连梁降低弯矩设计值以后,其余部位的连梁及墙肢的弯矩设计值应相应地提高。

连梁的内力调幅在结构分析与设计的计算机软件中通常都有此项功能,在相关的菜单中选项即容易实现。

3)在大震作用下不考虑此连梁参与工作。当上述两项措施还不能解决问题,并且连梁的破坏对承受竖向荷载无明显影响时,可以假定连梁在大震下破坏,不能再约束墙肢。所以可以认为连梁不参与工作,而按照独立墙肢进行第二次结构内力分析,此时剪力墙处于第二道防线工作状态,其刚度降低,允许侧移增大,内力增大。因此配筋应相应地增大,以策安全。

◆剪力墙截面承载力计算与构造设计

1. 墙肢截面承载力计算

剪力墙截面的设计有墙肢和连梁的承载力计算。在平行于墙面的水平荷载和竖向荷载作用下,墙肢应按不同的情况,采用各种荷载作用下所得的最不利内力组合值,分别按偏心受压或偏心受拉构件进行正截面承载力及斜截面受剪承载力的设计。

(1)墙肢正截面承载力计算。经试验分析表明,当偏心受压构件发生大偏心受压破坏时,受拉区$(h_0 - 1.5x)$范围内的纵向钢筋可以达到屈服。为了使计算简化,在正截面承载力设计中,可以偏安全,仅考虑这部分纵向分布钢筋的作用,假定大偏压时,受拉、受压端部钢筋以及在1.5倍受压区范围之外的受拉区钢筋全部屈服;假定小偏压时,取端部受压钢筋屈服,而受拉分布钢筋及端部钢筋均未屈服。

计算公式可在一般偏心受压构件计算公式的基础上,再考虑受拉区范围内的纵向分布钢筋的作用来建立。

矩形、I形、T形偏心受压剪力墙,图5.25所示的正截面受压承载力可按现行的国家标准《混凝土结构设计规范》(GB 50010—2002)的有关规定计算,或按下列公式计算(无地震作用组合):

$$N \leqslant A'_s f_y - A_s \sigma_s - N_{sw} + N_c \tag{5.38}$$

$$N(e_0 + h_{w0} - \frac{h_w}{2}) \leqslant A'_s f_y (h_{w0} - a'_s) - M_{sw} + M_c \tag{5.39}$$

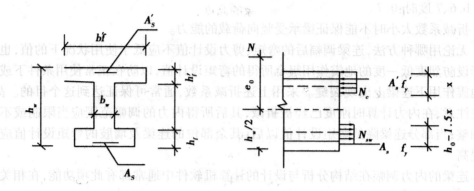

图 5.25 剪力墙偏心受压墙肢应力图

1) 当 $x > h'_f$ 时：
$$N_c = \alpha_1 f_c b_w x + \alpha_1 f_c (b'_f - b_w) h'_f \tag{5.40}$$
$$M_c = \alpha_1 f_c b_w x (h_{w0} - \frac{x}{2}) + \alpha_1 f_c (b'_f - b_w) h'_f (h_{w0} - \frac{h'_f}{2}) \tag{5.41}$$

2) 当 $x \leq h'_f$ 时：
$$N_c = \alpha_1 f_c b'_f x \tag{5.42}$$
$$M_c = \alpha_1 f_c b'_f x (h_{w0} - \frac{x}{2}) \tag{5.43}$$

3) 当 $x \leq \xi_b h_{w0}$ 时：
$$\sigma_s = f_y \tag{5.44}$$
$$N_{sw} = (h_{w0} - 1.5x) b_w f_{yw} \rho_w \tag{5.45}$$
$$M_{sw} = \frac{1}{2}(h_{w0} - 1.5x)^2 b_w f_{yw} \rho_w \tag{5.46}$$

4) 当 $x > \xi_b h_{w0}$ 时：
$$\sigma_s = \frac{f_y}{\xi_b - 0.8}(\frac{x}{h_{w0}} - \beta_1) \tag{5.47}$$
$$N_{sw} = 0$$
$$M_{sw} = 0$$
$$\xi_b = \frac{\beta_1}{1 + \dfrac{f_y}{E_s \varepsilon_{cu}}} \tag{5.48}$$

式中 a'_s——剪力墙受压区端部钢筋合力点到受压区边缘的距离；

b'_f——T 形或 I 形截面受压区翼缘宽度；

e_0——偏心距，$e_0 = \dfrac{M}{N}$；

f_y、f'_y——分别为剪力墙端部受拉、受压钢筋强度设计值；

f_{yw}——剪力墙墙体竖向分布钢筋强度设计值；

f_c——混凝土轴心抗压强度设计值；

h'_f——T形或I形截面受压区翼缘的高度;

h_{w0}——剪力墙截面有效高度,$h_{w0} = h_w - a'_s$;

ρ_w——剪力墙竖向分布钢筋配筋率;

ξ_b——界限相对受压区高度;

α_1——受压区混凝土矩形应力图的应力与混凝土轴心抗压强度设计值的比值。当混凝土强度等级不超过C50时,取1.0;当混凝土强度等级为C80时,取0.94 混凝土强度等级在C50与C80之间时,可按线性内插取值;

β_1——随混凝土强度提高而逐渐降低的系数。当混凝土强度等级不超过C50时,取0.8;当混凝土强度等级为C80时,取0.74;当混凝土强度等级在C50与C80之间时,可按线性内插取值;

ε_{cu}——混凝土极限压应变,应按现行国家标准《混凝土结构设计规范》(GB 50010—2002)的有关规定采用。

(2)墙肢偏心受压斜截面承载力计算。钢筋混凝土剪力墙偏心受压时的剪切破坏形态与受弯构件相似。它包括斜拉破坏、斜压破坏和剪切破坏三种破坏形态。对于前两者,通常采用构造措施来防止,如剪力墙墙肢内水平分布钢筋必须满足最小配筋率的要求等。

墙肢截面厚度在无地震作用组合时,应满足式(5.49)要求:

$$V_w \leq 0.25\beta_c f_c b_w h_{w0} \qquad (5.49)$$

式中 V_w——剪力墙剪力设计值;

h_{w0}——剪力墙截面有效高度;

β_c——混凝土强度影响系数,混凝土强度≤C50时取1.0,C80时取0.8。当混凝土强度在C50~C80时,按线性插值取用。

在进行剪力墙设计时,通过斜截面受剪承载力计算确定墙体的水平分布钢筋,避免剪切破坏发生。

对于剪切破坏时的抗剪强度,在无地震作用组合时,按式(5.50)计算:

$$V \leq \frac{1}{\lambda - 0.5}(0.5 f_t b_w h_{w0} + 0.13 N \frac{A_w}{A}) + f_{yh} \frac{A_{sh}}{s} h_{w0} \qquad (5.50)$$

有地震作用组合时,按式(5.51)计算:

$$V \leq \frac{1}{\gamma_{RE}}[\frac{1}{\lambda - 0.5}(0.4 f_t b_w h_{w0} + 0.1 N \frac{A_w}{A}) + 0.8 f_{yh} \frac{A_{sh}}{s} h_{w0}] \qquad (5.51)$$

式中 N——剪力墙的轴向压力设计值,抗震设计时,应考虑地震作用效应组合;当大于 $0.2 f_c b_w h_w$ 时,应取 $0.2 f_c b_w h_w$;

A——剪力墙截面面积;

A_w——T形或I形截面剪力墙腹板的面积,矩形截面时应取 A;

λ——计算截面处的剪跨比。计算时,当 λ 小于1.5时应取1.5,当 λ 大于2.2时应取2.2;当计算截面与墙底之间的距离小于 $0.5 h_{w0}$ 时,λ 应按距墙底 $0.5 h_{w0}$ 处的弯矩值与剪力值计算;

S——剪力墙水平分布钢筋间距。

(3) 偏心受拉剪力墙正截面承载力计算。对于偏心受拉构件,当 $e_0 \geq \dfrac{h}{2} - a_s$ 时,为大偏心受拉。这时,可以依照偏心受压的计算方法;当 $e_0 < \dfrac{h}{2} - a_s$ 时,为小偏心受拉,这时剪力墙处于全截面受拉状态,可以忽略混凝土的抗拉作用,拉力全部由钢筋承担。在离抗力 N 较近端,构件破坏时纵向钢筋屈服,而远端钢筋不屈服。在偏心受拉剪力墙按照对称配筋时,可按下式计算(无地震组合):

$$N \leq \dfrac{1}{\dfrac{1}{N_{ou}} - \dfrac{e_0}{M_{wu}}} \tag{5.52}$$

$$N_{ou} = 2A_s f_y + A_{sw} f_{yw} \tag{5.53}$$

$$M_{wu} = A_s f_y (h_{w0} - a'_s) + A_{sw} f_{yw} \dfrac{(h_{w0} - a'_s)}{2} \tag{5.54}$$

式中 A_{sw}——剪力墙腹板竖向分布钢筋全截面面积。

(4) 偏心受拉剪力墙斜截面承载力计算。按照剪力墙剪压破坏时的计算公式,考虑在受拉破坏状态时,轴向拉力同轴向压力作用方向相反,就可以得到剪力墙。偏心受拉斜截面承载力的计算公式如下(无地震作用组合):

$$V \leq \dfrac{1}{\lambda - 0.5}\left(0.5 f_t b_w h_{w0} - 0.13 N \dfrac{A_w}{A}\right) + f_{yh} \dfrac{A_{sh}}{s} h_{w0} \tag{5.55}$$

当右端计算值小于 $f_{yh} \dfrac{A_{sh}}{s} h_{w0}$ 时,按 $f_{yh} \dfrac{A_{sh}}{s} h_{w0}$ 取用。

2. 剪力墙构造设计

(1) 剪力墙截面厚度。规定剪力墙最小厚度,其目的是为了保证剪力墙平面外的刚度和稳定性能。当墙肢平面外有与其相交的剪力墙时,可看作剪力墙的支撑,有利于保证剪力平面外的刚度及稳定性能。因此在确定墙肢最小厚度时,按层高与无支长度两者的较小值来计算。《混凝土结构设计规范》规定:在非抗震设计时,剪力墙最小厚度不应小于层高或无支长度的 1/25,且大于等于 160 mm。在抗震设计时,底部加强区在一、二级抗震等级时不小于层高或无支长度的 1/16,且大于等于 200 mm。三、四等级抗震等级时不小于 1/20,且大于等于 160 mm,其他各层在一、二级抗震等级时,不小于层高或无支长度的 1/20 且大于等于 160 mm;三、四级抗震等级时应不小于 1/25 且大于等于 160 mm。分隔电梯井和管道井的墙应大于或等于 160 mm。

(2) 混凝土强度等级。剪力墙结构混凝土强度等级不应低于 C20;带有筒体及短肢剪力墙的剪力墙结构的混凝土强度等级应不低于 C25。

(3) 剪力墙的约束边缘构件构造。通常剪力墙在一、二级抗震的一般部位和三、四级抗震设计和非抗震设计时,它的墙肢端部应设置构造边缘构件,在一、二级抗震的底部加强部位及其上一层的墙肢端部应设约束边缘构件,如图 5.26 所示。

剪力墙构造边缘构件的范围及纵向钢筋用量的截面面积 A_c 如图 5.27 的阴影部分所示。

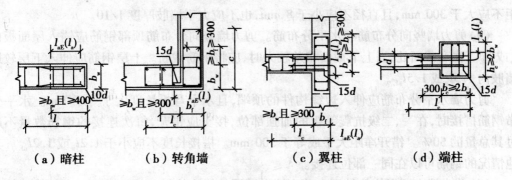

(a) 暗柱　　(b) 转角墙　　(c) 翼柱　　(d) 端柱

图 5.26　剪力墙的约束边缘构件构造

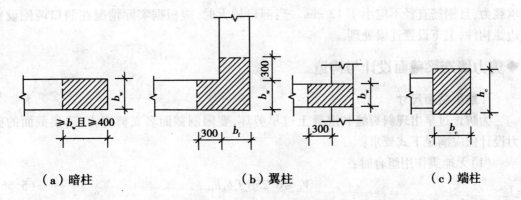

(a) 暗柱　　(b) 翼柱　　(c) 端柱

图 5.27　剪力墙的构造边缘构件

剪力墙构造边缘构件的配筋要求见表 5.53。

表 5.23　剪力墙构造边缘构件的配筋要求

抗震等级	底部加强部位			其他部位		
	纵向钢筋最小量（取较大值）	箍筋		纵向钢筋最小量（取较大值）	箍筋或拉筋	
		最小直径/mm	最大间距/mm		最小直径/mm	最大间距/mm
一级	—	—	—	$0.008A_C, 6\Phi14$	8	150
二级	—	—	—	$0.006A_C, 6\Phi12$	8	200
三级	$0.005A_C, 4\Phi12$	6	150	$0.004A_C, 4\Phi12$	6	200
四级	$1.005A_C, 4\Phi12$	6	200	$0.004A_C, 4\Phi12$	6	250

非抗震设计时，剪力墙端部应按构造配置不少于 $4\Phi12$ 纵筋，且应沿纵向钢配置不少于 $\Phi6@250$ 的拉筋。

(4) 剪力墙配筋率。为了防止混凝土墙体在受弯裂缝出现后立即达到极限抗弯承载力，就务必确定竖向分布钢筋的最小配筋率；同时为了防止斜裂缝出现后发生脆性剪拉破坏，就务必规定水平分布筋的最小配筋率。通常，剪力墙的竖向和水平分布筋的配筋率为：一、二、三级抗震等级时不小于 0.25%，四级抗震等级及非抗震等级时为 0.2%，间距不应大于 300 mm,且直径不应小于 8 mm,也不应大于墙肢厚度 1/10。

(5)剪力墙竖向分布筋与水平分布筋。剪力墙竖向分布筋顶部钢筋应锚入屋面板内 l_a 或 l_{aE}。在变截面处,当上下截面相差较大时,应将钢筋截断。上层钢筋应伸入下层较厚墙肢内 $1.5l_a$ 或 $1.5l_{aE}$。

剪力墙水平分布筋应伸入边缘构件的顶端,且水平弯折长度大于等于 $15d$。水平分布钢筋搭接时,在一、二级抗震等级的加强部位,接头应错开,每次连接的钢筋数量不超过其总量的 50%。错开净距大于或等于 500 mm。搭接长度不应小于 $1.2l_a$ 或 $1.2l_{aE}$。其他情况的钢筋可以在同一部位连接。

(6)剪力墙上开洞构造处理。剪力墙上开洞的构造处理,当洞口较小,在整体计算中不考虑它的影响时,应将切断的分布钢筋集中在洞口边缘补足,用来保证剪力墙截面的承载力,且钢筋直径不应小于 12 mm。当洞口较大时,应根据实际情况在洞口两侧设置边缘构件,上下设置连梁处理。

◆剪力墙连梁截面设计与构造

1. 最小截面尺寸

为防止过早出现斜裂缝和混凝土过早剪坏,要限制截面名义剪应力,连梁截面的剪力设计值应满足下式要求:

(1)无地震作用组合时:

$$V_b \leqslant 0.25\beta_c f_c b_b h_{b0} \tag{5.56}$$

(2)有地震作用组合时:

1)跨高比大于 2.5 时:

$$V_b \leqslant \frac{1}{\gamma_{RE}}(0.2\beta_c f_c b_b h_{b0}) \tag{5.57}$$

2)跨高比不大于 2.5 时:

$$V_b \leqslant \frac{1}{\gamma_{RE}}(0.15\beta_c f_c b_b h_{b0}) \tag{5.58}$$

2. 连梁的配筋构造

连梁配筋应满足下列要求:

(1)连梁顶面、底面纵向受力钢筋伸入墙内的锚固长度 l_d,如图 5.28 所示,抗震设计时不应小于 l_{aE},非抗震设计时不应小于 l_a,且不应小于 600 mm。

(2)在抗震设计时,沿连梁全长箍筋的构造应按框架梁梁端加密区箍筋的构造要求采用;在非抗震设计时,沿梁全长的箍筋直径不应小于 6 mm,且其间距不应大于 150 mm。

(3)顶层连梁纵向钢筋伸入墙体内的长度范围内,应配置间距不大于 150 mm 的构造箍筋,箍筋直径应与该连梁的箍筋直径相同,如图 5.28 所示。

(4)墙体水平分布钢筋应作为连梁的腰筋在连梁范围内拉通连续配置;当连梁截面高度大于 700 mm 时,它的两侧面沿梁高度范围设置的纵向构造钢筋(腰筋)的直径不应小于 10 mm,且间距不应大于 200 mm;对于跨高比不大于 2.5 的连梁,其梁两侧的纵向构造钢筋(腰筋)的面积配筋率不应小于 0.3%。

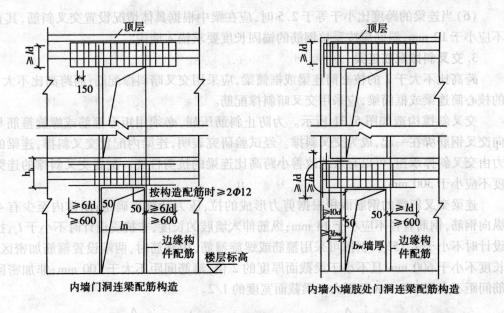

图 5.28 连梁配筋要求

(5)管道穿过连梁时,应在跨度中间 1/3 范围内开洞。其洞口处预埋套管,洞口上下的有效高度不小于梁高的 1/3,且不应小于 200 mm,洞口处应按图 5.29 配置补强钢筋。被洞口削弱的部分还应进行承载力验算。

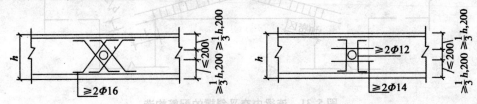

图 5.29 连梁洞口补强

当梁中部有较大洞口时,其尺寸要求及验算如图 5.30 所示。若不能满足,则连梁只能作为铰接连杆。

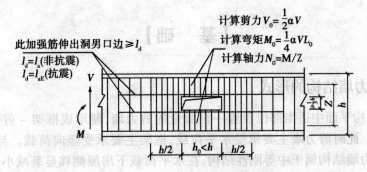

图 5.30 连梁开洞配筋要求

(6)当连梁的跨度比小于等于2.5时,应在梁中根据具体情况设置交叉斜筋,其直径不应小于12 mm,斜筋应按受拉钢筋的锚固长度要求锚入墙内。

3. 交叉斜撑配筋连梁

跨高比不大于2的核心筒连梁或框筒梁,应采用交叉暗斜撑配筋;而跨高比不大于1的核心筒连梁或框筒梁,应采用交叉暗斜撑配筋。

交叉斜撑构造如图5.31所示。为防止斜筋压屈,必须用矩形箍筋或螺旋箍筋与斜向交叉钢筋绑在一起,成为交叉斜撑。经试验研究表明,连梁内配置交叉斜撑,连梁的剪力由交叉斜撑承担,可以有效地改善小跨高比连梁的抗剪性能。配置交叉斜撑的连梁厚度不应小于300 mm。

连梁交叉斜撑的钢筋面积根据剪力形成的拉、压力计算来确定;斜撑内至少有4根纵向钢筋,钢筋直径不应小于14 mm;纵筋伸入墙肢的长度,非抗震设计时不小于l_a,抗震设计时不小于$1.15l_a$。斜撑可采用箍筋或螺旋箍筋,用箍筋时,两端设置箍筋加密区,其长度不小于600 mm且不小于梁截面厚度的2倍,箍筋间距不大于100 mm;非加密区箍筋间距不大于200 mm且不大于梁截面宽度的1/2。

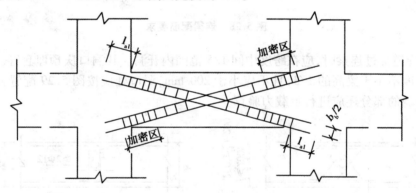

图5.31 连梁内交叉斜撑的配筋构造

5.6 混凝土框架－剪力墙结构设计

【基础】

◆ **框架－剪力墙结构的形式**

在框架结构平面中适当部位设置一定数量的剪力墙,便形成框架－剪力墙体系,如图5.32所示。此时剪力墙主要承受水平荷载,框架主要承受竖向荷载。与框架结构相比,框架－剪力墙结构属于中等刚性结构,在水平荷载下房屋侧移显著减小;与剪力墙结构相比,建筑平面的布置要灵活自由得多。所以框架－剪力墙结构常用于住宅、办公楼、旅馆等。在非震区的适用高度可达140 m(A级高层建筑)～170 m(B级高层建筑)。由于框架-剪力墙结构可以设计成两道防线,所以当考虑抗震设防要求设计时,在8度设防的地区适用高度可达100 m(A级)~120 m(B级),即便在设防烈度为9度的地区也可以安全地使用。

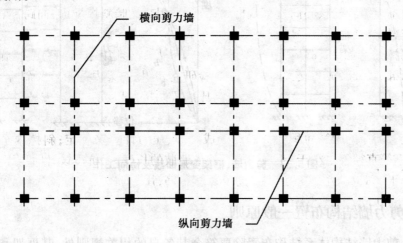

图 5.32 框架-剪力墙结构

框架-剪力墙结构可采用下列形式:
(1)框架与剪力墙(单片墙、联肢墙或较小井筒)分开布置。
(2)在单片抗侧力结构内连续分别布置框架和剪力墙。
(3)在框架结构的若干跨内嵌入剪力墙(带边框剪力墙)。
(4)上述两种或三种形式的混合。

◆框架-剪力墙结构的受力性能

框架-剪力墙中的框架和剪力墙的受力性能和变形特性均不同。剪力墙抗侧刚度较大,与之相比,框架的抗侧力刚度则较小。剪力墙是竖向悬臂弯曲结构,在水平荷载作用下,其结构的变形曲线呈弯曲形,愈向上侧移增加愈大。而框架的变形曲线为剪切型,愈向上挠度增加愈慢。在框架-剪力墙结构中,平面内刚度很大的楼板把框架与剪力墙连接在一起,两者各自不再自由变形,而在同一楼层上必须保持相同位移,其变形曲线呈弯剪型,介于两种结构的变形曲线之间,如图 5.33 所示。

在结构的下部楼层剪力墙位移较小,框架位移较大,剪力墙拉着框架按弯曲型变形,剪力墙承受大部分水平力;上部楼层则与之相反,前者位移较大,后者位移较小,后者拉着前者按剪切型曲线变形,框架除承受外荷载产生的水平力外,还要负担把剪力墙拉回来的附加水平力,剪力墙不但不承受荷载产生的水平力,还由于给框架一个附加水平力而承受负剪力,所以在上部楼层,即使外荷载产生的楼层剪力很小,框架中也出现相当大的剪力。

在纯框架结构中,水平剪力根据各柱的抗侧刚度在各柱之间分配。在纯剪力墙结构中,水平剪力按各片墙的等效抗弯刚度进行分配。而在框架-剪力墙结构中,水平力在框架和剪力墙之间的分配决定于两者的抗侧刚度,但又不是一个简单的比例关系,必须按位移协调的原则进行分配。

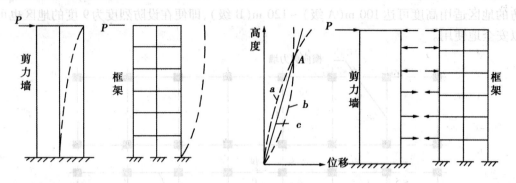

图 5.33 剪力墙、框架变形曲线及协同工作

◆框架 – 剪力墙结构布置一般原则

框架 – 剪力墙结构体系结构布置除要符合其各自的相关规则外,其框架和剪力墙的布置还应满足以下要求:

(1)框架 – 剪力墙结构应设计成双向抗侧力体系,主体结构构件之间不宜采用铰接。抗震设计时,两主轴方向都应布置剪力墙。梁与柱或柱与剪力墙的中线应重合,框架的梁与柱中线之间的偏心距不应大于柱宽的1/4。

(2)框架 – 剪力墙结构中剪力墙的布置一般根据"均匀、对称、分散、周边"的原则布置。

1)剪力墙应均匀对称地布置在建筑物的周边附近、楼电梯间、平面形状变化及恒载较大的部位;在伸缩缝、沉降缝和防震缝两侧不应同时设置剪力墙。

2)平面形状凹凸较大时,应在凸出部分的端部附近布置剪力墙。

3)剪力墙布置时,如由于建筑使用需要,纵向或横向一个方向无法设置剪力墙时,此方向可采用壁式框架或支撑等抗侧力构件,但是两方向在水平力作用下的位移值应接近。壁式框架的抗震等级应根据剪力墙的抗震等级考虑。

4)剪力墙的布置应分布均匀,单片墙的刚度应接近,长度较长的剪力墙应设置洞口和连梁形成双肢墙或多肢墙,单肢墙或多肢墙的墙肢长度不应大于 8 m。每段剪力墙底部承担水平力产生的剪力不应超过结构底部总剪力的40%。

5)纵向剪力墙应布置在结构单元的中间区段内。当房屋纵向长度较长时,不应集中在两端布置纵向剪力墙,否则在平面中适当部位应设置施工后浇带来减少混凝土硬化过程中的收缩应力影响,与此同时应加强屋面保温以减少温度变化产生的影响。

6)楼梯间、竖井等造成连续楼层开洞时,应在洞边设置剪力墙,且应尽量与靠近的抗侧力结构结合,不应孤立地布置在单片抗侧力结构或柱网以外的中间部分。

7)剪力墙间距不应过大,应满足楼盖平面刚度的要求,否则应考虑楼盖平面变形的影响。

(3)框架 – 剪力墙结构中的剪力墙,应设计成周边有梁柱(或暗梁柱)的带边框剪力墙。纵横向相邻剪力墙宜连接在一起形成 L 形、口形及 T 形等,以增大剪力墙的刚度和抗扭能力。

(4)在长矩形平面或平面有一项较长的建筑中,其剪力墙的布置应符合下列要求:

1)横向剪力墙沿长方向的间距应满足表 5.24 的要求,当这些剪力墙之间的楼盖有较大开洞时,剪力墙的间距应予以减小。

2)纵向剪力墙不应集中布置在两尽端。

表 5.24 剪力墙间距   单位:m

楼盖形式	非抗震设计(取较小值)	抗震设防烈度		
		6 度、7 度(取较小值)	8 度(取较小值)	9 度(取较小值)
现浇	≤5.0B, 60	≤4.0B, 50	≤3.0B, 40	≤1.5B
装配整体	≤3.5B, 50	≤3.0B, 40	≤2.5B, 30	—
板柱剪力墙	≤3.0B, 36	≤2.5B, 30	≤2B, 24	—
框支层	≤3.0B, 36	底部 1-2 层,≤2B,24;3 层及 3 层以上≤1.5B,20	—	框支层

注:1. B 为楼面宽度,单位为 m。
2. 现浇层厚度大于 60 mm 的叠合楼板可作为现浇板考虑。

(5)剪力墙应贯通建筑物全高,沿高度墙的厚度应逐渐减薄,以防刚度突变。当剪力墙不能全部贯通时,相邻楼层刚度的减弱不应大于 30%,在刚度突变的楼层板应根据转换层楼板的要求加强构造措施。

◆**框架剪力的调整**

目前手算近似方法和计算机方法,一般都采用了楼板平面内刚度无限大的假定,也就是认为楼板是平面内不变形的。在框 - 剪结构中,剪力墙的间距较大,实际上楼板是会变形的。在水平作用下,剪力墙部位水平位移较小;而在框架部位,因为框架的刚度较小,楼板位移较大,所以相应框架的实际水平力比计算值大。

更重要的是,剪力墙刚度较大,承受了大部分水平力,在地震力作用下,剪力墙会首先开裂,刚度下降,从而使部分地震力向框架转移,框架承受地震力会因此增加。另外,框架是框 - 剪结构抵抗地震作用的第二道防线,有必要提高其设计地震力,以使强度有更大的储备。

所以,在地震力作用下,框 - 剪结构中框架的剪力标准值应适当调整,如图 5.34 所示。

框架剪力的调整原则如下:

(1)框架总剪力 $V_F \geq 0.2V_0$ 的楼层如图 5.34(a)所示,可不调整,按计算得到的楼层剪力进行设计。

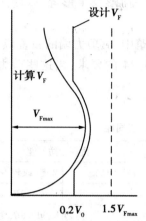 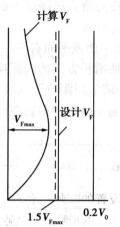

（a）框架总剪力$V_F \geq 0.2V_0$的楼层　　（b）框架总剪力$V_F < 0.2V_0$的楼层

图 5.34　框架总剪力 V_F 的调整

(2) 框架总剪力 $V_F < 0.2V_0$ 的楼层如图 5.34(b) 所示, 应将框架承受的剪力 V_F 适当放大, 调整后的剪力取下式中的较小值:

$$\left. \begin{array}{l} V_F = 0.2V_0 \\ V_F = 1.5V_{Fmax} \end{array} \right\} \tag{5.59}$$

式中　V_F——全部框架柱的总剪力；

V_0——结构的底部剪力；

V_{Fmax}——计算的框架柱最大层剪力, 即各层 V_F 调整前的最大值。

调整的对象首先是框架柱的剪力和弯矩标准值, 也就是将计算的调整之前的柱剪力、柱弯矩乘以放大系数 η, η 取下列数值的较小者:

$$\left. \begin{array}{l} \eta = 0.2 \dfrac{V_0}{V_F} \\ \eta = 1.5 \dfrac{V_{Fmax}}{V_F} \end{array} \right\} \tag{5.60}$$

梁弯矩与剪力应同时放大, 梁的放大系数可取上、下层间的平均值。

柱轴力标准值不调整。由于框架内力的调整不是力学计算的结果, 只是为保证框架安全而人为增大的安全度, 因此以调整后的内力不再保持平衡条件。

为保证框架的安全, 采用计算机方法计算时, 这项调整也必须进行。因为计算机计算时采用振型分解反应谱法, 故调整比较困难, 这项内力调整可在振型组合以后进行。

突出层面的小塔楼若采用框架－剪力墙结构, 也应将框架所承受的剪力予以调整。因塔楼很小, 所以不能再按 V_0 或 V_{Fmax} 作为调整的标准。设计时, 框架柱、梁承受的剪力、弯矩都增加 50% 即可。

◆框架抗震等级和结构高度的调整

抗震设计的框架－剪力墙结构, 在基本振型地震作用下, 当其框架部分承受的地震倾覆力矩大于结构总地震倾覆力矩的50%时,框架部分的抗震等级应按照纯框架结构采用,柱轴压比限值应按框架结构的规定采用;其最大适宜高度和高宽比限值可比纯框架结构适当增加。此框架部分承受的地震倾覆力在一般的设计计算软件中都有结果输出。

【实　务】

◆框架-剪力墙结构布置

1. 剪力墙的布置

(1)剪力墙设置的部位和要求。通常情况下,剪力墙应布置在竖向荷载较大处、平面形状改变处以及楼(电)梯处。为避免施工困难,不应在防震缝两侧同时布置剪力墙。外墙,特别是山墙处布置剪力墙时,要考虑施工支模的困难以及是否能满足建筑功能要求。剪力墙间距不应过大。

楼(电)梯间楼板开大洞,削弱严重,尤其是在端角和凹角处设置楼(电)梯间时,受力更为不利,采用楼(电)梯竖井来加强是有效的措施。

楼(电)梯间、竖井等竖向通道,不应设在结构单元的端部角区。如果必须位于端部时,应设剪力墙予以加强。此时竖向通道不应独立在柱网行列的中间,如图5.35(a)所示,必须使井筒至少有两侧与柱网重合,如图5.35(b)所示,并布置剪力墙。

纵横向剪力墙宜组合布置成L形、T形(如图5.35(c)所示)和槽形等,使纵墙可作为横墙的翼缘,横墙也可以作为纵墙的翼缘,从而提高其强度和刚度。而且应设置端柱,提高刚度。

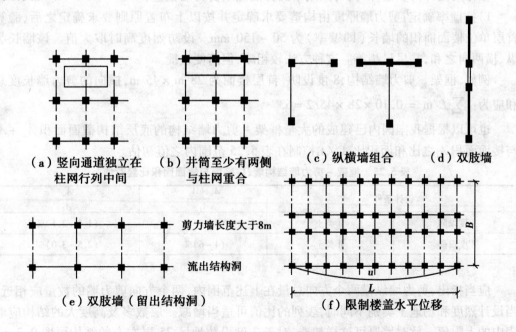

图5.35　剪力墙的布置形式

剪力墙应尽量利用连梁组成双肢或多肢墙,如图 5.35(d)所示,以提高其延性和抗震能力。连成一片的单肢墙,长度不应大于 8 m,必要时可以留出结构洞口,如图 5.35(e)所示,变成双肢墙,待施工后期用轻质料封闭。

各片剪力墙的刚度不应相差悬殊,应沿建筑物全高设置,避免沿高度方向刚度突变。在剪力墙开洞时,洞口应上下对齐。

为避免纵向端部约束而使结构受到大的温度和收缩应力,纵向剪力墙应布置在中部附近,通常不布置在端跨。

当楼面有较长的外伸段时,应在外伸段的适当部位设置剪力墙,以减少外伸段的无支承点的悬臂长度。

单片剪力墙底部承担的水平剪力不应超过结构底部总水平剪力的 40%。

(2)剪力墙的间距。框架-剪力墙结构靠楼盖传递水平荷载,为保证框架与剪力墙两者协同工作,必须限制楼盖的水平位移,如图 5.35(f)所示。而剪力墙是楼盖水平方向的支点,其间距便是影响楼盖水平位移的主要因素。对于长矩形平面或平面有一部分较长的建筑,其剪力墙的布置间距应满足表 5.24 的要求。当这些剪力墙之间的楼盖还有较大的开洞时,剪力墙的间距应适当地减小。

(3)剪力墙的数量。通常,当框剪结构的柱网尺寸已经确定后,梁、柱截面则可根据框架结构的要求来选择;然后需要确定剪力墙的布置和数量。通常来讲,剪力墙多,震害较轻,但耗材,因此选择适当的剪力墙数量很重要。

合理的剪力墙数量应使结构有足够的刚度,且能满足位移限值的要求,而剪力墙数量较少,将是较好的设计方案。

在方案设计初步估算时,可采用下列方法确定剪力墙数量:

1)按壁率确定:剪力墙厚度由构造要求确定并按以上布置原则要求确定之后,验算首层单位楼面面积的墙长(即壁率)为 50~150 mm。设防烈度高时取大值。该墙长为纵、横两向之和,并尽量相等。这种方法较粗略,但简便快捷。

例如,框架-剪力墙结构,8 度设防,首层楼面为 28 m×45 m,横向的剪力墙长度总和应为:$\sum L/m = 0.10 \times 28 \times 45/2 = 63$

也可以根据我国国内已建成的大量框架-剪力墙结构的底层结构截面面积 $A_w + A_c$ 与楼面面积 A_f 之比和面积比 A_w/A_f 控制在表 5.25 范围内之值初估。

表 5.25 框架-剪力墙结构墙、柱截面与楼面面积比经验值

设计条件		$\dfrac{A_w + A_c}{A_f}$	$\dfrac{A_w}{A_f}$
7 度设防	Ⅱ 类土	(3~5)%	(1.5~2.5)%
8 度设防	Ⅱ 类土	(4~6)%	(2.5~3.0)%

应当指出,剪力墙纵横两个方向总量在上述范围内,两个方向剪力墙的数量应相近。当设计烈度和场地土类别不同时,表列的比值可适当增减。层数多及高度大的结构应取表中的上限值。此时墙厚可这样初选:对于 7 度设防地区 25 层左右的结构可取 0.3 m,设计烈度和层数更少或更大时可分别取 0.25 m 和 0.4 m(或更小和更大)。

2)按剪力墙的适宜刚度确定:根据框架-剪力墙结构的允许水平位移,可以得到剪力墙的总刚度 $C_w GH$。H 是地面以上总高度(单位为 m);G 是地面以上总重力(可按 $q=12\sim14$ kN/m³,近似计算)(单位为 kN);C_w 是剪力墙必须的总刚度 $\sum EI_w$ 与其名义势能 GH 的比值,根据分析并简化后按表 5.26 确定。所以,每一个主轴方向必须的总剪力墙刚度按式(5.61)确定:

$$\sum EI_w \geq C_w GH \tag{5.61}$$

表 5.26 C_w 值表   单位:m

设计烈度 \ 场地类别	Ⅰ	Ⅱ	Ⅲ	Ⅳ
7	4~7	10~16	18~28	47~75
8	18~28	41~63	73~112	192~396
9	55~112	164~252	392~448	770~1183

注:高度在 50 m 以上的结构取大者。

应当指出,表 5.26 主要适用于基本规则的结构。当建筑高度 H 大于 50 m,且剪力墙肢较短及装修高级时,可取表中的上限值。

例如,高层框架-剪力墙结构,首层楼板平面 25 m×50 m,28 层,100 m 高;Ⅱ类场地,设防烈度 8 度;混凝土等级为 C40。现按方案设计阶段估计横向剪力墙数量。

查表得剪力墙的抗震等级为一级,墙厚不小于 200 mm,考虑轴压比取 400 mm 计算。查表 5.26 得 $C_w=63$ m。取竖向单位面积重力 $q=14$ kN/m³,根据建筑功能要求并参考上述按壁率法计算的剪力墙总长 63 m,并考虑到间距要求,确定两端共设 4 片 8.0 m 长墙,中部设 4 片 6.5 m 长墙。不计端柱与翼墙的影响,于是可得

$G/\text{kN} = 28\times14\times25\times50 = 49\times10^4$

$C_w GH/(\text{kN}\cdot\text{m}) = 63\times49\times10^4\times100 = 30.87\times10^8$

$\sum EI_w(\text{kN}\cdot\text{m}^{-2}) = 3.25\times10^7\times4\times\left(\dfrac{1}{12}\times0.4\times8.0^3 + \dfrac{1}{12}\times0.4\times6.5^3\right) = 34.1\times10^8 > C_w GH$。

初估尺寸可以采用。

在初步设计阶段,应进一步用计算机程序通过试算结构的层间水平位移及自振周期来调整剪力墙数量。当工程大且复杂时,输入参数可以参照以上所述对其进行简化或使用方便的程序。

2. 框架-剪力墙结构中梁、柱的布置与要求

框架-剪力墙结构中梁、柱除应符合以前框架结构中的要求以外,还应符合以下要求。

(1)为使结构能良好工作,主体结构构件之间除个别节点外不应采用铰结;梁与柱及柱与剪力墙的中线应重合;当框架梁、柱中心线有偏离时,应按《高层建筑混凝土结构技术规程》有关框架结构关于偏心的要求进行处理。

(2)梁与柱的截面尺寸可参考框架结构有关的方法来确定。其中,框架柱的总截面积A_c,也可以根据剪力墙总截面面积A_w,按下列关系近似求得:
1)设防烈度7度时:$A_c = A_w$。
2)设防烈度8度时:$A_c = (0.8 \sim 1.0) A_w$。
按刚度法计算时,系数取上限。
例如对于上述算例,可得柱总面积为:$A_c / m^2 = 1.0, A_w = 0.4 \times (8 + 6.5) \times 4 = 23.2$
取墙负荷宽度6 m,柱子负荷面积平均42 m^2,则约需设30条柱,每条柱截面积为0.77 m^2,即首层柱可取0.8 m×1.0 m。

◆剪力墙内力计算

剪力墙的弯矩和剪力都是底截面最大,越往上越小。通常取楼板标高处的M、V作为各设计内力,所以要取各楼板标高处的坐标计算ξ,求出总剪力墙内力M_w、V_w后,按各片墙的等效刚度进行分配。第i个墙肢第j层的内力(共有k个墙肢)是:

$$\left. \begin{aligned} M_{wij} &= \frac{EI_{eqi}}{\sum_{i=1}^{k} EI_{eqi}} \times M_{wj} \\ V_{wij} &= \frac{EI_{eqi}}{\sum_{i=1}^{k} EI_{eqi}} \times V_{wj} \end{aligned} \right\} \tag{5.62}$$

◆框架梁与框架柱内力计算

在求得框架总剪力V_F后,根据各柱D值的比例,把V_F分配到柱。严格地说,应当取各柱反弯点位置的坐标计算V_F,但由于计算太烦琐,在近似方法中也无必要。所以,可近似求每层柱中点处的剪力,在根据各楼板坐标ξ计算V后,可得到楼板标高处的V_F,用各楼层上、下两层楼板标高处的V_F取平均值作为该层柱中点剪力。第i个柱(共有m个柱)第j层的剪力为:

$$V_{cij} = \frac{D_i}{\sum_{i=1}^{m} D_i} \times \frac{V_{Fj-1} + V_{Fj}}{2} \tag{5.63}$$

◆刚结连梁的设计弯矩和剪力计算

首先要将各个层高范围内的约束弯矩集中成连杆弯矩M_j,然后根据各刚结连杆端刚度系数的比例把弯矩分配给各连梁。应注意的是,凡是与墙肢相连的梁端都应分配到弯矩。共有一个结点,则第i个结点的连杆弯矩是:

$$M_{jiab} = \frac{m_{iab}}{\sum_{i=1}^{n} m_{iab}} \times m_j \left(\frac{h_j + h_{j+1}}{2} \right) \tag{5.64}$$

式中 j——第j层;
h_j、h_{j+1}——第j层和$j+1$层的层高;

m_{ab}——m_{12}或m_{21}。

求出的$M_{ji\,ab}$是剪力墙轴线处的连杆弯矩,还要算出墙边处的弯矩才是连梁截面的设计弯矩。由图5.36可得连梁设计弯矩:

$$\left. \begin{array}{l} M_{b12} = \dfrac{x-cl}{x}M_{12} \\[6pt] M_{b21} = \dfrac{l-x-dl}{x}M_{12} \\[6pt] x = \dfrac{m_{12}}{m_{12}+m_{21}}l \end{array} \right\} \tag{5.65}$$

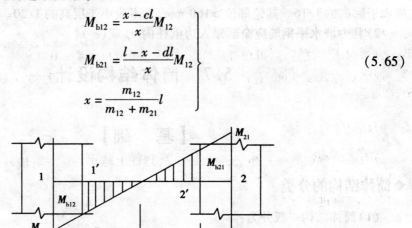

图 5.36 连梁弯矩

连梁设计剪力为:

$$V_b = \frac{M_{b12}+M_{b21}}{l'} 或 \frac{M_{12}+M_{21}}{l'} \tag{5.66}$$

◆ 框架-剪力墙结构截面设计与构造

1. 截面设计

框架-剪力墙结构中,框架梁、柱的截面设计及配筋构造与框架结构相同。在由上述内力分析方法求得框架的梁、柱内力后,就可以根据框架梁、柱配筋计算方法进行截面设计。

剪力墙的截面设计可以由上述内力分析方法求得的内力。剪力墙截面应按 I 字形设计,且其主要竖向受力钢筋应配置在边框柱(暗柱)截面内。

2. 构造设计

(1)剪力墙竖向与水平分布钢筋的配筋率,抗震设计时都不应小于0.25%。非抗震设计时都不应小于0.2%,并且至少双排布置。各排分布筋之间的拉筋直径≥6 mm,且间距≤600 mm。

(2)框架剪力墙结构中的剪力墙应采用周边有梁、柱的剪力墙形式,经研究表明,取消端部柱可使剪力墙承受力下降20%~30%,因此剪力墙端部的框架柱不宜取消。剪力墙的轴线与柱轴线应在一个平面内,防止柱偏心受力,产生扭转。剪力墙上的框架梁应予以保留。经研究表明,剪力墙取消框架梁以后,它的承受力会下降10%。因此,若确实无法设置框架梁时,也应设置暗梁代替。其截面高度取墙厚2倍或与框架梁等高,配筋应按构造配置。

带边框剪力墙构造应满足以下几项要求：

1）抗震设计时，一、二级抗震等级的底部加强区截面厚度不应小于200 mm，同时不应小于层高的1/16。其他部位≥160 mm，且不应小于层高的1/20。

2）剪力墙水平钢筋应全部锚入边框柱内 e_{aE} 或 (e_a)。

5.7 筒体结构设计

【基 础】

◆ **筒体结构的分类**

（1）筒体结构一般分为：

1）框筒结构如图5.37（a）所示。外框筒承受水平荷载，内柱主要承受楼面竖向力。框筒柱距不应大于4 m；框筒梁（也称裙梁）较高，开洞面积通常在60%以下。

2）框架-核心筒结构如图5.37（b）所示。内筒为剪力墙组成的薄壁筒，主要抵抗水平力；外框架柱距大（6~12 m），刚度小，主要承受楼面竖向荷载。

3）筒中筒结构如图5.37（c）所示。由薄壁内筒和密集排列柱构成的外框筒构成。

4）多筒体结构、成束筒结构和多重筒结构如图5.37（d）、（e）、（f）所示。

（2）在高级高层建筑中常用以下4类筒体结构：

1）钢筋混凝土框架-核心筒结构。

2）钢筋混凝土筒中筒结构。

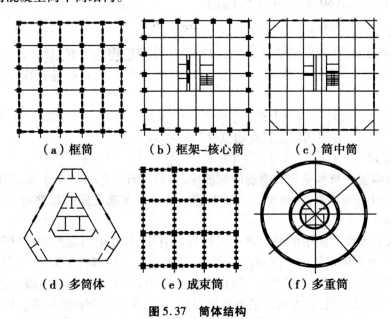

（a）框筒　　（b）框架-核心筒　　（c）筒中筒

（d）多筒体　　（e）成束筒　　（f）多重筒

图5.37 筒体结构

3)钢筋混凝土底部大空间筒体结构。其中,底部一层或几层的竖向构件与上部标准层的竖向构件不完全相同;上、下构件的轴线也不完全对齐;只有上部的核心筒贯穿转换层延伸到底,成为整个结构中抗侧力的主要子结构。

4)由钢框架(或型钢混凝土框架、钢管混凝土框架)与钢筋混凝土核心筒组成的混合结构。

◆筒体结构设计原则

1.筒体结构的受力性能和工作特点

当高层建筑结构层数多、高度大且设防要求高时,由平面抗侧力结构所构成的框架、剪力墙及框架-剪力墙结构已不能满足建筑和结构的要求,此时便过渡成空间受力性能较好的筒体结构形式。

筒体结构的优点是造型美观、使用灵活、受力合理以及整体性强等,适用于较高的高层建筑。它的主要形式有框架-核心筒结构和筒中筒结构,如图 5.38 所示。此外,还有多重筒体结构、成束筒体结构和框筒结构等多种形式。

框架-核心筒结构周边柱子的柱距较大,通常在 8 m 左右,它和沿周边布置的框架梁形成外框体系。中间则由楼、电梯及管道井等辅助空间组成核心剪力筒,这种结构的受力特点与框架-剪力墙结构体系相类似,外框架和核心筒在楼板的协调下共同工作。

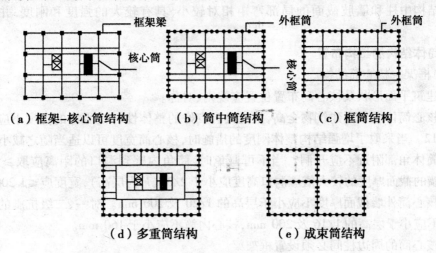

图 5.38 筒体结构的类型

筒中筒结构的基本特征主要有:内筒为剪力墙薄壁筒,外筒为密柱框间整截面共同工作的特点。在水平荷载作用下,不仅与荷载方向平行的腹板框架起作用,而且与荷载方向垂直的翼缘框架也起作用,如图 5.39 所示。

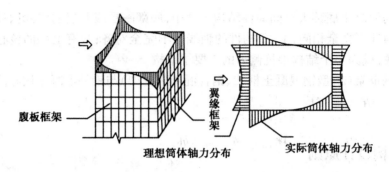

图 5.39 筒体结构受力特点

但是,框筒与理想筒体受力还是有差别的。理想的筒体在水平力作用下,截面保持平面,腹板的应力呈线性分布,翼缘内应力相等。而实际的"框筒"在水平荷载作用下,腹板内的应力呈曲线分布,翼缘处框架应力也呈不均匀分布,在靠近角柱处应力最大,远离角柱处应力变小。框筒中这种应力不保持直线分布的现象叫剪力滞后现象。因存在剪力滞后现象,故筒体结构中的筒体即使为整体空间工作,但不能按理想的平截面假定来进行内力分析。

筒体结构中的剪力墙核心筒截面积较大,它承受绝大部分的水平剪力。而外荷载作用产生的倾覆力矩则绝大部分由框筒柱轴力和墙肢轴力产生的整体弯矩来平衡。所以,在筒体结构中柱和墙肢截面的局部弯矩相对较小,具有较大的强度和刚度,并且比较经济。

2. 筒体结构的结构布置

(1)框架-核心筒结构。

1)建筑平面形状及核心筒布置位置应规则、对称。

2)核心筒体应贯通建筑物全高,且应具有良好的整体性。核心筒的宽度不应小于总高的 1/12。当采取了增强结构整体刚度的措施时,核心筒宽度可以适当随之减小。

3)筒体角部附近不应开洞。当不可避免时,筒角内壁到洞口的距离应取 ≥500 mm 和开洞墙的截面厚度的较大值。洞口高度应小于 $2/3h$(h 为层高),宽度应 ≤1 200 mm。

4)核心筒外墙截面厚度不应小于层高的 1/20 及 200 mm。对一、二级抗震的底部加强部位不应小于层高的 1/16 及 200 mm,核心内筒不应小于 160 mm。

5)核心筒的周边柱间必须设置框架梁。

6)抗震设计时,核心筒的连梁,应通过配置交叉暗撑,设水平缝或减小梁高宽比等措施来提高延性。

(2)筒中筒结构。

1)筒中筒结构的平面形状应选圆形、正多边形、矩形或椭圆。其中,圆形和正多边形形状是最有利平面形式,内筒居中布置。经研究表明,筒体结构在水平荷载作用下,其结构的空间整体作用与外框筒的平面形状有关。圆形平面和正多边形平面的受力性能最佳。其中,正多边形的边数越多,越接近于圆,则它的"剪力滞后"现象就越不明显,结构空间作用越大。三角形和矩形的"剪力滞后"现象相对较严重,而矩形平面的长宽比越大,则"剪力滞后"现象越明显。因此矩形平面长宽比不应大于2.0。正三角形平面可以采用切角的方法使其成为六边形来改善外框筒的"剪力滞后"现象,提高结构的空间作用性能。外框筒的切角长度不应小于相应边长的1/8,内筒切角长度不小于相应边长的1/10,切角处的筒壁宜适当加厚。

2)结构平面布置应尽量规则、均匀、简单、对称,尽可能减少扭转。

3)内筒与外框之间的中距通常非抗震设计不应大于12 m,抗震设计不应大于10 m,否则应采取预应力混凝土楼盖及增设内柱处理。

4)研究表明,外框筒结构空间受力性能还与开孔率、柱距、洞口形状、梁截面高度及角柱截面有关。因此外筒柱距不应大于4 m,框筒柱的长边沿筒壁布置;外筒洞口面积不应大于墙面面积的60%;洞口高宽比应接近于层高与柱距之比值;外框筒梁截面高度可取柱净距的1/4;角柱截面面积为中柱的1~2倍。

5)内外筒都应贯通建筑物全高。其刚度应沿竖向均匀变化,以防止结构的侧移及内力产生突变。

6)外筒由于采用密排柱,限制了建筑物底部的使用,通常可以在底层或底部几层插柱形成大空间,并应在竖向构件不贯通的楼层处设置转换层。

(3)筒体结构的角部楼盖布置。

1)筒体结构的楼盖应采用现浇混凝土结构,当跨度大于10 m时,应采用预应力楼板结构。混凝土结构形式有普通梁板结构、扁梁肋形板、钢筋混凝土平板结构和密肋板等形式。

2)当采用梁板结构时,梁的布置原则为尽可能使角柱承受较大的竖向荷载,来避免或减小角柱出现拉应力。其常见的布置形式如图5.40所示。

①图5.40(a)为角区布置斜梁,两个方向的楼盖梁同斜梁相交,受力明确,但斜梁截面大,占用空间,楼面梁长短不一,种类较多。

②图5.40(b)为单向布置,结构简单,但有一根梁受力大,角柱竖向荷载较小。

③图5.40(c)为交叉梁双向布置,梁截面较小,有利于降低层高。

④图5.40(d)为将角柱布置为"L"型。角柱两端支承斜梁,角柱受力大,斜梁截面相对较小,但由于内筒处节点梁较多,所以可以将斜梁向内筒两侧适当移开,以便于钢筋的布置和混凝土的浇捣。

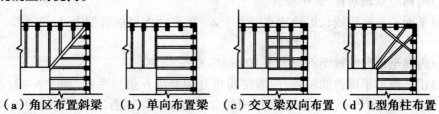

(a)角区布置斜梁　(b)单向布置梁　(c)交叉梁双向布置　(d)L型角柱布置

图5.40　筒体角区楼板、梁布置

【实　务】

◆ 筒中筒结构设计

1. 平面设计

筒中筒结构包括外围框筒和内筒两类筒体。经研究表明,筒中筒结构在侧向荷载作用下,其结构性能与外框筒的平面外形也相关。对正多边形来讲,边数越多,剪力滞后现象越不明显,结构的空间作用越大;相反,边数越少,结构的空间作用越差。

表 5.27 为圆形、正多边形和矩形平面框筒的性能比较。假定 5 种外形的平面面积和筒壁混凝土用量都相同,把正方形的筒顶位移和最不利柱的轴向力作为标准,在相同的水平荷载作用下,以圆形的侧向刚度和受力性能为最佳,矩形为最差;在相同的基本风压作用下,圆形平面的风载体型系数与风荷载最小,优点更加明显,矩形平面相对更差。由于正方形和矩形表平面的利用率较高,所以仍具有一定的实用性,但对矩形平面的长宽比需加限制。矩形的长宽比越接近于 1,轴力比 N_c/N_m 越小,结构空间作用就越佳,其中 N_c 和 N_m 分别为外框筒在侧向力作用下,框筒翼缘框架角柱和中间柱的轴向力。通常,当长宽比 $L/B=1$(即正方形)时,$N_c/N_m=2.5\sim5$;当长宽比 $L/B=2$ 时,$N_c/N_m>10$,这时,中间柱已不能发挥作用,说明在设计筒中筒结构时,矩形平面的长宽比不应大于 2。

表 5.27　规则平面框筒的性能比较

平面形状		圆形	正六边形	正方形	正三角形	矩形长宽比为2
当水平荷载相同时	筒顶位移	0.90	0.96	1	1	1.72
	最不利柱的轴向力	0.67	0.96	1	1.54	1.47
当基本风压相同时	筒顶位移	0.48	0.83	1	1.63	2.46
	最不利柱的轴向力	0.35	0.83	1	2.53	2.69

所以,对筒中筒结构的平面设计有以下要求:

(1)筒体结构的平面外形应选用圆形、正方形、正多边形,也可以选用椭圆形和矩形。

(2)内筒应双轴对称、居中布置。

(3)平面的长宽比或长短轴比不应大于 2。若平面内另加有剪力墙,这条要求可适当放松。

(4)内筒至框筒的轴距不应大于 10 m。

(5)正三角形平面性能较差,应通过切角处理变成 6 边形平面,如图 5.40(d)所示,来改善外框筒的剪力滞后性能,提高结构的空间整体工作性能。外框筒的切角长度不应小于相应边长的 1/8,其角部可设置刚度较大的角柱或角筒,如图 5.40(d)所示。内筒的切角长度不应小于相应边长的 1/10,切角处的筒壁也应适当加厚。

2. 外框筒设计

除上述高宽比和平面形状外,外框筒结构的空间受力性能还与开孔率、柱距、洞口形状和柱截面形状、梁的截面高度和角柱截面面积等参数有关。现仍以矩形平面的外框筒为例,对以下几种参数的合理取值进行分析比较。

(1)框筒的开孔率。框筒结构的重要参数之一就是开孔率。当框筒孔洞的双向尺寸分别与柱距和层高的40%(即开孔率为16%)相等时,墙面应力分布接近实体墙,在侧向荷载作用下,框筒同一横截面的竖向应力分布接近平截面假定;当孔洞的双向尺寸分别与柱距和层高的80%(即开孔率为64%)相等时,框筒的剪力滞后现象相当明显,轴力比N_c/N_m已大于9,用料指标相当于开孔率25%的4倍以上,如图5.41所示,说明开孔率应适当控制,为满足实用需要,框筒的开孔率不应大于60%。

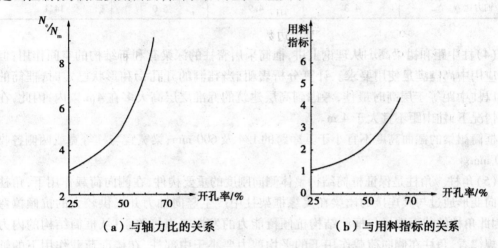

(a)与轴力比的关系　　　　　　(b)与用料指标的关系

图5.41　开孔率与框筒空间作用的关系

(2)孔洞的立面形状。在同样开孔率情况下,若洞口过于扁宽(柱宽很小)或过于狭长(梁高很小),都将削弱框筒的刚度,也不利于整体工作。这就是外框筒孔洞的立面形状的影响。这种影响由孔洞的高宽比γ_1和层高与柱中距比γ_2两个因素决定。研究表明,当洞口的高宽比同层高柱中距比相似时,即γ_1/γ_2约等于1时,框筒的水平位移最小。甚至当柱中距由3 m增大到6 m时,也不会对刚度产生太大的影响。

(3)框筒柱的截面型式。由于框筒是空间整体受力,主要内力沿主框架平面内分布,因此外框筒应采用扁宽矩形截面柱,柱的长边位于框架平面内。

为提高扁宽柱的抵抗屈曲的能力,并在立面上形成竖线条,满足建筑艺术的要求,也常用T形柱。

为了取得大的窗口面积或艺术效果,也可以采用正方形和圆形截面的柱。然而应当注意,加大框筒壁厚对受力和刚度的效果远不如加大柱宽,所以采用这两种截面形状的框筒柱要增加造价。

表5.28为一正方形框筒采用不同梁柱截面时的框筒受力性能。由此可见,在相同梁柱截面面积情况下,采用正方形截面梁柱的受力性能远远差于扁宽梁柱。

表 5.28 框筒受力性能与梁、柱截面形状的关系

柱和裙梁的截面形状和尺寸	250×1000 / 1000×250	250×750 T / 1000×250	500×500 / 1000×250	500×500 / 500×500
方案	1	2	3	4
开孔率/%	44	50	55	89
框筒顶水平位移	100	142	232	313
轴力比 N_c/N_m	4.3	4.9	6.0	14.1

(4)柱中距和裙梁高。从理论上讲,框筒采用密柱的深梁有利于结构的空间作用,但实际应用中尚需满足使用要求。计算分析表明,当孔洞的开孔率和形状已定时,框筒的刚度以柱中距等于层高时最佳,考虑到高层建筑的标准层层高大多在4m以内,因此,在一般情况下,柱中距不宜大于4 m。

框筒裙梁的截面高度不宜小于其净跨的1/4及600 mm;梁宽宜与柱等宽或两侧各收进50 mm。

(5)角柱。角柱是保证框筒结构整体侧向刚度的重要构件,在侧向荷载作用下,角柱的轴向变形通过与其连接的裙梁在翼缘框架柱中产生竖向轴力并提供较大的抗倾覆弯矩,因此角柱的截面选择与框筒结构抗倾覆能力的发挥有直接关系;从框筒结构的内力分布规律看,角柱在侧向荷载作用下的平均剪力要小于中部柱,在楼面荷载作用下的轴向压力也比中部柱小,但从角柱所处位置和其重要性方面考虑,应使角柱比中部柱具有更强的承载能力,但又不应将角柱截面设计得太大,一般应取中柱截面的1.0~1.5倍。另外,楼盖结构设计时,尚应注意楼面荷载向角柱的传递,以防在地震作用下角柱出现偏心受拉的不利情况。

必要时角柱可采用L形、八字形,甚至采用加强的角墙或角筒。

3. 内筒设计

(1)内筒是筒中筒结构抗侧力的主要子结构,应贯通建筑物全高,其刚度沿竖向应均匀变化,以免结构的侧移和内力发生急剧变化。为了使筒中筒结构具有足够的侧向刚度,内筒的刚度不应过小,其边长可取筒体结构高度的1/15~1/12;当外框筒内设置刚度较大的角筒或剪力墙时,内筒平面尺寸可适当减小。

(2)内筒的较小边尺寸与相应的建筑宽度的比为0.35~0.40。

(3)内筒外墙上的开洞、内筒的墙肢布置、内筒墙体的厚度以及墙肢的轴压比等,设计要求都与框架-核心筒结构中对核心筒的设计要求相同。

(4)内筒外围墙上的较大门洞应竖向逐层连续布置。其洞口连梁的跨高比不应大于3,且连梁截面高度不应小于600 mm,以使内筒具有较强的整体刚度与抗弯能力。

4. 框筒梁和连梁截面设计

(1)截面尺寸。要改善外框筒的空间作用,以防框筒梁和内筒连梁在地震作用下产生脆性破坏,外框筒梁和内筒连梁的截面尺寸应符合以下要求:

1)无地震作用组合:

$$V_b \leqslant 0.25\beta_c f_c b_b h_{b0} \tag{5.67}$$

2)有地震作用组合:

①跨高比大于2.5时:

$$V_b = \frac{1}{\gamma D_{RE}}(0.20\beta_c f_c b_b h_{b0}) \tag{5.68}$$

②跨高比不大于2.5时:

$$V_b = \frac{1}{\gamma_{RE}}(0.15\beta_c f_c b_b h_{b0}) \tag{5.69}$$

式中 V_b——外框筒梁或内筒连梁剪力设计值;
b_b——外框筒梁或内筒连梁截面宽度;
h_{b0}——外框筒梁或内筒连梁截面的有效高度;
γ_{RE}——承载力抗震调整系数。

(2)梁端混凝土受压区高度。为了保证框筒梁和连梁在地震作用下具有足够的延性,在计算中,计入纵向受压钢筋的梁端混凝土受压区高度应符合以下要求:

1)一级:

$$x \leqslant 0.25h_0 \tag{5.70}$$

2)二、三级:

$$x \leqslant 0.35h_0 \tag{5.71}$$

且梁端纵向受拉钢筋的配筋率不应大于2.5%。

(3)构造配筋。外框筒梁和内筒连梁的构造配筋应符合以下要求:

1)非抗震设计时,箍筋直径不应小于8 mm,且间距不应大于150 mm;抗震设计时,外框筒梁和内筒连梁的端部反复承受正、负剪力,箍筋必须加强,箍筋直径不应小于10 mm,箍筋间距不应大于100 mm。因梁跨高比较小,所以箍筋间距沿梁长不变。

2)梁内上、下纵向钢筋的直径不应小于16 mm,为了防止混凝土收缩,以及温差等间接作用造成梁腹部过早出现裂缝,当梁的截面高度大于450 mm时,梁的两侧应增设腰筋,其直径不应小于10 mm,且间距不应大于200 mm。

(4)采用交叉暗撑。为了避免外框筒梁或内筒连梁在地震作用下产生脆性破坏,对跨高比不大于1.5的梁应采用交叉暗撑,跨高比不大于2的梁应采用交叉暗撑,且符合以下规定:

1)梁的截面宽度不应小于300 mm,以免钢筋过密,影响混凝土浇筑质量。

2)全部剪力由暗撑承担,每根暗撑由不少于4根纵向钢筋构成,纵筋直径不应小于14 mm,其总面积A_s按以下公式计算:

①无地震作用组合时:

$$A_s \geqslant \frac{V_b}{2f_y \sin \alpha} \tag{5.72}$$

②有地震作用组合时:

$$A_s \geqslant \frac{\gamma_{RE} V_b}{2f_y \sin \alpha} \tag{5.73}$$

式中 α——暗撑与水平线的夹角。

3)两个方向暗撑的纵向钢筋都应采用矩形箍筋或螺旋箍筋绑成一体,箍筋直径不应小于 8 mm,箍筋间距不应大于 200 mm 且不应大于梁截面宽度 b_b 的一半;端部加密区的箍筋间距不应大于 100 mm,加密区长度不应小于 600 mm 且不应小于梁截面宽度的 2 倍。

4)纵筋伸入竖向构件的长度不宜小于 l_{a1},非抗震设计时,l_{a1} 可取 l_a;抗震设计时 l_{a1} 应取 $1.15l_a$,其中 l_a 为钢筋的锚固长度。

5)梁内竖向箍筋的间距可适当放大,但不宜大于 150 mm。

◆框架-核心筒结构设计

1. 外框架设计

(1)外框架柱距为 6~12 m。

(2)震害表明,在强震下,框架柱的损坏明显地比核心筒要大。为了保证各柱的可靠度,应根据下式适当调高各柱的地震剪力(V):

$$V = \min(0.2V_0, 1.5V_{f,\max}) \tag{5.74}$$

式中 V_0——地震作用产生的结构底部总剪力标准值;

$V_{f,\max}$——地震作用产生的各层框架总剪力标准值中的最大者。各层框架柱在地震作用下的剪力和弯矩可根据相应层的调整系数进行调整。

(3)在筒体结构中,大部分水平剪力由核心筒或内筒承担,框架柱或框筒柱所受剪力远远小于一般框架结构柱的剪力,柱的剪跨比也比一般框架结构柱的大,所以柱的轴压比限值可适当放松,可按框架-剪力墙结构的要求控制柱的轴压比。

(4)框架梁、柱应双向布置,梁、柱二者的中心线应重合。当不便实现时,应在梁端加水平腋,如图 5.42 所示,使梁端处截面中心线同柱中心线重合,梁、柱的截面尺寸和柱轴压比限值等应按框架、框架-剪力墙的要求控制。

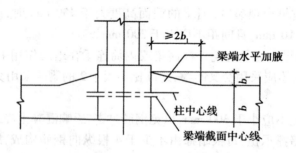

图 5.42 梁端水平加腋(平面)

2. 核心筒设计

(1)核心筒或内筒由若干剪力墙和连梁构成。每一剪力墙的截面形状应尽量简单;边缘构件要适当加强,底部加强部位约束边缘构件的约束长度不应小于墙肢截面高度的 1/4,约束边缘构件的范围内应全部采用箍筋,底部加强部位以上应根据剪力墙的有关要求设置约束边缘构件。

(2)核心筒应有良好的整体性,内部墙肢应均匀、对称布置,筒体角部附近不应开洞,当不可避免时,筒角内壁到洞口应保持一段长度不小于 500 mm 和墙厚的距离,以便设置边缘构件。相邻洞口间的净距不应小于 4 倍外墙厚及 1.0 m;洞口宽度应≤1.2 m;洞高不超过层高的 2/3。

(3)核心筒应贯通建筑物全高。框架结构沿竖向也应保持贯通,不应在中下部抽柱收进。柱截面尺寸沿竖向的变化应与核心筒墙厚的变化错开。当相邻层的竖向构件不贯通时,应在其间设置转换梁。为确保其强度与刚度,转换梁的高跨比不应小于 1/6。核心筒是框架-核心筒结构的主要抗侧力结构,应具有足够的侧向刚度,要求其宽高比大于或等于 1/12,以保证满足层间位移的规定。当外框架范围内设置有角筒、剪力墙和其他增强整体刚度的构件时,核心筒的宽度可适当减小。

(4)核心筒的外墙厚度通常按无端柱考虑,一、二级底部加强部位的墙厚不应小于层高的 1/12,其上部位墙厚不应小于层高的 1/12。

核心筒的内墙厚度不应小于层高的 1/20 及 200 mm;底部加强部位在重力荷载代表值作用下的墙肢轴压比不应超过 0.4(一级、9 度)、0.5(一级、7 至 8 度)、0.6(二级)。

当厚度不能满足以上要求时,应按《高层建筑混凝土结构技术规程》附录 D 进行墙体稳定性验算,必要时可增设扶壁柱,也可以增设扶壁墙。在满足承载力要求以及抗震设计底部加强部位轴压比限值时,核心筒内墙可适当减薄,但应不小于 160 mm。

(5)核心筒底部加强部位和相邻上层的墙厚应保持不变,其上部的墙厚与核心筒内部的墙体数量可根据内力变化及功能需要合理调整,此时侧向刚度仍应符合竖向规则性的要求。

(6)核心筒外墙开有宽度大于 1.2 m 的大洞时,应竖向连续布置,以使其内力变化保持连续性;洞口连梁的跨高比不应大于 4,且其截面高度不应小于 600 mm,以使核心筒具有较强的抗弯能力和整体刚度。

◆ 筒体结构整体弯曲内力计算

根据外框筒分配到的总框架楼层弯矩 M_F 与剪力 V_F,即可进行梁柱内力计算。将双槽形截面作为整截面,根据材料力学平截面假定,其组合截面的惯性矩 I_f 为:

$$I_f = \sum_{i=1}^{m} I_{ci} + \sum_{i=1}^{m} A_{ci} C_i^2 \tag{5.75}$$

式中 I_{ci}、A_{ci} ——槽形截面各柱的惯性矩和截面面积;

C_i —— i 柱中心至槽形截面形心轴的距离。

因此,框筒柱的轴力 N_{ci} 和裙梁的剪力 V_{bj} 分别为:

$$N_{ci} = \frac{M_F C_i A_{ci}}{I_f} \tag{5.76}$$

$$V_{bj} = \frac{V_F S_j h}{I_f} \tag{5.77}$$

式中 h ——层高;

V_F, M_F ——分别为该层柱上、下端层高水平处总框架的楼层剪力和弯矩;

S_j —— j 梁到双槽形截面边缘间各柱截面面积对槽形截面形心的静面矩。

裙梁的弯矩 M_{bj} 为：

$$M_{bj} = \frac{1}{2} l_{0j} V_{bj} \tag{5.78}$$

式中　l_{0j}——梁的净跨。

(3)局部弯曲的内力。框筒各柱在分配到的楼层总剪力 V_F 作用下，会产生剪力 V_{ci}，及其引起的局部弯矩 M_{ci} 分别按下式计算：

1)框筒柱的剪力：

$$V_{ci} = \frac{D_i}{\sum D_i} V_F \tag{5.79}$$

2)柱的弯矩：

$$M_{ci} = V_{ci} y \tag{5.80}$$

式中　y——反弯点高度，按反弯点法确定：首层取 $2h/3$，其他层取 $h/2$；
　　　V_F——该层柱上、下两端的层高水平处楼层总剪力。

附 录

附表1 等截面等跨连续梁在均布荷载和集中荷载作用下的内力系数

说明：
(1) 在均布荷载作用下 $M =$ 表中系数 $\times ql^2$，$V =$ 表中系数 $\times ql$。
(2) 在集中荷载作用下 $M =$ 表中系数 $\times Gl$，$V =$ 表中系数 $\times G$。
(3) 内力正负号规定 M——使截面上部受压、下部为正；
V——对邻近截面所产生的力矩沿顺时针方向者为正。

附表1.1 两跨梁

序号	荷载简图	跨内最大弯矩		支座弯矩	支座剪力			
		M_1	M_2	M_B	V_A	V_{Bl}	V_{Br}	V_C
1		0.070	0.0703	−0.125	0.375	−0.625	0.625	−0.375
2		0.096	−0.025	−0.063	0.437	−0.563	0.063	0.063
3		0.156	0.156	−0.188	0.312	−0.688	0.688	−0.312
4		0.203	−0.047	−0.094	0.406	−0.594	0.094	0.094
5		0.222	0.222	−0.333	0.667	−1.334	1.334	−0.667
6		0.278	−0.056	−0.167	0.833	−1.167	0.167	0.167

附表1.2 三跨梁

序号	荷载简图	跨内最大弯矩		支座弯矩		支座剪力				
		M_1	M_2	M_B	M_C	V_A	V_{Bl}	V_{Br}	V_{Cl}	V_{Cr}	V_D
1		0.080	0.025	−0.100	−0.100	0.400	−0.600	−0.500	−0.500	−0.600	−0.400

续附表1.2

序号	荷载简图	跨内最大弯矩		支座弯矩		支座剪力					
		M_1	M_2	M_B	M_C	V_A	V_{Bl}	V_{Br}	V_{Cl}	V_{Cr}	V_D
2		0.101	-0.050	-0.050	-0.050	0.450	-0.550	0.000	0.000	0.550	-0.450
3		-0.025	0.075	-0.050	-0.050	-0.050	-0.050	0.050	-0.050	0.050	0.050
4		0.073	0.054	-0.117	-0.033	0.383	-0.617	0.583	-0.417	0.033	0.033
5		0.094	—	-0.067	0.017	0.433	-0.567	0.083	0.083	-0.017	-0.017
6		0.175	0.100	-0.150	-0.150	0.350	-0.650	0.500	-0.500	0.650	-0.350
7		0.213	-0.075	-0.075	-0.075	0.425	-0.575	0.000	0.000	0.575	-0.425
8		-0.038	0.175	-0.075	-0.075	-0.075	-0.075	0.500	-0.500	0.075	0.075
9		0.162	0.137	-0.175	-0.050	0.325	-0.675	0.625	-0.375	0.050	0.050
10		0.200	—	-0.100	0.025	0.400	-0.600	0.125	0.125	-0.025	-0.025
11		0.244	0.067	-0.267	-0.267	0.733	-1.267	1.000	-1.000	1.267	-0.733
12		0.289	-0.133	-0.133	-0.133	0.866	-1.134	0.000	0.000	1.134	-0.866
13		-0.044	0.200	-0.133	-0.133	-0.133	-0.133	-1.000	-1.000	0.133	0.133
14		0.229	0.170	-0.311	-0.089	0.689	-1.311	1.222	-0.778	0.089	0.089
15		0.274	—	-0.178	0.044	0.822	-1.178	0.222	0.222	-0.044	-0.044

注:V_{Bl}、V_{Br}分别为支座B左、右截面的剪力;V_{Cl}、V_{Cr}分别为支座C左、右截面的剪力。

附录

附表 1.3　四跨梁

序号	荷载简图	跨内最大弯矩			支座弯矩				支座剪力						
		M_1	M_2	M_3	M_A	M_B	M_C	M_D	V_A	V_{Bl}	V_{Br}	V_{Cl}	V_{Cr}	V_{Dl}	V_{Dr}	V_E
1		0.077	0.036	0.036	0.077	-0.107	-0.071	-0.107	0.393	-0.607	0.536	-0.464	0.464	-0.536	0.607	-0.303
2		0.100	-0.045	0.081	-0.023	-0.054	-0.036	-0.054	0.446	-0.554	0.018	0.018	0.482	-0.518	0.054	0.054
3		0.072	0.061	—	0.098	-0.121	-0.018	-0.058	0.380	0.620	0.603	-0.397	-0.040	-0.040	0.558	-0.442
4		—	0.056	0.056	—	-0.036	-0.107	-0.036	-0.036	-0.036	0.429	-0.571	0.571	-0.429	0.036	0.036
5		0.094	—	—	—	-0.067	0.018	-0.004	0.433	0.433	-0.085	-0.085	-0.022	-0.022	0.004	0.004
6		—	0.071	—	—	-0.049	-0.054	0.013	-0.049	-0.049	0.496	-0.504	0.067	0.067	-0.013	-0.013
7		0.169	0.116	0.116	0.169	-0.161	-0.107	-0.161	0.339	-0.661	0.554	-0.446	0.446	-0.554	0.661	-0.339
8		0.210	0.067	0.183	0.040	-0.080	-0.054	-0.080	0.420	-0.580	0.027	0.027	0.473	-0.527	0.080	0.080
9		0.159	0.146	—	0.206	-0.181	-0.027	-0.087	0.319	-0.681	0.654	0.0346	-0.060	-0.060	0.587	-0.413

续附表 1.3

序号	荷载简图	跨内最大弯矩			支座弯矩				支座剪力						
		M_1	M_2	M_3	M_A	M_B	M_C	M_D	V_A	V_{Bl}	V_{Br}	V_{Cl}	V_{Cr}	V_{Dl}	V_{Dr}	V_E
10		—	0.142	0.142	—	−0.054	−0.161	−0.054	−0.054	−0.054	0.393	−0.607	0.607	−0.393	0.054	0.054
11		0.200	—	—	—	−0.100	0.027	−0.007	0.400	−0.600	0.127	0.127	−0.033	−0.033	0.007	0.007
12		—	0.173	—	—	−0.074	−0.080	0.020	−0.074	−0.074	0.493	−0.507	0.100	0.100	−0.020	−0.020
13		0.238	0.111	0.111	−0.238	0.286	−0.191	−0.286	0.714	−1.286	1.095	−0.905	0.905	−1.095	1.286	−0.714
14		0.286	−0.111	0.222	−0.048	−0.143	−0.095	−0.143	0.857	−1.143	0.048	0.048	0.952	−1.048	1.286	0.143
15		0.226	0.194	—	0.282	−0.321	−0.048	−0.155	0.679	−1.321	1.274	−0.726	−0.107	−0.107	1.155	−0.845
16		—	0.175	0.175	—	−0.095	−0.286	−0.095	−0.095	−0.095	0.810	−1.190	1.190	−0.810	0.095	0.095
17		0.274	—	—	—	−0.178	0.048	−0.012	0.822	−1.178	0.226	0.226	−0.060	−0.060	0.012	0.012
18		—	0.198	—	—	−0.131	−0.143	0.036	−0.131	−0.131	0.988	−1.012	0.178	0.178	−0.036	−0.036

附表 1.4 五跨梁

序号	荷载简图	跨内最大弯矩			支座弯矩					V_A	支座剪力						
		M_{I}	M_2	M_3	M_A	M_B	M_C	M_D	M_E		V_{Bl}	V_{Br}	V_{Cl}	V_{Cr}	V_{Dl}	V_{Dr}	V_{El}	V_{Er}
1		0.078	0.033	0.046	−0.105	−0.079	−0.079	−0.105	0.394	−0.606	0.526	−0.474	0.500	−0.500	0.474	−0.526	0.606	−0.394
2		0.100	−0.046	0.085	−0.053	−0.040	−0.040	−0.053	0.447	−0.553	0.013	0.013	0.500	−0.500	−0.013	−0.013	0.553	−0.447
3		−0.026	0.079	−0.040	−0.053	−0.040	−0.040	−0.053	−0.053	−0.053	0.513	−0.487	0.000	0.000	0.487	−0.513	0.053	0.053
4		0.073	0.059	—	−0.119	−0.022	−0.044	−0.051	0.380	0.620	0.598	−0.402	−0.023	−0.023	−0.493	−0.507	0.053	0.052
5		—	0.055	0.064	−0.035	−0.111	−0.020	−0.057	−0.035	−0.035	−0.424	−0.576	0.591	−0.409	−0.037	−0.037	0.557	−0.443
6		0.094	—	—	−0.067	0.018	−0.005	0.001	0.433	−0.567	0.085	0.085	−0.023	−0.023	0.006	0.006	−0.001	−0.001
7		—	0.074	—	−0.049	−0.054	0.014	−0.004	−0.019	−0.049	0.495	−0.505	0.068	0.068	−0.018	−0.018	0.004	0.004
8		—	—	0.072	0.013	−0.053	−0.053	0.013	0.013	0.013	−0.066	−0.066	0.500	−0.500	0.066	0.066	−0.013	−0.013
9		0.171	0.112	0.132	−0.158	−0.118	−0.118	−0.158	0.342	−0.658	0.540	−0.460	0.500	−0.500	0.460	−0.540	0.658	0.342
10		0.211	—	0.191	−0.079	−0.059	−0.059	−0.079	0.421	−0.579	0.020	0.020	0.500	−0.500	−0.020	−0.020	0.579	−0.421
11		0.039	−0.069	−0.059	−0.079	−0.059	−0.059	−0.079	−0.079	−0.079	0.520	−0.480	0.000	0.000	0.480	−0.520	0.079	0.079
12		0.160	0.181	—	−0.179	−0.032	−0.066	−0.077	0.321	−0.679	0.647	−0.353	−0.034	−0.034	0.489	−0.511	0.077	0.077

续附表 1.4

序号	荷载简图	跨内最大弯矩			支座弯矩					支座剪力							
		$M_Ⅰ$	M_2	M_3	M_A	M_B	M_C	M_D	M_E	V_A	V_{Bl}	V_{Br}	V_{Cl}	V_{Cr}	V_{Dl}	V_{Dr}	V_{El}	V_{Er}
13		—	0.140	0.151	−0.052	−0.167	−0.031	−0.086	−0.052	−0.052	0.385	−0.615	0.637	−0.363	−0.056	−0.056	0.586	−0.414
14		0.200	—	—	−0.100	0.027	−0.007	0.002	0.400	−0.600	0.127	0.127	−0.034	−0.034	0.009	0.009	−0.002	−0.002
15		—	0.173	—	−0.073	−0.081	0.022	−0.005	−0.073	−0.073	−0.507	−0.507	0.102	0.102	−0.027	−0.027	0.005	0.005
16		—	—	0.171	0.020	−0.079	−0.079	0.020	0.020	0.020	−0.099	−0.099	0.500	−0.500	0.099	0.099	−0.020	−0.020
17		0.240	0.100	0.122	−0.281	−0.211	−0.211	−0.281	0.719	−1.281	1.070	−0.930	1.000	−1.000	0.930	−1.070	1.281	−0.719
18		0.287	−0.117	0.228	−0.140	−0.105	−0.105	−0.140	0.860	−1.140	0.035	0.035	1.000	−1.000	−0.035	−0.035	1.140	−0.860
19		−0.047	0.216	−0.105	−0.140	−0.105	−0.105	−0.140	−0.140	−0.140	1.035	−0.965	0.000	0.000	−1.035	−1.035	1.140	0.140
20		0.227	0.189	—	−0.093	−0.297	−0.054	−0.137	0.681	−1.319	1.262	−0.738	−0.061	−0.061	0.981	−1.019	1.137	0.137
21		—	0.172	0.198	−0.179	0.048	−0.013	−0.153	−0.093	−0.093	0.796	−1.204	1.243	−0.757	−0.099	−0.099	1.153	−0.847
22		0.274	—	—	0.131	−0.144	−0.038	0.003	0.821	−1.179	0.227	0.227	−0.061	−0.061	0.016	0.016	−0.003	−0.003
23		—	0.198	—	0.035	−0.140	−0.140	0.035	−0.140	−0.140	−0.140	0.987	−1.013	−0.061	0.182	−0.048	−0.048	0.010	0.010
24		—	—	0.193	0.035	−0.140	−0.140	0.035	0.035	0.035	−0.175	−0.175	1.000	−1.000	0.175	0.175	−0.035	−0.035

附表2 双向板在均布荷载作用下的挠度和弯矩系数表

说明：(1)板单位宽度的截面抗弯刚度按下列公式计算(按弹性理论计算方法)：

$$B_c = \frac{Eh^3}{12(1-\mu^2)}$$

式中 B_c——板宽1m的截面抗弯刚度。

E——弹性模量。

h——板厚。

μ——泊松比。

(2)表中符号如下：

f, f_{max}——分别为板中心点的挠度和最大挠度。

M_x, M_{xmax}——分别为平行于 l_x 方向板中心点单位板宽内的弯矩和板跨内最大弯矩。

M_y, M_{ymax}——分别为平行于 l_y 方向板中心点单位板宽内的弯矩和板跨内最大弯矩。

M_x^0——固定边中点沿 l_x 方向单位板宽内的弯矩。

M_y^0——固定边中点沿 l_y 方向单位板宽内的弯矩。

(3)板支承边的符号为：

固定边 ⊥⊥⊥⊥⊥⊥⊥⊥⊥ 简支边 ————

(4)弯矩和挠度正负号的规定如下：

弯矩——使板的受荷面受压者为正。

挠度——变位方向与荷载作用方向相同者为正。

(5)对于钢筋混凝土，μ 一般可取为1/6，此时，对于挠度、支座中点弯矩，仍可按表中系数计算；对于跨中弯矩，一般也可按表中系数计算(即近似地认为 $\mu=0$)；必要时，可按下式计算：

$$M_x^\mu = M_x + \mu M_y$$
$$M_y^\mu = M_y + \mu M_x$$

挠度 = 表中系数 × $\dfrac{q l_0^4}{B_c}$

弯矩 = 表中系数 × $q l_0^2$

式中 l_0 取用 l_x 和 l_y 中之较小者

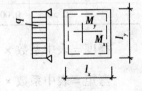

附表2.1 四边简支双向板

l_x/l_y	f	M_x	M_y	l_x/l_y	f	M_x	M_y
0.50	0.010 13	0.096 5	0.017 4	0.80	0.006 03	0.056 1	0.033 4
0.55	0.009 40	0.089 2	0.021 0	0.85	0.005 47	0.050 6	0.034 9
0.60	0.008 67	0.082 0	0.024 2	0.90	0.004 96	0.045 6	0.035 8
0.65	0.007 96	0.075 0	0.027 1	0.95	0.004 49	0.041 0	0.036 4
0.70	0.007 27	0.068 3	0.029 6	1.00	0.004 06	0.036 8	0.036 8
0.75	0.006 63	0.062 0	0.031 7				

挠度 = 表中系数 × $\dfrac{ql_0^4}{B_c}$

弯矩 = 表中系数 × ql_0^2

式中 l_0 取用 l_x 和 l_y 中之较小者

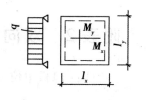

附表 2.2　三边简支、一边固定双向板

L_x/l_y	L_y/l_x	f	f_{max}	M_x	M_{xmax}	M_y	M_{ymax}	M_x^0
0.50		0.004 88	0.005 04	0.058 3	0.064 6	0.006 0	0.0063	-0.012 12
0.55		0.004 71	0.004 92	0.056 3	0.061 8	0.008 1	0.0087	-0.118 7
0.60		0.004 53	0.004 72	0.053 9	0.058 9	0.010 4	0.0111	-0.115 8
0.65		0.004 32	0.004 48	0.051 3	0.055 9	0.012 6	0.0133	-0.112 4
0.70		0.004 10	0.004 22	0.048 5	0.052 9	0.014 8	0.0154	-0.108 7
0.75		0.003 88	0.003 99	0.045 27	0.049 6	0.016 8	0.0174	-0.104 8
0.80		0.003 65	0.003 76	0.042 8	0.046 3	0.018 7	0.0174	-0.100 7
0.85		0.003 43	0.003 52	0.040 0	0.043 1		0.021 1	-0.096 5
0.90		0.003 21	0.003 29	0.037 2	0.040 0		0.022 6	-0.092 2
0.95		0.002 99	0.003 06	0.034 5	0.036 9		0.023 9	-0.088 0
1.00	1.00	0.002 79	0.002 85	0.031 9	0.03 4		0.024 9	-0.083 9
	0.95	0.003 16	0.003 24	0.03 24	0.034 5		0.028 7	-0.088 2
	0.90	0.003 60	0.003 68	0.03 28	0.034 7		0.033 0	-0.092 6
	0.85	0.004 09	0.004 17	0.03 29	0.034 7		0.037 8	-0.097 0
	0.80	0.004 64	0.004 73	0.03 26	0.034 3		0.043 3	-0.101 4
	0.75	0.005 26	0.005 36	0.03 19	0.033 5		0.043 3	-0.101 4
	0.70	0.005 95	0.006 05	0.03 08	0.032 3		0.056 2	-0.109 6
	0.65	0.006 70	0.006 80	0.02 91	0.030 6		0.063 7	-0.113 3
	0.60	0.007 52	0.007 62	0.02 68	0.028 9		0.071 7	-0.116 6
	0.55	0.008 38	0.008 48	0.02 39	0.027 1		0.080 1	-0.119 3
	0.50	0.009 27	0.009 35	0.02 05	0.024 9		0.088 8	-0.121 5

挠度 = 表中系数 × $\dfrac{ql_0^4}{B_c}$

弯矩 = 表中系数 × ql_0^2

式中 l_0 取用 l_x 和 l_y 中之较小者。

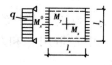

附表 2.3　两对边简支、两对边固定双向板

l_x/l_y	l_y/l_x	f	M_x	M_y	M_x^0	l_x/l_y	l_y/l_x	f	M_x	M_y	M_x^0
0.50		0.002 61	0.041 6	0.001 7	-0.084 3		0.95	0.002 23	0.029 6	0.018 9	-0.074 6
0.55		0.002 59	0.041 0	0.002 8	-0.084 0		0.90	0.002 60	0.030 6	0.022 4	-0.079 7
0.60		0.002 55	0.040 2	0.004 2	-0.083 4		0.85	0.003 03	0.031 4	0.026 6	-0.085 0
0.65		0.002 50	0.039 2	0.005 7	-0.082 6		0.80	0.003 54	0.031 9	0.031 6	-0.090 4

续附表 2.3

l_x/l_y	l_y/l_x	f	M_x	M_y	M_x^0	l_x/l_y	l_y/l_x	f	M_x	M_y	M_x^0
0.70		0.002 43	0.037 9	0.007 2	-0.081 4		0.75	0.004 13	0.032 1	0.037 4	-0.095 9
0.75		0.002 36	0.036 6	0.008 8	-0.079 9		0.70	0.004 82	0.031 8	0.044 1	-0.101 3
0.80		0.002 28	0.035 1	0.010 3	-0.078 2		0.65	0.005 60	0.030 8	0.051 8	-0.106 6
0.85		0.002 20	0.033 5	0.011 8	-0.076 3		0.60	0.006 47	0.029 2	0.030 4	-0.111 4
0.90		0.002 11	0.031 9	0.013 3	-0.074 3		0.55	0.007 43	0.026 7	0.069 8	-0.115 6
0.95		0.002 01	0.030 2	0.014 6	-0.072 1		0.50	0.008 44	0.023 4	0.079 8	-0.119 1
1.00	1.00	0.001 92	0.028 5	0.015 8	-0.069 8						

挠度 = 表中系数 × $\dfrac{ql_0^4}{B_c}$

弯矩 = 表中系数 × ql_0^2

式中 l_0 取用 l_x 和 l_y 中之较小者。

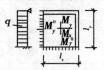

附表 2.4　两邻边简支、两邻边固定双向板

l_x/l_y	f	f_{max}	M_x	M_{xmax}	M_y	M_{ymax}	M_x^0	M_y^0
0.50	0.004 68	0.004 71	0.055 9	0.056 2	0.007 9	0.013 5	-0.117 9	-0.078 6
0.55	0.004 45	0.004 54	0.052 9	0.053 0	0.010 4	0.015 3	-0.114 0	-0.078 5
0.60	0.004 19	0.004 29	0.049 6	0.049 8	0.012 9	0.016 9	-0.109 5	-0.078 2
0.65	0.003 91	0.003 99	0.046 1	0.046 5	0.015 1	0.018 3	-0.104 5	-0.077 7
0.70	0.003 63	0.003 68	0.042 6	0.043 2	0.017 2	0.019 5	-0.099 9	-0.077 0
0.75	0.003 35	0.003 40	0.039 0	0.039 6	0.018 9	0.020 6	-0.093 8	-0.076 0
0.80	0.003 08	0.003 13	0.035 6	0.036 1	0.020 4	0.021 8	-0.088 3	-0.074 8
0.85	0.002 81	0.002 86	0.032 2	0.032 8	0.021 5	0.022 9	-0.082 9	-0.073 3
0.90	0.002 56	0.002 61	0.029 1	0.029 7	0.022 4	0.023 8	-0.077 6	-0.071 6
0.95	0.002 32	0.002 37	0.026 1	0.026 7	0.023 0	0.024 4	-0.072 6	-0.069 8
1.00	0.002 10	0.002 15	0.023 4	0.024 0	0.023 4	0.024 9	-0.067 7	-0.067 7

挠度 = 表中系数 × $\dfrac{ql_0^4}{B_c}$

弯矩 = 表中系数 × ql_0^2

式中 l_0 取用 l_x 和 l_y 中之较小者。

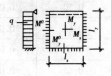

附表 2.5　一边简支、三边固定双向板

l_x/l_y	L_y/l_x	f	f_{max}	M_x	M_{xmax}	M_y	M_{ymax}	M_x^0	M_y^0
0.50		0.002 57	0.002 58	0.040 8	0.040 9	0.002 8	0.008 9	-0.083 6	-0.056 9
0.55		0.002 52	0.002 55	0.039 8	0.039 9	0.004 2	0.009 3	-0.082 7	-0.057 0
0.60		0.002 45	0.002 49	0.038 4	0.038 6	0.005 9	0.010 5	-0.081 4	-0.057 1
0.65		0.002 37	0.002 40	0.036 8	0.037 1	0.007 6	0.011 6	-0.079 6	-0.057 2

续附表 2.5

l_x/l_y	L_y/l_x	f	f_{max}	M_x	M_{xmax}	M_y	M_{ymax}	M_x^0	M_y^0
0.70		0.002 27	0.002 29	0.035 0	0.035 4	0.009 3	0.012 7	-0.077 4	-0.057 2
0.75		0.002 16	0.002 19	0.033 1	0.033 5	0.010 9	0.013 7	-0.075 0	-0.057 2
0.80		0.002 05	0.002 08	0.031 0	0.031 4	0.012 4	0.014 7	-0.072 2	-0.057 0
0.85		0.001 93	0.001 96	0.028 9	0.029 3	0.013 8	0.015 5	-0.069 3	-0.056 7
0.90		0.001 81	0.000 184	0.026 8	0.027 3	0.015 9	0.016 3	-0.066 3	-0.056 3
0.95		0.001 69	0.001 72	0.024 7	0.025 2	0.016 0	0.017 2	-0.063 1	-0.055 8
1.00	1.00	0.001 57	0.001 60	0.022 7	0.023 1	0.016 8	0.018 0	-0.060 0	-0.055 0
	0.95	0.001 78	0.001 82	0.022 9	0.023 4	0.019 4	0.020 7	-0.062 9	-0.059 9
	0.90	0.002 01	0.002 06	0.022 8	0.023 4	0.022 3	0.023 8	-0.065 6	-0.065 3
	0.85	0.002 27	0.002 22	0.022 5	0.023 1	0.025 5	0.027 3	-0.068 3	-0.071 1
	0.80	0.002 56	0.002 62	0.021 9	0.022 4	0.026 0	0.031 1	-0.070 7	-0.077 2
	0.75	0.002 86	0.002 94	0.020 8	0.021 4	0.032 9	0.035 4	-0.072 9	-0.083 7
	0.70	0.003 19	0.003 27	0.019 9	0.020 0	0.037 0	0.040 0	-0.074 8	-0.090 3
	0.65	0.003 52	0.003 65	0.017 5	0.018 2	0.041 2	0.044 6	-0.076 2	-0.097 0
	0.60	0.003 86	0.004 03	0.015 3	0.016 0	0.045 4	0.049 3	-0.077 3	-0.103 3
	0.55	0.004 19	0.004 37	0.012 7	0.013 3	0.049 6	0.054 1	-0.078 0	-0.109 3
	0.50	0.004 49	0.004 63	0.009 9	0.010 3	0.053 4	0.058 8	-0.078 4	-0.114 6

挠度 = 表中系数 × $\dfrac{ql_0^4}{B_c}$

弯矩 = 表中系数 × ql_0^2

式中 l_0——取 l_x 和 l_y 中之较小者。

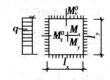

附表 2.6 四边固定双向板

l_x/l_y	f	M_x	M_y	M_x^0	M_y^0
0.50	0.002 53	0.040 0	0.003 8	-0.082 9	-0.057 0
0.55	0.002 46	0.038 5	0.005 6	-0.081 4	-0.057 1
0.60	0.002 36	0.036 7	0.007 6	-0.079 3	-0.057 1
0.65	0.002 24	0.034 5	0.009 5	-0.076 6	-0.057 1
0.70	0.002 11	0.032 1	0.011 3	-0.073 5	-0.056 9
0.75	0.001 97	0.029 6	0.013 0	-0.070 1	-0.056 5
0.80	0.001 82	0.027 1	0.014 4	-0.066 4	-0.055 9
0.85	0.001 68	0.024 6	0.015 6	-0.062 6	-0.055 1
0.90	0.001 53	0.022 1	0.016 5	-0.058 8	-0.054 1
0.95	0.001 40	0.019 8	0.017 2	-0.055 0	-0.052 8
1.00	0.001 27	0.017 6	0.017 6	-0.051 3	-0.051 3

附表3 单附柱柱顶反力与位移系数表

附表3.1 柱顶单位集中荷载作用下系数 C_0 的数值

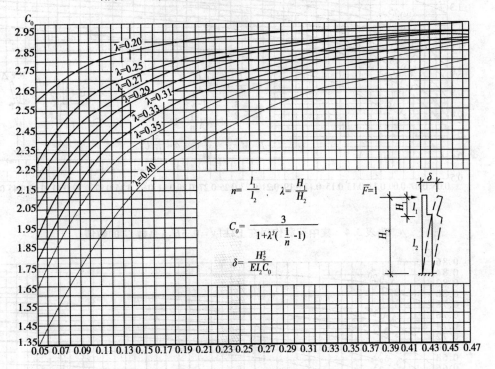

附表3.2 力矩作用在柱顶时系数 C_1 数值

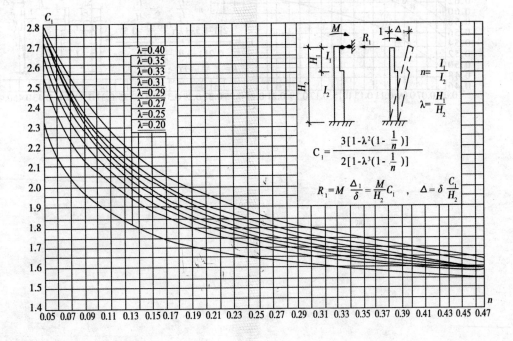

附表3.3　力矩作用在牛腿面系数 C_3 的数值

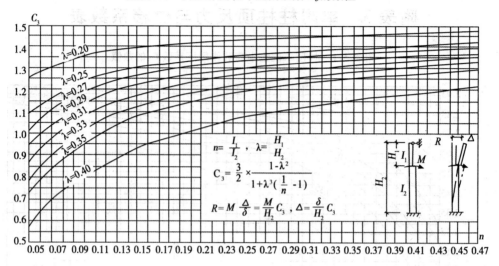

附表3.4　集中荷载作用在上柱($y=0.5H_1$)系数 C_5 的数值

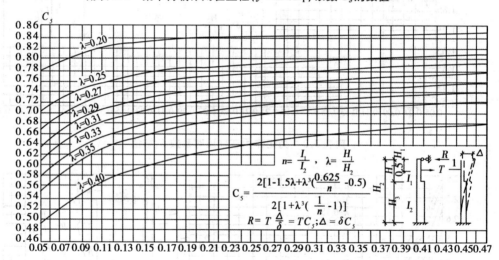

附表 3.5 均匀荷载作用在整个上、下柱系数 C_{11} 的数值

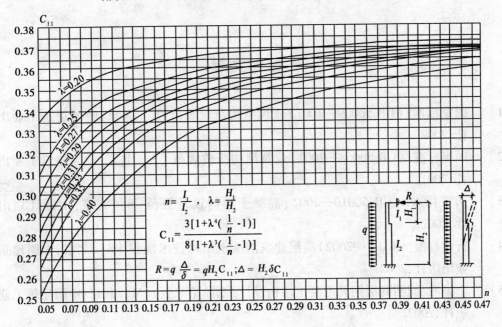

参考文献

[1] 国家标准.(GB 50009—2001)建筑结构荷载规范[S].北京:中国建筑工业出版社,2002.

[2] 国家标准.(GB 50068—2001)建筑结构荷载规范[S].北京:中国建筑工业出版社,2001.

[3] 国家标准.(GB 50010—2002)混凝土结构设计规范[S].北京:中国计划出版社,2002.

[4] 行业标准.(JGJ 3—2002)高层建筑混凝土结构技术规程[S].北京:中国建筑工业出版社,2002.

[5] 李国胜.简明高层钢筋混凝土结构设计手册(第二版)[M].北京:中国建筑工业出版社,2002.

[6] 袁锦根.混凝土结构设计基本原理[M].北京:中国铁道出版社,2003.

[7] 李明顺.混凝土结构设计规范算例[M].北京:中国建筑工业出版社,2003.

[8] 曾昭豪.新编混凝土结构设计手册[M].北京:中国建材工业出版社,2003.

[9] 霍达.高层建筑结构设计[M].北京:高等教育出版社,2004.

[10] 王心田.建筑结构概念与设计[M].天津:天津大学出版社,2004.

[11] 沈凡.混凝土结构及砌体结构(上册)[M].重庆:重庆大学出版社,2005.

[12] 郭爱云.混凝土结构设计新旧规范对照理解与应用实例[M].北京:中国建材工业出版社,2005.

[13] 黄明.混凝土结构及砌体结构(下册)[M].重庆:重庆大学出版社,2005.

[14] 邓雪松,王晖.混凝土结构学习指导及案例分析[M].武汉:武汉理工大学出版社,2005.

[15] 李国胜.混凝土结构设计禁忌及实例[M].北京:中国建筑工业出版社,2007.